鏈結效應

少數人的念力，如何改變多數人的生活？

The Bond

How to Fix Your Falling-Down World

琳恩．麥塔格特＿＿著
Lynne McTaggart
王原賢、何秉修＿＿＿譯

目次

【自序】
以更寬廣的全新角度來看世界

星期六我站在冷風吹拂的禮堂裡頭，看著女兒爲了戲劇班年度公演進行彩排。她是個才華洋溢的女演員，試鏡時被選爲主要角色，但排演前幾個星期卻被調換成配角。我一直沒能發現改變的理由——而女兒也拒絕談論——直到她的朋友漏了口風。在新導演接手後，另一名十三歲的女孩謊稱表演經驗豐富騙過導演，將應該分配給她最好朋友（也就是我女兒）的角色給了她。

我和當天的一名觀眾（那名女孩的母親）提到這件事，她打斷我並聳聳肩。「嗯，這就是人生啊！」她無所謂地回答：「不是嗎？」

我大吃一驚，但也不得不承認她說的話不無道理。當然，這就是我們大人爲自己設計的人生。在大多數現代先進國家中，競爭一向被視爲社會生活的經緯。競爭是經濟的發動機，是多數關係的基礎——在商業、在鄰里，甚至包括我們最親密的朋友在內。畢竟我們的辭典裡就開宗明義地講：**情場和戰場，勝者爲王，適者生存，贏家全拿**。不難想像高度競爭的策略，會悄悄滲入孩子的社會關係裡頭，導致大大小小的越軌行爲。

我開始思考自己周遭的社會互動，大約出現了多少次心理學家所謂的「相對性意識」（relativity awareness）。**你有幾個孩子？開什麼樣的車子？今年出去度假幾次？孩子上哪一所大**

學？成績如何？換言之，你適合社會金字塔的哪個位置？

即使我們之中最優秀的人，內心有時也會像電影《美國殺人魔》（*American Psycho*）中的華爾街交易員巴特曼（Patrick Bateman）一樣，在看到同事精美的新名片時忍不住驚呼：「天啊，」他想：「竟然還有浮水印。」

然而，科學家說競爭是人類天生的基本渴望，對我來說卻毫無意義。我出書談有關於尖端科學和許多學問的最新發現——從神經科學、生物學到量子物理學——深切體認到自然界最基本的驅動力，並非如古典演化論所堅持的競爭，也不是個人主體意識，而是互惠利他的整體意識。我見過大量的新研究證明，包括人類在內的所有生物，天生都有不可抑止、尋求與他人連結的衝動，甚至不惜個人代價。

然而，**傳統科學告訴我們，宇宙是個資源有限的地方，居住著一個個獨立的個體，爲了生存他們必須彼此反目，爭奪資源。而以前的我們，全都信以爲眞，以爲生命就是這樣。**

這是我們對生命的固有觀點，但問問窩在我身旁的狗狗奧利，他肯定不是這麼想。奧利可不曾發生過狗咬狗的醜事，他沒有花太多時間在人類身上，而對散步時遇上的每隻狗他都一派和善。他經常會在籬笆底下塞根骨頭給隔壁的那頭毛獅犬丁骨；事實上，他還留下最大的那根骨頭給她。奧利和丁骨的關係違反了所有現行生物學關於自私行爲的必要描述：因爲丁骨已經絕育，討好丁骨並沒有任何遺傳優勢，也沒有傳宗接代的可能性。然而當丁骨來訪時，奧利會突襲我們的大垃圾桶，掏出雞骨頭讓她享用，然後任她暢行無阻地靠近他自己的飼料盆、他的豬耳朵和玩具。丁骨體型較小，奧利和她玩時總會讓她，只爲了讓她有興致繼續玩下去。

我開始問自己一個基本問題：生命非得這樣弄得你死我活嗎？我們注定要和別人競爭嗎？這眞是動物和人類與生俱來的本能嗎？它是如何變成這樣的？要是我們不這樣做，究竟會怎樣？

從那次彩排後，我有時不免會如此想：我們撕裂社會契約，同時忘了如何合成一體。在某個環節上，我們忘了該怎麼做。

生命不必然如此。當我開始撰寫本書，並努力研究生物學、物理學、動物學、心理學、植物學、人類學、天文學、時間生物學以及文化史等許多最新發現時，我心裡越來越清楚，**我們選擇前往的人生並不是我們眞正的冀望**。我發現其他文化的生活方式和我們大大不相同，他們擁有的世界觀更貼近新科學的發現。這些文化想像的宇宙是一個不可分割的整體，而這個中心理念孕育出截然不同的方式來看待世界，以及與世界互動。他們相信自己是所有生命關係中的一環，甚至包括全宇宙。**我們看見的是事物本身，而他們看見的是事物之間的鏈結**——將他們結合在一起的那個東西。這些文化的根本不是個體，而是個體之間的關係，那是他們眼中的自在之物（thing-in-itself）。

他們瞭解人性的本質是交融，並因此活得更幸福，較低的離婚率、較少的問題兒童、較低的犯罪和暴力發生率，以及更強大的社群。

他們選擇了更好的生活方式，更眞切的方式——我相信這是你我想要的生活方式。他們這麼做是因爲帶入了另一個故事——我們是誰及爲何在這裡的另一種世界觀，超越我們文化所信奉的，特別是我們目前的科學。

我寫這本書是要證明，我們是依據過時的一套規則在運作。我想告訴大家的是，**關於「我們是誰」，答案已經徹底改寫，而且爲了生存，我們也要隨之改變**。現在，競爭的衝動讓我們的自我定義產生偏差，這些相同的心態產生了生命的暗流，導致一個接著一個的巨大全球危機，正威脅著毀滅我們。在我看來，如果我們能修復整體性的關係，就能開始療癒我們的世界。

我希望透過閱讀這本書，能讓你更敦親睦鄰，能讓你修復一些人際關係，因爲不斷的較量和巧取豪奪，這些角色本來就不在我們的人生劇本裡面。

我還要強調的是，這不是一本爲社會主義說項的書，也不是一個新的經濟模型或政治模式。我樂於享受民主自由，我認爲你也一樣。此外，書中的想法不是要輕慢科學專業或科學的偉大發現，比如牛頓或達爾文的理論。我明顯不是個創世論者。然而**所謂科學，就是一個永不停止的發現過程，沒有一位科學家能夠寫出眞正的最後結局**。永遠都有新發現，永遠都有舊篇章需要修改。而目前，我們正處於認識自我及認識世界的一次大修正之中，許多我們一直以來認爲是神聖不可侵犯的理論（包括原始的演化論），正在因揭露世界本質的資訊越來越多而逐漸改善。

除此之外，我更希望你能以全新方式從更寬廣的角度來看世界，用新方式與其他人連結，灌輸自己新的社群意識。我希望本書能給你一個全新又可靠的目標——比羨慕鄰居有浮水印的那張名片更好的東西。我打算證明給你看，生活在整體之中有多麼容易，**一個小小的改變就能徹底改革你的生活及你周圍每個人的生活**。生命不必然如此，就從今天起。

【前言】

因爲鍵結，你我都不是情感的孤島

我們感覺走到了某些事情的盡頭。二〇〇〇年開始，各式各樣的評論者試著想弄清楚，當代不斷困擾我們的危機究竟有何集體意義：包括金融危機、恐怖主義危機、主權債務危機、氣候變遷危機、能源危機、糧食危機、生態危機、人爲災害等等。

「我們所知道的世界正在崩塌。」二〇〇八年九月在雷曼兄弟倒閉而摩根史坦利恐將跟進之時，華爾街經紀人對記者這麼說。這是「我們所知資本主義的末日」，《華氏九一一》的導演麥克·摩爾（Michael Moore）在美國汽車業巨人福特和通用汽車聲請破產保護時如此斷言。這是我們對石化燃料仰賴的末日，美國總統歐巴馬談及「深水地平線」石油鑽井平台爆炸事件時表示。這是自然末日，麥肯比（Bill McKibben）在同名的書中寫道。這是石油末日，專欄作家羅伯茲（Paul Roberts）在同名的書中同樣寫道。

因爲石油末日，糧食末日也不遠了，羅伯茲在接下來的書中如此斷言。對那些慣用馬雅長曆法思考的人來說，二〇一二年具有啓示意義，這一年是世界末日的開始。

一個人類的關卡，要如何度過？

然而，我們在許多方面所面對的危機，卻是更深層問題的徵候，有著比單一災難事件更大的潛在惡果：我們對自我的定義，與眞實本質之間存在著巨大的差異。數百年來，我們違背天性，忽視必要的聯繫，並將自己與世界一分爲二。我們走到了這個緊要關頭，不能再根據這種錯誤的自我認知過下去。

以往關於「**我們是什麼**」以及「**我們應該如何生活**」的種種說法，都即將結束，而在這個結束的謊言底下，有一條通往美好未來的道路。

在本書中，我擔負著無畏的使命：要徹底改變我們如何眞正活出自我的方式。這本書中，將會一一改寫你曾聽過、甚至學過的，關於「你是誰」的科學敘述，因爲目前的說法將我們化約成平凡無奇的最小公分母。而**此時，你正違背你眞正的本性在生活**。我希望幫你重拾與生俱來的權利，它受到的破壞不僅來自現代社會，更根本的是來自現代科學。我想要喚醒你認識自己究竟是誰，回歸眞實的自我。

此刻，我們故事中的英雄準備要對抗一切。

因爲生存競爭，我們理所當然地認爲生命旅程就是一場接一場的競賽。因此，我們時時警戒，準備和擋在路上的各種怪獸搏鬥——在家中、在職場、在親朋好友之中。不管生活過得有多幸福快樂，絕大多數的人還是時刻準備著要與世界對抗，碰到的每個人都是一場競爭：想奪取我們工作及晉升機會的同事、拉高分數曲線讓我們評等降低的同學、占著我們地鐵座位不放的人、想要敲竹槓的店家、開賓士讓我們的富豪車相形失色的鄰居，或是堅持己見不退讓的另一半。

對抗世界的這個想法，源自於我們對自我的基本認識：所謂的「我」這個東西是獨立存在的個體，是遺傳密碼的獨特作品，與外界所有事物不相干地活著。

理性科學造就出孤獨冷漠的人

關於人類處境最恆久的描述，就是我們獨立存在的這個重要「事實」。我們理所當然地認爲，每一個人都是獨立且分離的個體，搬演著屬於個人的劇本，其他生物、行星，甚至我們所呼吸的空氣，也都是截然不同且完全分離的東西。

雖然我們的生命是從兩個個體的結合開始，但是科學家告訴我們，從那之後我們就完全要靠自己了。**世界是你之外的「其他」，沒有你也照樣無動於衷地運轉著**。所以，我們一直都這麼相信，我們的心是完全孤獨地痛苦跳動著。

強調競爭的個人主義，將生命比喻成一頁英雄奮鬥史，成功克服敵對要素並分享極爲有限的資源。因爲資源不足，某些人比其他人更適合生存下來，因爲他們更能掌握先機與權力。

眾多勢力——宗教、政治、經濟、科學和哲學——譜寫出我們賴以生存的故事。然而，關於宇宙的認識以及「**什麼是人**」的重要概念，卻由三個革命拍板定案：一個是發生在啓蒙時代的科學革命，以及十八世紀和十九世紀的兩次工業革命。這些運動大幅改變我們對宇宙的想像，從和諧、良善及互相聯繫的整體，變成彼此爲了生存競爭而存在的無關事物的集合體，從而大致建立了高漲的個人主體意識。

科學革命讓人類朝向原子化看不見的盡頭不斷邁進，因爲科學家相信，透過研究宇宙的個別組成就能瞭解全宇宙。

現代物理學之父牛頓，在一六八七年出版了《自然哲學的數學原理》（*Philosophiae Naturalis Principia Mathematica*）一書，描述宇宙中所有物質會在三維的時間和幾何空間裡面根據特定規則移動。牛頓運動定律及重力定律，認爲宇宙本質上與機器無異，是一個巨大的發條裝置，獨立的零件遵循著可預期的行爲。從行星的運動到地球上每個物體，當牛頓定律證明所有物體的軌道幾乎都可簡化成數學方程式時，人類就把世界當成可靠的機械。牛頓定律還證明了每個物體都獨立存在於其他事物之外，自身完整，擁有不變的邊界。「我」這個人結束於皮膚上的毛髮末端，而毛髮末端才是宇宙其他部分的開始。

根據法國哲學家笛卡兒（René Descartes）的二元論，人類本質上是與宇宙分離的，主體與客體、心與物、心與身都是獨立存在的，自我意識之外的肉體不過只是一座運轉良好、極爲可靠的機器而已。

世界是一部機器的牛頓式論調，因爲機械蒸汽機的到來而更加強化。蒸汽機和機械工具的發展不只改變了糧食、燃料、暖氣、製造業和交通運輸，還深刻地影響到全人類，將人類從自然界裡分離出來。日復一日，生活劃分成有規則的次序，工人成爲生產巨輪的另一個小齒輪；時間以小時分鐘爲單位來分配，而不是憑藉種植或收成的季節。在工廠工作的絕大多數人不再遵循自然的節律，而是隨著機械的節奏調整生活步調。

人類擁有自私的基因？

十九世紀的第二次工業革命，形成鋼鐵和石油製造業等現代科技，導致中產階級崛起，爲資本主義、個人主義及個人利益的提升做好準備。蘇格蘭哲學家及經濟學家亞當．史密斯（Adam Smith）於一七七六年出版的《國富論》（*An Inquiry into the Nature and Causes of the Wealth of Nations*），被公認是經濟學說的奠基理念，他認爲自然的供需及個人私利的競爭創造出了市場「看不見的手」，會自然而然讓社會整體達到最佳效益。亞當．史密斯著名的信念是，我們以這個根本上是自私的天性爲第一優先，對他人而言是最好的：「藉由追求自己的利益，（個人）通常比他想要的更能促進社會利益。」①

在目前的世界觀中，最深入人心的科學發現，無疑是達爾文的自然選擇（天擇）理論。他的代表作品《物種起源》（*On the Origin of Species*）的理念，深受牧師馬爾薩斯（Thomas Robert Malthus）《人口論》的影響及啓發。②達爾文的結論是，既然沒有足夠資源來分配，生命必須透過所謂的「生存競爭」來演化。達爾文在《物種起源》中寫道：「每一物種所產生的個體如果超過其可能生存數量時，會在每一種情況下產生生存競爭，不是與相同物種的其他個體，或是與不同物種的個體，就是與生活的物理條件競爭。」③

達爾文煞費苦心地解釋他的口頭禪「生存競爭」並非字面上的意義，而是很有彈性地涵蓋了所有事物，從在樹根下尋找水源到一群動物的彼此依賴都包括在內。事實上，「適者生存」一說是英國哲學家史賓塞（Herbert Spencer）在讀過《物種起源》之後所創，在他的勸說下達爾文接受了這個說法④，最後在書名後面加了一段副標：物競天擇，適者生存（Or The Preservation of the Favoured Races in the Struggle for Life）。

馬爾薩斯給了達爾文啓發，用以詮釋繁衍的自然驅動力背後的機制，且無意間讓達爾文解開封印，把人類的經驗套用於全世界：生命即戰爭，個體或族群的興盛必須犧牲另一個。儘管達爾文當初是以開放的態度使用此一說法，但這比喻幾乎馬上就有了更狹窄的意義，爲當時所有新興的社會和經濟運動提供科學架構。就算在他生前，關於達爾文研究的後續詮釋也大都著重在資源競爭上面。

英格蘭生物學家赫胥黎（Thomas Huxley）因爲熱忱擁護《物種源始》，而有「達爾文鬥牛犬」的稱號，他是達爾文最得力的代言人，將達爾文信仰中弱肉強食的觀點擴大到文化及概念的進化上面，甚至包括人類的思想。**赫胥黎相信，人類的天性會將自身利益置於一切事物之上**。⑤

由於通訊及印刷術的大躍進，達爾文的觀點很快就席捲全球。「適者生存」完美地符合了亞當·史密斯在市場上文明競爭的品牌，而在西方資本主義之外，物競天擇的學說也用來說明中國革命和拉丁美洲原住民文化以歐洲世系「白化」的正當性。⑥俄裔作家艾茵．蘭德（Ayn Rand）用小說當成變相的論戰，聲稱我們每人嘗試大口大口地吸入總量有限的氧氣。

生命是一場競賽的比喻，被廣泛用作現代工業社會的知識產權正當性，認爲競爭是社會完美的篩選機制，將經濟、政治、社會上的弱勢與強者區分開來。**贏家有權全拿，因爲物種全體將會因此而獲利**。

要生存下去，我們迫切需要新的故事

最後一個影響如何定義「自我」的科學發現，則發生在一九五三年，華生（James Watson）和克里克（Charles Crick）宣稱破解了「生命的奧祕」，揭開了細胞核中的遺傳編碼去氧核糖核酸（DNA）的神祕面紗。此後，許多科學家相信，在盤繞的雙螺旋裡面存放著每一個個體一生的藍圖。我們身上的每個細胞都配備著整套基因，活出早已預先設定的未來，而我們就像是人質一樣無能爲力，只能看著戲碼上演。正如其他事物一樣，從某種意義上來說，人類也可以簡化成一道數學方程式。

現代的達爾文詮釋者稱爲「新達爾文主義」，將競爭與鬥爭編進生物學架構的最新理論之中，認爲我們所有人爲了生存而行爲自私；我們的基因，甚至思想，都一心一意地要與其他基因庫和思想競奪掌控權及永續生存權。⑦的確，有些科學家甚至賦予基因掌控生命無所不能的能力，認爲身體只是一場大型演化計畫的一個意外副產品。⑧

現代演化理論已經從自然界裡清除了道德感及善心的殘餘意識，自然界裡不存在著合作或夥伴關係，勝者爲王。有意義及和諧的整體已被盲目的演化力量所取代，人類不再扮演著有知覺的角色。

許多現代心理學家認爲，競爭性是我們與生俱來的天性，是再自然不過的生物衝動，正如求生存的基本衝動一樣都是天生的。一旦不需要再爲食物、飲水、居所和伴侶而爭鬥時，理論上，我們就會開始爲了更短暫的獎賞而爭奪：權力、地位，以及名聲……。

三百多年來，這就是我們的世界觀，述說在冷漠宇宙的孤獨行星上，一個個孤獨的生物爲了生存而競爭。**現代科學所界定的生命，根本上就是弱肉強食、自私且孤單**。

機械宇宙觀和我們對自我「腥牙血爪」的感覺，在在影響了我們的日常意識。現在，我們的生活全都建立在競爭是生存的根本特徵之上；現代生活中的每道配方，都是從生命是個人孤獨奮鬥的科學詮釋而來。人人爲己的競爭是天性，自由市場內的競爭是追求卓越和繁榮不可少的手段，我們依此觀念建構了整個西方的經濟模型。在人際關係上，我們頌揚個人的快樂和自我表現，而離婚統計數字也證明了這一點。我們教育年輕人與同儕競爭，並想辦法凌駕其上。家家戶戶都有兩輛車子的高級住宅區，永遠不缺的是炫富及踩著別人往上爬的心態。一如伍迪艾倫（Woody Allen）所說，世界是個「大型自助餐館」。

我們社會目前所面臨的許多危機，最後都可歸結到個人主義至上、贏家全拿的錯誤心態，特別是金融機構的越軌行爲。不計任何代價，堅持年年有更大更多的獲利，因「安隆風暴」而身陷囹圄的前總裁史基林（Jeffrey Skilling），曾經不可一世地說他最喜歡的一本書是新達爾文主義人士道金斯（Richard Dawkins）的《自私的基因》（*The Selfish Gene*），而且還定期開除績效最差的百分之十員工，以便改善人類總體的「健全」狀態。⑨

現在社會各處充斥著欺詐行爲，全都是因爲這種想法而起：近半數的大學生曾經考試作弊；爲慈善目的設立的公益機構貪污舞弊；高達四分之三的藥廠雇用公關公司代言，刻意隱瞞嚴重、甚至會致命的副作用……。⑩

錯誤的世界觀幫極端的反社會行爲合理化，危害了無辜的人類，從希特勒第三帝國的大屠殺到二十世紀的優生學，乃至現代的種族淨化和連環殺手。比如美國最血腥的校園槍擊事件，一九九九年四月二十日，少年艾瑞克·哈利斯（Eric Harris）穿著印有「天擇」圖飾的T恤，和迪倫·克萊伯德（Dylan Klebolt）拿著丙烷炸彈和汽油彈、自動手槍、半自動卡賓槍，霰彈槍走進科倫拜高中（Columbine High School）大開殺戒。⑪

牛頓等科學家的盛行觀點雖然帶來文明生活的技術能力，但二〇〇八年全球經濟模型的全面崩潰、目前的生態危機、水和糧食短缺的威脅、石油資源的枯竭，全都暴露出這類觀念的極端限制，甚至現在還有可能造成地球物種滅絕，並在個人層次上讓我們許多人覺得空虛無助——**完整的人性，在我們和世界的日常搏鬥中不斷遭到踐踏**。我們迫切需要新的故事來過日子。

合作，一個全新的生存法則

過去十五年，我不斷沉思物理學及其他科學的許多尖端發現，究竟具有什麼意義。⑫幡然醒悟時，才驚覺有許多左右我們生存方式的科學理論就像煙一樣消逝得不見蹤影。隨著科學的每個新發現，就有另外一個我們所抱持的自我觀念被徹底推翻。一個全新的科學故事正在許多領域浮現，挑戰牛頓和達爾文的許多基本理論，而其中**最根本的錯誤是：生物是為了生存而競爭的孤立個體**。

量子物理學的最新證據提供我們令人意想不到的可能性：**所有生物是以合作的動態關係存在著**。量子物理學家現在意識到，**宇宙並不是獨立的事物在空間推擠集合而成；所有的物質是以巨大的量子連結網絡方式共同存在，而且生物最基本的要素是能量系統，包含與環境之間不斷的資訊傳送**。現在我們已能正確認知到，事物並非個別獨立的原子和分子的集合，而是動態多變的一個交換過程，在此過程中，每個組成部分不斷與其他事物的組成部分進行交換。

類似的革命性新發現不限於物理學領域，在生物學和社會學中也有令人驚奇的新發現，顯著地扭轉了我們對生物與環境兩者之間關係的固有看法。尖端生物學家、心理學家和社會學家全都找出了證據，以證明個體遠遠沒有我們過去所想的那樣孤獨。在生命最小的粒子之間，在我們的身體和環境之間，在我們自己與所接觸的其他人之間，在每個社群的成員之間，鍵結都清楚存在著——這種連結如此完備且顯著，在一件東西的結束與另一件東西的開始之間不再有清楚的劃分。**世界的運作不是透過個體的活動，而是它們之間的連結**——從某種意義上來說，就在事物之間看似虛無的空間裡頭。

生命最重要的面貌不再是孤立，不論只是一個次原子粒子或是一個成熟的生物都一樣。**生命就是關係——不可分離、不可簡化的鍵結**。連結本身——中間的空間——掌握了所有生物的生命之鑰，而這把鑰匙會通往我們能存活的未來。

這些發現都說明了，沒有一個東西能自外於宇宙的大網絡，我們不是孤立存在的個體，從我們身上次原子的分子到整個人，都不可能有什麼東西能夠明確地界定劃分。「個體」只是無數個沒有精確定義組成部分的總和，而我們現在理解這些組成部分每分每秒都在轉移和轉換。在每一方面，所有個體的生命都無法擺脫與其他個體的關聯及鍵合，大自然最基本的推動力量不是版圖的鬥爭，而是恆常不斷且無法壓抑的一股尋求整體的驅動力。

尖端科學的新啟示，代表從啓蒙時代開始的原子化過程的一次大反轉。這些發現不只關於我們如何重新界定自我，也關於我們應當如何眞正活出自我。現在我們已經明白，所有的社會創造不是源自於競爭和個人至上主義，這些都與我們最基本的存在背道而馳。**合作的夥伴關係（而非支配），才是所有生物構成方式的基礎**。然而這也意味著，已開發世界的多數人都無法和眞實的本性和諧相處。

因此，我們需要一套新法則讓我們生存下去。

生命之舞不是獨舞，而是雙人舞，你以不可化約的鍵結連結所有人。承認我們每個人都和世界緊密相連，才能在不同的人生故事裡都能夠活得眞切。我們需要採納新的定義，找到生而爲人的新意義。我們需要用新的雙眼看世界、看宇宙，並試著將這些發現應用於生活的每個層面，也就是再一次做回自己。

「**鍵結**」最終目標是指向一個新未來，一個生活方式的新典範，以互惠共生的夥伴關係與連結來代替競爭。希望本書能提供你一個全新觀點，重新審視你在這個世界的位置。請記住，你不是主人，也不是競爭者；你，是**合作夥伴**。

PART 1 超個體*

「我厭惡這個時代就只是這該死的事情，所有事物越來越小，越來越微不足道。」

——諾曼・梅勒（Norman Mailer），
《裸者與死者》（*The Naked and The Dead*）

---

* 超個體（superorganism）又譯為超有機體，由昆蟲學家威廉・莫頓・惠勒（William Morton Wheeler）所提出，是指螞蟻、白蟻、蜜蜂及胡蜂等一類的社會性昆蟲。

第1章　尋找宇宙間最小的粒子

要找出宇宙最小的粒子困難重重，原因可能只是一個簡單的事實：沒有東西是獨立存在的。在深入物質底層後發現，所謂的次原子粒子其實更像是一團微小、不停振動的能量。

在柏克萊加州大學兩輛休旅車大小的工作台上，佛萊明（Graham Fleming）和化學系的同仁設置了一座科學的彈珠台。無數的精密雷射放置在各個要點，能在十億分之一秒發出脈衝光線數百萬次，瞄準路徑上的面鏡和玻璃透鏡，目標是一個單獨的小小黑盒子。一旦打開機器，這些超高速裝置產生的雷射光會勁射每個面鏡和透鏡，然後射入盒子，點亮盒子裡面的東西：微小的綠硫菌樣本。雷射光用來模擬太陽，這種細菌差不多等於植物，擁有同樣非凡的光合作用能力，可在細胞內部將陽光轉換成能量。

佛萊明的光合作用實驗

英國出生的佛萊明這時六十歲，藉由追蹤原始生物利用太陽動力轉換成能量並釋出副產物氧氣的方法，希望能解開植物的關鍵謎題：非凡的效率。這個奇蹟不只是植物能完全掌握這個本領，而且還能利用經過的每一個光子。

目前地球上最精密的機器，還無法模擬植物的能量轉換。約略相當的人爲活動電能，要從一種能量形式轉換成另一種的過程中，會減損最初貯存能量的二〇%。如果人類能利用近似植物的方式來捕捉和轉換太陽能，人類未來的能源需求將會永遠供應無虞。

謎題的另一面更加基本：植物這樣簡單的生命系統，如何透過陽光產生電力推動的反應，製造出這個世界的氧氣和碳水化合物。

研究這項非凡作用的關鍵，是追蹤細胞支架蛋白內部的電子路徑，這個路徑連接細胞表面捕捉陽光的太陽能板（即綠色體）與細胞核心的反應中心——轉換奇蹟發生的微小熔爐。

佛萊明的實驗不到一眨眼的時間。一旦雷射的脈衝光打擊蛋白質而激發電子時，產生的能量馬上就要找出最直接的路線，順著微小的支架蛋白路徑到達反應中心。根據傳統物理學，這是複雜且可能費時的工作：有許多可能的途徑和終點，電子能量必須一個接一個找出來並加以排除。

佛萊明的發現，無異是整個現有生物學宏偉建築的一道巨大裂隙。電子到達目標並非是單一途徑，而是同時嘗試數個路徑。只有在做出最終連結並讓能量反向追蹤到最有效的路徑，能量才會順著這條單一路徑傳送。就好像最佳路線是**倒退著時間**選擇的，在所有可能都耗盡之後。這就好像我們走在迷宮裡，同時嘗試所有可能路線，而最後發現正確的逃出路線後，所有演練過程的足跡都被抹除一樣。

佛萊明在探究過程中發現出乎意料的答案：植物的高超效率，是因爲訊息電子產生的能量能夠同時占據一個以上的位置。

佛萊明正在為所謂的「量子生物學」做出最早的試探，找出地球生命是由量子物理學的定律所驅動的最早證據，而他的實驗當然是不成熟的：用雷射光代替眞正的陽光且在70 K（攝氏零下203度）的溫度下進行試驗，多數植物在這種酷寒的環境中無法存活。

然而，透過物理學和化學的背景知識，佛萊明瞭解他剛才親眼所見的含意。如同創立量子論的丹麥物理學家波耳（Niels Bohr）及其傑出門生德國物理學家海森堡（Werner Heisenberg），他們在二十世紀初所發現的像電子或光子的那種次原子粒子並不是眞正的事物。原子並不是像撞球般的小型太陽系，而是一群微小的機率雲。它們以**純潛能**（pure potential）的狀態或是如物理學家描述的「疊加」——所有機率的總和，同時存在許多地方。佛萊明細菌實驗的那些次原子粒子同時存在數個地方，在選定前往反應地點的最佳路徑之前，在同一個時間試驗這條和那條路徑。

他們的理論稱為哥本哈根詮釋*，波耳和海森堡在這個城市，為他們的數學發現推敲出無可避免的最早結論，其中一個結論是「不確定性」的概念——事實上，我們無法眞正全部知道一個次原子粒子的所有事情。如果假設你查明它的位置，就無法在同一時間找出它精確的方向和速率。波耳和海森堡也理解到量子粒子同時以粒子和「波函數」存在：前者是類似子彈的固體，而後者則是一大片模糊不清的時空區域，粒子可能占據每個角落。

在量子狀態中，一個粒子是以集合體存在，這是同一時間所有可能的未來自我組合而成的一個集合體，就像紙娃娃無止盡的複製鏈。當科學家固定電子並進行測量時，僅允許一個電子「可能」存在，在這個點上其他的多重自我紛紛瓦解，而電子就固定在單一的存在狀態。

如果佛萊明的實驗結果無誤——現在已有其他人成功地在室溫下以眞正植物進行實驗——意味宇宙最基礎的作用、地球生命起源的作用，其驅動機制完全不是實際的事物——至少根據我們對事物的一般定義來看是如此。驅動整個光合作用機制的電子有如鏡花水月，不可能精準地定位。①佛萊明的實驗，道破所有生命可能是由瞬息即逝的事物所創造及維繫，因此我們可能永遠無法確認它確切是什麼，更不用說精準地定出它的所在位置。

儘管代表意義驚人，佛萊明的發現對量子物理學家並沒有特別的啓示。在這個領域中，許多人尋尋覓覓並未找到那個東西——創造世界上所有事物的最小物質。關於物質宇宙的所有現代假說，都是基於相信生命是由物質構成，物質由更小的物質組成，而且我們可以藉由找出並命名這些小物質來瞭解大物質。

全宇宙的最小粒子

打從一千多年前穆斯林物理學家海塞姆（Ibn al-Haytham）發展出所謂的科學方法，科學家

＊哥本哈根詮釋（Copenhagen Interpretation）是對量子力學的一種理解方式，主要由波耳和海森堡等科學家於一九二七年在哥本哈根所達成的有關量子力學的一致解釋。其中一個重要觀念是：對所有自然界現象的描述都是機率性的，宇宙是由無數可能性彼此重疊而成。

就企圖分解宇宙，就像拆解一座巨大的收音機，以便檢視它的構成零件。過去數百年來，科學家們全神貫注地想找出建構生物的最微小結構單元。一九〇九年，就在剛認爲原子核是全世界最小的單位——諾貝爾獎得主紐西蘭化學家拉塞福（Ernest Rutherford）及他在曼徹斯特大學的同事創立了拉塞福的原子模型——一座井然有序、由電子構成的微小太陽系後不久，拉塞福的模型遭到了小小的挫敗，因爲來自劍橋大學的同行、英國物理學家查德威克（James Chadwick）在原子核內部發現了更小的粒子：中子。

查德威克認定原子的組成粒子：質子、電子和中子，是我們這世界最基本的單位，一直到發現它**就像俄羅斯娃娃——這些粒子裡頭還有更小的粒子**。

一九六九年發現夸克時，科學界曾短暫地慶賀他們分離出了最根本的宇宙元件，但往後幾十年又發現了一堆代號的其他粒子：渺子（μ子）和陶子（τ子）、正子和重力子、具有作用力的粒子和無作用力的粒子、ε粒子、微中子，以及最新發現的孤立子（skyrmions）、戈德斯通微子（goldstinos）、雙荷子（dyons）、卜茂子（pomerons）和光速子（luxons），加上強子（hadrons）等強交互作用的「複合粒子」，甚至還有根據超對稱理論而來的假設粒子。

爲了弄懂這些彼此矛盾的粒子，物理學家製作出標準模型，就像現代粒子物理學的羅塞塔石碑（解開古埃及象形文字意義的重要石碑），將這些數以百計的粒子和極端複雜的交互作用歸併成三族、數種基本交互作用和「風味」：六種夸克、六種輕子和一種玻色子（bosons）——「傳遞作用力」的粒子，包括光的最小單位光子、膠子，以及一些稱爲弱規範玻色子，還有重力子和希格斯玻色子，最後這兩個類型僅存在於假設中，還沒有眞正被看過。

不管標準模型的理論多麼簡明，可以讓科學家將所有數十種粒子簡化成數學速記，但歸根究柢他們還是無法分離出一種單一的結構，且有絲毫把握宣稱這就是宇宙最小的組成單位。**在第二次世界大戰之後所發現的數十種粒子，現在大都已被認爲是複合粒子，而不是基本粒子**；事實上，物理學家現在也能接受，想要證明這些粒子可以進一步分離成更小的組成單位，可能永遠都做不到。

物理學家**假設**一些粒子比其他粒子更基本，比如夸克比核子或π介子（pions）更基本。儘管如此，就像諾貝爾獎得主美國粒子物理學家溫伯格（Steven Weinberg）的悲嘆：「我們無法獲得關於夸克和膠子基本性質的最後結論。」②

科學家基於標準模型理論，勉強同意這是一種模糊的近似，要得到生命的最後眞理可能還有很多路要走，就像生化人要變成眞人一樣。等科學家發明更高狀態的粒子加速器，標準模型似乎才能證明一些更基礎理論的模糊近似，到時候我們或許會發現這些最微小的粒子事實上並非最小的俄羅斯娃娃，而是裡頭還有更多的娃娃。

要找出宇宙最小的碎片之所以困難重重，原因可能是一個簡單的事實，那就是：並沒有東西是獨立存在的。儘管我們認爲物質是不連續且有界限的，但其實並無法劃分成什麼確定的東西。就連物質的最小結構，或許都不可能將單一實體（如基本粒子）從它的鄰居之中分離出來，然後在它的周圍設下籬笆並下定論說：它從這裡開始，且在那裡結束。對於比原子還小的任何事物，我們甚至無法弄清楚次原子物質是靠自我存在，還是以元件組合的方式存在。

科學家越靠近觀察，就發現事物對其他事物的依賴越大，最後無從區分彼此。海森堡說到這個事實，稱之為「五十年來最重要的實驗發現」。他還指出，連粒子「組成」的問題都「不再具有什麼合理的意義」。例如質子可能由中子和 π 介子組成，或由 Λ 超子 (lambdahyperon) 和 K 介子（Kaon）組成，或是由兩個核子和一個反核子組成，最簡單的說法就是質子由連續的物質構成，而所有這些陳述都犯了一個相同的錯誤：**基本粒子和複合粒子之間的差異，從根本上消失了**。③事實上，「粒子」這個詞意味著分離和有形實體，並不恰當，因為當粒子物理學家深入物質的底層時，並沒有發現到什麼實物。雖然高中物理學還在教拉塞福模型，仍然將原子描繪成一群乖巧的小撞球，沿著有序的小軌道環繞著中間的原子核；但事實上，次原子粒子更像是一團微小的能量，振動虛無所塗抹出的一縷未凝結的氣息。

牛津大學量子物理學教授費德拉（Vlatko Vedral）表示，更精確來說，粒子是波的激發，是能量的激發，是大能量場中能量的小聚結，就像一條繩索的繩結。溫伯格補充：「在我們得到力和物質的最終理論之前，無法獲致哪種粒子才是基本的最後答案。當我們有這樣的理論時，也許會發現物理學的基本結構完全不是粒子。」④

雖然我們將宇宙萬物區分開來，但在最根本的層次上，個體性並不存在。

海森堡的測不準原理

我們應該感謝海森堡脆弱的免疫系統，以及他一向偏高的組織胺濃度。一九二五年五月，海森堡罹患了嚴重的花粉熱，他打包前往德國西北岸外的赫里格蘭島（Heligoland），這裡因爲地勢荒涼幾乎沒有花粉。呼吸通暢後，海森堡終於能自在地思索關於量子結構新發現所引發的許多謎題。在那個沒有樹木的島上，沒有讓人分心的事物，他最後得出優雅簡潔的量子矩陣力學方程式，再也不用將量子存在的新發現硬塞進古典力學之中。

海森堡的想法簡化成一句常見的話：關於物質宇宙的任何理論，只能涉及可在實驗中實際觀察的東西。他除去所有關於次原子碎片的假說，例如行星繞行太陽的想法。他不用個別的數值，而是攪弄一群數字來代表次原子實體可能的狀態光譜，而且以這種方式，最後發現了代表量子粒子奇異模糊狀態的數學方法。

回到歐洲大陸之後，海森堡把研究成果給波耳及另一位恩師物理學家玻恩（Max Born）過目，在玻恩的協助下，將理論加以公式化而成爲第一個量子物理學的一致理論。

海森堡的方程式非常成功，除了一個怪異的事實：不能交換。他的方程式不像正規代數，$x+y$不等於$y+x$。一年之後，海森堡繼續建構不確定性原理（測不準原理），從根本上提出物質最終不可知的駭人主張。他和恩師波耳發現關於物質世界的一些事物違反直覺且怪誕莫名，也讓許多受到牛頓物理學灌輸的現代物理學家無法接受：**物非物，底下沒有堅固實體，只有彼此之**

間的空間，事物之間具有不可分割的關係。

自從量子物理學建立開始，物理學家被迫不斷發明新的理論——弦論、多重宇宙論——否則，邏輯就會繼續混淆，儘管數學上講得通。然而，在後續研究中，現代量子物理學家不斷證明海森堡最初的直覺：**物質只不過是關係**；從某方面來說，x＋y代表兩個不能獨立存在的不確定事物之間無法穿透的鍵。或者如海森堡在嘗試超越量子世界的不確定性徒勞無功之後，以他的哲學嗜好直言道：「我們無法知道，一個作爲物理定律的物質現在的所有細節。」⑤

海森堡繼續改進他的理論成爲「量子場論」。他發現在我們所存在的最基礎層次，次原子粒子不僅不是有界限的東西，而且也不是時時刻刻都一樣不變。宇宙中小物質組成大物質並非一直都一樣，而是不斷在改變。**所有次原子粒子不斷和環境交流資訊，並以動態模式重組**。宇宙含有不確定數目的能量振動群，持續前後來回通過能量，就好像在光的量子海中無止盡的籃球遊戲。其實它們甚至不是一直都在，而是不斷消失在這個背景能量場，在消失進入底下的能量場之前短暫的演出。

所有基本粒子透過被認爲是短暫或「虛擬」的量子粒子來交互作用，瞬間結合或彼此消滅。此外，每種粒子都有反物質或反粒子所形成的「影子自我」，行爲跟「正」的物質或粒子一致，只是電荷相反。因此每一個夸克都有反夸克，每個電子都有正子。而若兩者相遇，就只是結合，所以存在的外表回復成不確定、不明確的能量。

虛擬粒子前後來回通過，有如兩個人輪流從銀行存入和提取相同金額的錢，稱爲「零點場域」（Zero-Point Field）。這個場域之所以稱爲「零點」，是因爲就算在絕對零度的溫度，理論上所有物質都應當停止移動，但還是能偵測到這些微小的波動。就算是在宇宙最寒冷之處，次原子物質也從來不會靜止不動，而是繼續跳著這個小小的能量探戈。⑥

自然界最基本的配方是由成束的能量構成，這些能量束無法從它四周的場區分出來。根據量子場論，單獨的存在是轉瞬即逝且非實體的，粒子不能從它們周圍的虛無空間分離出來。**雖然你任何時候看來似乎都一樣，但在每次呼吸時，你都是全新一批的次原子能量**。

不是一批分離的物體在虛無空間中推擠，更正確來說，基本物質只是兩個不確定事物之間的關係：粒子能量與其他粒子能量交換，也和背景場域交換。事實上，這些微小粒子和背景場域之間的鏈結，創造了我們所謂「物質」的所有事。所有物質依賴與這個最基本能量場域的連結，達到固態和穩定性。

所有事物，全都是具有關聯的帶電能量的集合

美國德州奧斯汀高等研究所所長普索夫（Hal E. Puthoff）和他的同事，證明所有次原子物質和「零點場域」這個不斷來回交換的作用，能用來解釋氫原子的穩定性，這也意味可以解釋所有物質的穩定性。⑦如果沒有與「零點場域」不斷交換能量，萬物所含的原子裡面的電子就會呈螺旋形失控並墜毀到原子核中，而所有物質只能向內聚爆。

此外，普索夫還證明這種關係，讓我們對物體產生質量及密度感。⑧在劃時代的論文中，普索夫和同事證明慣性——停止的物體不易移動，而一旦移動就不易停止的傾向——只是穿過「零點場域」加速的「阻力」或是抵抗力。物體越大、所含的粒子越多，場域就抓得越緊。在這些物理學家眼中，質量就只是某個能量抓緊其他的能量。不論何時，當你推動一個物體或是它嘗試著移動時，粒子之間的交互作用或能量振動，讓質量被「零點場域」緊緊抓住，由此得到有形實體的錯覺。

總之，我們貼上物體標籤的所有事物，不論多大或多重，根本上都是電荷與其他能量交互作用的集合。物質最基本的性質——形狀，純粹只是來自次原子粒子和背景的能量海之間的**鍵結**。⑨次原子「粒子」不過是在巨大的能量網和能量小結之間的空間找尋關係。你和周圍所見的所有事物，全都是具有關聯的帶電能量的集合。

我們現在也瞭解，這些能量小結多半以不可分割的集體一起運作著。量子物理學另一個奇特的性質是「**非局部性**」，也稱爲「纏結」(entanglement)，此一名稱注定了不可分割，就像一對被迫分開的不幸戀人，但心靈和情感仍永遠糾結。波耳發現到，一旦次原子粒子（如電子或光子）彼此有所聯繫，它們的意識會超越時空，立即且永遠地相互影響，不需明顯理由，即便沒有任何外力或能量。

當粒子彼此纏結時，只要一方有動作必然會同向或反向地影響另一方，不管它們相距有多遠，都像連體嬰一樣不可分割。一旦它們有所連繫時，測量其中一個次原子粒子，就會即時影響到第二個粒子的位置。兩個次原子夥伴會持續對話，不論其中一個發生什麼事情，會同樣或完全相反地發生在另一個身上。

纏結的粒子通常會進入相干或同調（coherence）的狀態，而失去其原本的個體特徵，並表現得像是一個巨大的波。雖然個別的次原子實體能夠維持一定的個體特徵——就像是管弦樂團的個別演奏者，但任何要將它們分開的嘗試都只是徒勞無功，因為發生在其中一個身上的事情總會影響到全體，且個體的任何動作都由團體指揮。它們密不可分，甚至無法分辨彼此。尖端物理學家已經發現，包括人類在內的所有生物所放出的次原子粒子是高度同調的，這意味著建構我們的次原子粒子只以集體形式存在，無法區分彼此。

量子理論與意識

發展出核分裂理論及創造出「黑洞」和「蟲洞」等術語的惠勒（John Archibald Wheeler）是波耳的另一個門生，他是愛因斯坦的頭號支持者，也是愛因斯坦的共同研究夥伴，他試著完成愛因斯坦的統一場論，但失敗了。然而，惠勒還是堅持宇宙是可以統一的，並可用一行數學式來呈現，甚至最後完全簡化成資訊。朝著這個目標邁進，他創造出琅琅上口的句子：「萬有源自位元」（it from bit），惠勒說：「每個粒子、每個力場，甚至時空連續體本身，都是源自『是或否』的答案，二元選擇。」⑩

惠勒最驚人的推測，是試著理解量子物理學引發的最大謎題。量子物理學的先驅以實驗證明，似乎只有在觀察者的參與之下，事物才會轉換成可能的次原子粒子，以固態存在且可測量。一旦科學家更靠近觀察要測量的次原子粒子，以充滿各種可能性存在的次原子實體將會「崩陷」進入一個特定狀態。

換句話說，一個次原子粒子只有在被測量或觀察時才會固定在一組單一狀態，這個事實讓許多科學家想到一個極大的可能性：科學家本身的角色（或在眞實生活中，生存意識的角色），其影響會以某種方式將最小的生命要素轉成眞實的事物。這意味著宇宙是觀察意識和被觀察者之間的合作企業：需要觀察者來讓被觀察者成形。

雙狹縫實驗及延遲選擇實驗

惠勒想要以量子物理學著名的「雙狹縫實驗」來測試這個驚人的想法，這是十九世紀英國物理學家楊格（Thomas Young）最早創造的光實驗。在楊氏實驗中，從一片硬紙板的一個孔（或狹縫）穿過一束純淨的光，然後通過第二片屏幕上的兩個洞，最後到達第三片空白屏幕。通過兩孔的光，會在最後一面空白屏幕上形成許多條明暗交錯的斑馬條紋。如果光只是一連串的粒子，兩個最明亮的點會出現在第二個屏幕兩個洞的正後方，就像是個別粒子的圖案。

然而，圖案最明亮的部分是在兩個孔洞的中間，是由這些波的振幅相加彼此干涉所造成的。

當同一時間兩個波峰或波谷遇上，會強化重疊波的結合信號且光變得比較明亮。如果一個波峰碰上另一個波谷，則會產生相反的情況，兩者彼此抵銷，形成完全的黑暗。在觀察到此一現象之後，楊格理解到光束通過兩孔時會以重疊波散開。

現代版本的實驗，則採用稱爲干涉儀的裝置來發射單個光子通過雙狹縫。這些單一的光子也在屏幕上產生斑馬條紋，證明即使是一個單位的光也會像搖頭擺尾的波一樣行進，形成範圍較大的影響。物理學家以楊氏實驗證明量子實體（例如光子）的行爲，就像波一樣且一次會通過兩個狹縫。由於需要至少兩個波才能產生這樣的干涉圖案，因此這個實驗的含意是：光子以謎樣的方式同時通過兩個狹縫，並在再次結合時與自己產生干涉。

然而，這個實驗有個困境：倘若在實驗中，我們使用粒子偵測器來找出光子究竟通過哪道狹縫，實驗結果就會截然不同。此時，光子的行爲不會像波，而是像粒子，並且會被偵測到明確地通過兩個狹縫之一。此外，也不產生干涉圖案，而是在屏幕上產生明顯的粒子圖案。

也就是說，當我們打開粒子偵測器時，偵測器就扮演了觀察者的角色。一旦偵測器進行「觀察」，光子的行爲就像是實心的粒子，而不是搖頭擺尾四散的波。它崩陷成單一的實體，僅通過其中一道狹縫，並讓你能追蹤它的路徑。

一九七八年，惠勒思索著這個實驗的意義何在——看起來，似乎是強調光子是否能被偵測到——他想知道時間點是不是一個重要因素，也就是光子在哪個點被觀測到或測量到，是否對實驗結果有影響。

當科學家要檢驗某件事物時，有時會先在腦中進行「思想」實驗。他們會想像出一個實驗，並純粹以數學語言來計算。因此基本上，這個實驗是單用數學來檢驗，而不是發生在眞實生活裡頭。爲了測試他關於光子實驗的時間問題，惠勒設計出一個稱爲「延遲選擇實驗」的著名思想實驗，讓粒子偵測器延遲偵測，等光子通過狹縫後才偵測其路徑。

想像一下，有一個光子已經通過狹縫，並且正往後面的牆壁行進。此時光子有三條可能行進的路線：左邊的狹縫、右邊的狹縫，或者同時穿過兩個狹縫。在這個階段，我們不知道光子會走哪條路線。

如果事情像惠勒所想像的，在屏幕後方藏兩架望遠鏡，一架指向右邊狹縫，一架指向左邊狹縫。當光子通過狹縫時，由於屏幕將望遠鏡隱藏在後方，光子不知道有此種偵測裝置。等到光子通過狹縫後，才趕緊拉下屏幕進行觀測，這時光子想回頭已來不及了。因此望遠鏡在光子通過其中一個狹縫時，會看見並記錄到一道閃光，如此就能偵測到光子的路徑。

在這個實驗中，觀察者做了「延遲選擇」，不管他是否想要（透過望遠鏡）觀察光子的路徑，或是等到光子已決定好要通過哪一條狹縫或兩條狹縫。

根據惠勒的計算，光子的路徑全然取決於是否受到觀察。如果我們移除屏幕及記錄光子路徑的望遠鏡（即使是在光子通過狹縫之後），所得到的分布圖案，會跟粒子通過兩條狹縫之一的圖案一致，但若是同時穿越兩條狹縫就不一樣。如果我們不移動屏幕，那麼光子會保持疊加狀態並通過兩條狹縫。

這個實驗的非凡之處，在於證明實驗結果跟時間不相關：屏幕的有無（也就是有無觀察者）決定了最後的結果，就算是光子已通過一條或兩條狹縫後也一樣。⑪

惠勒的實驗意味著：是「觀察」決定了最後結果，即使在事件發生之後。無論是哪個時間點，觀察者完全掌控了被觀察者是否成形。

我們的每次呼吸，都在共同創造世界

惠勒的門生，著名的物理學家費曼（Richard Feynman）說道，觀察者的角色是量子物理學的核心，這是「不會消失的謎」。延遲選擇實驗一直到二〇〇七年都還是個謎，法國卡相高等師範學院（ENS Cachan）的羅赫（Jean-François Roch）和同事成功地發現一種方法，證明了惠勒三十年前的想法。⑫

在惠勒離世前兩年的二〇〇六年，他曾說：「**我們是萬物成形的參與者，不只是近在眼前的事物，還包括遠在天邊和久遠以前的事物。**」⑬在他豐富的想像中，甚至想像整個宇宙是一個巨大的波，需要透過觀察讓它成形。

從這個證據，我們必須問自己一個非常基本的問題：**如果驅動我們所有基本生命作用的量子實體不可能彼此分離，那麼還有什麼真實事物是只靠自己存在的呢？**

次原子世界的物質不能孤立起來被理解，只能透過複雜且永遠不可分割的關係網來瞭解。生命之所以存在，是因爲基礎的對偶、多重的影響，以及一種合作關係。最根本的是，物質不僅不是任何東西，而且在我們的意識參與之前，它都是不確定的。在我們注視或進行測量電子的瞬間，我們才協助決定它的最後狀態。

其中最無法簡化的，可能是物質之間的關係，以及進行觀察時的意識；而最後讓事物成眞的，是觀察者和被觀察者之間形同煉金術的鏈結。沒有「我們」和「他們」，而是只有一個不斷轉變的「我們」。**我們每次呼吸，都在共同創造世界**。

不管我們多麼努力，我們都無法找出宇宙最基礎的組件，因爲它們只存在於與其他組件的關係之中。量子物理學家徒勞無功地繼續找尋，而每一次尋找都在改變它。**生命的建立不在事物之內，而是在鏈結裡面，在兩件事物之間的虛無空間裡**：次原子粒子之間、粒子和背景場域之間、意識和物質之間。事實上，生物學家發現，那是我們自我創造的方式。

你和我，都是我們和宇宙交互作用的作品。

本章摘要

佛萊明的光合作用實驗

- 證明所有生命可能是由瞬息即逝的事物所創造和維繫。

海森堡的量子場論

- 天底下沒有堅固實體，只有事物之間的空間，一種不可分割的關係。
- 在現存的最基礎層次，是一種不斷改變的狀態——所有次原子粒子不斷和環境交流訊息，並以動態模式重組。

普索夫的研究

- 不論多大或多重的物質，根本上是電荷與其他能量交互作用的集合。
- 所謂「固態」的事物，只不過是來自次原子粒子和背景能量之間的鍵結。
- 你和周圍所見的所有事物，全都是具有關聯性的帶電能量的集合。

惠勒的延遲選擇實驗

- 光子的行爲取決於我們測量它的方式，與時間無關。
- 觀察者完全掌控了被觀察者是否成形。
- 我們是萬物成形的參與者。當我們注視或進行測量的瞬間，我們就協助決定了觀察對象的最後狀態。

結論：

1 一直以來，科學家相信透過研究宇宙個別組成，可以瞭解宇宙整體。因此科學發展持續朝向原子化的步伐邁進，尋找建構所有物質的最小粒子，從分子，到原子到中子，但結果總像俄羅斯娃娃，後面永遠有更小更多的娃娃等在那裡。

2 要找出宇宙最小的碎片困難重重，原因可能只是一個簡單的事實：沒有東西是獨立存在的。儘管我們一向認為物質是不連續且有界限的，但事實上，物質之間並無法清楚劃分。科學家越靠近觀察，就發現事物之間的依賴性越大。

3 事實上，當代的粒子物理學家在深入物質底層後，卻發現不到什麼實體物質，所謂的次原子粒子其實更像是一團微小、不停振動的能量。

4 在我們生活的這個次原子世界，所有物質只能放在複雜的關係網中，不能孤立來理解。所有生命都是一種合作夥伴的關係，生命的建立不在事物內部，而是在鍵結裡頭。

第2章　基因決定論錯了，環境才是關鍵

我們一直以為是基因決定我們回應環境的方式，結果卻是相反：是環境決定了基因回應的方式。生物與所在世界之間的鏈結、人我之間的關係，以及我們與環境的關係，都是更大的遺傳力量。

對傑托（Randy Jirtle）來說，人類基因組只是一部有缺陷的電腦。傑托是美國杜克大學腫瘤學教授，他漫長的學術生涯從電腦開始，在核子工程上表現出他的數學天分。畢業後，他放棄原計畫的核能及反應爐工作，轉而專攻電離輻射生物學——某種意義上，這是指核能導致的生物效應。但就算研究的是生物系統，他也不能避免地必須回頭借重以前研究的軟硬體。在傑托的認知裡，基因明顯是硬體。他經常納悶的是，爲何硬體這麼常出錯？而控制一切的主程式軟體，精確的位置又在哪裡？

親代與遺傳基因

軟體中的瑕疵與**基因印痕**（imprinting）有關。基因印痕曾經難倒了許多遺傳學家，而且似乎違反了孟德爾（Gregor Mendel）制定的遺傳法則，這位十九世紀的修道士發展出現代遺傳學

的基礎。根據孟德爾的學說，儘管生物從親代遺傳兩組基因：其中較爲強韌合適的基因成爲顯性，有助於協助塑造生物的外觀；另一半稱爲隱性，就像不敢吭聲的瘦弱懦夫，受到顯性基因的壓制。基本上來說，自然界的生物會從父母雙方接收兩個基因組的複本，這似乎是爲了對抗突變的多一重保障，但是藉由將其中一個「靜默化」*，似乎放棄了這個有利條件。

傑托的論點是，**基因開關的決定權來自親代較多，而不是成爲顯性的先天傾向**。在基因的層次上，生命是兩性之間永恆的戰爭。此外，他的研究顯示，被靜默化的基因表現出遺傳的弱勢，容易成爲癌症和其他疾病的目標。這就好像DNA是用精密程式設計成會向內爆裂的電路板所建構而成。

傑托用了整整十年鑽研這個議題，以及它如何和突發癌症的身體器官系統發生關聯。傑托的實驗室，曾因研究類胰島素生長因子第二型（insulin-like growth factor-2, IGF-2）而聞名，這種身體物質會讓細胞停止死亡，導致細胞不正常增生而引發癌症。他詳盡研究老鼠的一個腫瘤抑制基因（稱爲IGF-2R），可用以清除IGF-2並設法加以消滅，最後抑制了肝癌。傑托的研究團隊，在基因外面發現一個負責開啓IGF-2R活動的開關。但是，到底是在什麼生物條件之下按下開關呢？如果你能發現特定疾病的開關，你或許就能修改印痕作用，最後關閉電腦軟體的自毀機制。

＊基因「靜默化」（silence）或稱基因沉寂，是指將不再需要的基因甲基化，使其失去功能，以便能夠在不改變DNA序列的前提下，改變遺傳表現。

二〇〇〇年，傑托有機會進一步探究這個問題。他收到瓦特蘭（Rob Waterland）的來信，請求他資助博士後研究計畫。瓦特蘭剛從康乃爾大學拿到人類營養學博士學位，想要探究改變飲食是否是開關的主要控制項目之一。當時已有龐大的科學證據顯示，母親在懷孕時若缺乏營養，那麼生下的後代有較高的機率罹患疾病和神經失調，瓦特蘭對此深感興趣。流行病學的研究也顯示，產前深陷於饑荒的族群，新生兒的出生體重會偏低，而罹患退化性疾病的比率會偏高，包括糖尿病、冠狀動脈心臟病和癌症。

瓦特蘭最好奇的，是證據顯示饑荒的效應會穿越世代。**曾經在母體子宮挨餓的人，以後所生下的子孫，體型會比正常人來得小，即使他們日後的生活有足夠的營養**。不利的環境條件，似乎至少會往下影響兩個世代。①

他想知道，要如何才能反轉這種情況？如果改善孕婦飲食，能否反轉遺傳命運，並關閉爲疾病程式化的基因表現呢？

傑托同意與瓦特蘭一同研究，前提是要仔細選擇模式物種。科學家要研究遺傳問題時，需要在放大的條件下加以探究，他們才能找到命定的遺傳怪胎。傑托和瓦特蘭兩個人爲研究目的，決定選用的完美怪胎是野鼠色基因（Avy）。就他們所知，刺豚鼠有一種基因，在毛色的信號分子中含有某種缺陷，指示毛囊長出黃色的皮毛而非典型的棕色；而擁有野鼠色基因的老鼠也注定是懶骨頭。除了毛色不同之外，這些老鼠通常也長得肥嘟嘟，未來可能發展出糖尿病或癌症。

瓦特蘭的基因碼實驗

瓦特蘭從美國國家毒物學研究中心（NCTR）所執行的研究中得到靈感，顯示補充雌性刺豚鼠維生素B可以推翻遺傳缺陷，並生下較大數量的正常後代。研究推測，原因可能在於「基因上方」的一種機制，但是研究人員沒有找出要如何修改母親DNA來達成這個幸福的結果。②瓦特蘭計畫使用NCTR的模式及實驗計畫，並在之後分離母鼠的DNA，看看能找出什麼東西。

在收到「達能營養中心」（Dannon Institute）兩年的贊助金之後，瓦特蘭和傑托從NCTR的研究小組處取得幾對育種的刺豚鼠，接下來的六個月各孕育出了十窩試驗鼠和對照組。一半的雌性刺豚鼠在懷孕前就餵食額外的維生素B，懷孕和哺乳期間持續餵食；另一半對照組則給予正常的老鼠飼料。

要從一隻動物分離出基因碼相當不容易，得花上一整個星期。瓦特蘭從每隻試驗動物尾巴取得組織的微小碎片，透過一種程序調整，混入有毒的化學溶液以分離出基因碼，然後在攝氏四十度的溫度差範圍震盪。冷熱交替產生連鎖反應，可以快速複製DNA，有點像是影印機不斷複印的過程。經過另外幾個化學作用之後，最後基因藍圖清晰到可以拍照。等他幫所有實驗的刺豚鼠都完成這個費力的程序後，在母鼠有吃營養補充劑的刺豚鼠基因碼外觀上，瓦特蘭發現了明顯的差異。

蛋白質的基因編碼有四種，科學符號簡碼分別爲A、C、G和T，代表腺嘌呤（A）、胞嘧啶

（C）、鳥嘌呤（G）和胸腺嘧啶（T）的核苷酸鹼基。投予維生素B的刺豚鼠，其所生出來的後代有很大的比例C會轉換成T。維生素B補充劑開啓了一個不同的基因。

基因表現的改變，也在身體上顯現。母親有豐富食物的幼鼠，有較大的比例毛色呈正常的棕色，而且得到糖尿病或癌症等成年退化性疾病的比率較少。不像牠們的母親，下一代的刺豚鼠有正常的壽命。③營養補充劑透過關閉野鼠色基因的表現，明顯地改寫了後代的遺傳命運。這是第一個證據，母獸的環境和後代的身體改變之間，具有明顯的因果路線。傑托雀躍地公開發表他們的研究：「這是環境和基因學的連接處。」④傑托和瓦特蘭兩人僅僅用了一小批刺豚鼠，就證明了在**生物的生命初期，只要一些簡單的環境改變就會完全接管遺傳命運**。

「沉冤待雪」的動植物學家拉馬克

「我們不是一夕出名，就是飛蛾撲火。」二〇〇三年八月號的期刊《分子細胞生物學》（*Molecular and Cellular Biology*）以兩人的研究作爲封面專題報導時，傑托跟瓦特蘭開玩笑說道。期刊還附上一張照片：一批棕色的幼鼠爬過鮮綠色的青花菜和菠菜所堆成的小山。傑托知道他們就要解開科學界的封印，不僅翻轉了整個世紀關於遺傳學及現代生物學骨幹的科學信仰價值，而且還解救了一名特立獨行的科學界人士，他遭受誹謗超過百年，名字還被當成荒誕不經的同義詞。

在達爾文發展出有關物競天擇的觀點並出版《物種起源》（*On the Origin of Species*）一書的五十多年前，法國動植物學家拉馬克（Jean-Baptiste Lamarck）花了十年研究法國的植物群落和無脊椎動物，他在一八〇二年發表了《生物體制研究》（*Recherches sur l'organisation des corps vivants*）一書，這是第一本有條有理且講述完善的演化論⑤，後來還出了另外兩卷《動物哲學》（*La Philosophie Zoologique*）。拉馬克將生命描述成演化鏈，而事實上達爾文在牛津讀書時還曾熱情地研究拉馬克學說。此外，拉馬克還相信所謂的「後天性遺傳」，認爲環境是動物改變的一個主要原因，而且這些改變可以世代相傳。

達爾文描述的物種演化，基本上是無常的偶然。整個物競天擇學說建構在三個基本假設上：其一是所有生物源於一個共同的祖先，其二是物種的新性狀是隨機突變而演化，其三是這些性狀只有在有助於物種生存時才能長存。達爾文認爲發生在個別生物體的突變，本質上是一種傳遞給後代的複製錯誤。只有在這類遺傳錯誤能夠持續提供物種成員生存優勢時，突變才會成爲永久性的改變。然而，物種到另一個物種的任何重大改變，都是經過漫長時間由無數個小步伐累積而成。從這個角度來看，如同英國演化學家道金斯（Richard Dawkins）的著名譬喻：自然是「盲目的鐘錶匠」，而演化是把贏家從輸家篩選出來的冷血過程。

相反的，拉馬克將演化看成是生物體及其環境之間的合夥事業。他相信「後天性遺傳」，也就是**生物體會回應環境的挑戰**，從而產生特定的後天特徵，並會將這些性狀傳遞給下一代。他的結論是：**生物體回應演化的需求，而這種需求會有利於適應**。就像達爾文一樣，拉馬克的「物種演變」，也需要一段漫長時間，要經過許多地質年代。不像現代演化綜論，強調的是如骰子滾動般隨機的遺傳演化，拉馬克的世界觀將自然界描繪成動態、共生的夥伴關係，而且演化改變是當生物體與環境失準時回復平衡及和諧的聯合方案。

拉馬克的觀點曾受到熱情擁戴，但最後則慘遭全面排拒，死時一文不名，遺體葬在石灰坑裡頭。在科學辭彙裡，「拉馬克學說」（Lamarckian）甚至被當成輕蔑用語，用以指涉認爲環境因素會影響遺傳編碼或任何物種的任何想法。

沃丁頓的黑腹果蠅研究

拉馬克的工作成果過了一世紀後才被再次檢驗，英國胚胎學家及劍橋大學講師沃丁頓（Conrad Waddington）在試著弄清楚兩棲動物的神經管如何建構時，逐漸相信答案是在遺傳學的新生領域之中。在一九三〇年代，這是異端邪說，因爲人類對基因尚未完全瞭解，而且肯定沒有考慮到基本身體特徵之外的遺傳藍圖。

爲了能更深入探討，沃丁頓去了美國西岸。在加州理工學院，偉大的美國遺傳學家摩根（Thomas Hunt Morgan）創立實驗室專門研究黑腹果蠅（*Drosophila melanogaster*），這是一種常見的果蠅，在摩根的研究下，預告著模式生物研究的世代即將到來。沃丁頓到了加州實驗室，開始他不眠不休的分析工作，他將胚胎果蠅暴露在乙醚中，仔細觀察細微的突變影響果蠅後翅發育的情形。

一開始，沃丁頓認爲他的研究將會證明遺傳編碼至高無上的地位，但最後他發現在果蠅生命早期所出現的異常狀況，會讓牠發育出一組奇特的後翅。在無數世代的果蠅暴露於乙醚之後，沃丁頓又發現了一些奇特的事情：改變的後翅——這個純粹由環境造成的突變，會繼續複製八個世代，即使這些後代子孫沒有暴露在這種揮發性的液體中。⑥

一九四二年沃丁頓又首創「表觀遺傳學」（epigenetic landscape）這個術語，意味著環境有助於完成遺傳表現。他使用 epigenetic 這個詞，指的是「基因上方」，因爲這個影響似乎發生在基因之外。沃丁頓還成功地發展出「遺傳同化」（genetic assimilation）理論，提出**動物對所在環境的回應，特別是壓力因素，不僅會影響發育，還會變成遺傳的一部分**；而後天性遺傳所製造的改變同化到物種之中，對許多後續世代造成重大的改變。⑦透過果蠅研究，沃丁頓成爲第一個論證拉馬克在遺傳的某部分見解是正確的，錯的反而是達爾文。因爲生物的發展，似乎仰賴他們自己與外面事物**連接**的性質，而**生物本身就是這個連接**，不是只有基因碼才能傳遞到後面的世代。

環境與基因的關係

我們擁有自我區分的最根本證據，在於我們擁有不同於其他人的獨特身體這個事實。我們對於「**自我**」的概念，也來自於相信我們的身體是透過在體內獨一無二且完全自給自足的過程而建立：個性、身體特徵，以及實際上定義我們的所有事物，這些都是由獨一無二的DNA藍圖所製作而成。雖然，我們明知道飲食和情緒壓力會影響我們個人的精神發展以及某些方面的健康狀況，但還是假設形塑自我的原料黏土，主要是由基因向外逐步發展而得到永久的形貌。至於我們這一生過得如何，不被認爲能夠改變我們的遺傳藍圖，或是往下傳遞給子孫，而是要透過千百個世代的突變。

一六六〇年，自然科學家虎克（Robert Hooke，他是牛頓的宿敵）透過原始顯微鏡，發現軟木切片似乎有獨立的單位，從此生物學家便一致認爲細胞是人體的機房。事實上，細胞的英文字cell在拉丁文正是「小房間」的意思，虎克認爲軟木的細胞與修道士的房間類似，是一個具有粒線體（眞正的引擎）和細胞核的運轉中心。雖然歷代科學家一直盯著細胞內部的微小部分進行研究，但還是一直要到三百年後，才由傑托的研究中發現了生物體中可能的中央工程師。

在華生和克里克拆解細胞核內的遺傳編碼DNA之後，DNA一直就被視爲身體的建築師，起草最後的生命藍圖，然後藉由選擇性開關某個特定基因來帶領及監督身體的活動。基因就位於雙螺旋的階梯上。這些核苷酸或遺傳指令，自我複製形成信使RNA分子，再由RNA轉譯（translate）DNA訊息到蛋白質，而由各種蛋白質去執行身體所需要的功能。

一開始，華生和克里克就制定了一套規則，稱爲微生物學的「中心法則」。第一條法則是細胞訊息命令以單一方向流動：DNA→信使RNA→選定的氨基酸組合→蛋白質集合。凡是認爲這個過程是可逆的相關提議，都會被貶爲拉馬克式的幻想。⑧然而，中心法則無法精確地解釋長鏈的遺傳指令如何「知道」何時編排特定的過程及提供信號。直到最近，科學家還認為基因活動是個封閉的過程，與環境無關。

傑托和瓦特蘭的研究證明，基因完全不像中央控制器，而是比較像次原子粒子的存在。⑨現代研究認為，訊息其實是往另一個方向流動：即由外而內。有些環境信號會警告身體，製造所需的特定蛋白質，而且是由外在環境信號誘發特定的基因表現。因此，我們一輩子暴露在環境影響的複雜陣列中，確實決定了我們體內每個基因的最後表現。基因打開、關上，同時基因也會被周遭環境（比如食物、周遭的人，以及我們的生活方式等等）所改造。

請想像一座巨大的製造工廠，有中央辦公室和為數眾多的能量中心來推動工廠的其他部分，龐大而精密，且能同時進行數以萬計的化學和電氣製程。接著，再想像有四十萬億個這種驚人的製造工廠櫛次鱗比地來回交換資源，你就能領會身體一百萬億個細胞的運作。

每個細胞都自成一體，在十微米的空間中進行各式各樣的活動——呼吸、消耗、複製、排泄。然而，不論細胞的運作如何精密、敏銳及快速調適，沒有哪個身體細胞能在缺乏外力協助時發揮任何功能。事實上，科學家現在開始理解到，切換基因開關的關鍵就在身體外面。

細胞質是構成體內每個細胞的一團膠質，包裹在半透明的細胞膜裡面。細胞膜的三層結構，其作用就像小型的旋轉門供其他分子進出細胞。無論分子是部分或全部通過，都由細胞膜決定。這些看守門戶的蛋白質有些稱為「受器」，它們的功能就像天線，可從其他分子取得外部信號，並轉發信號給效應蛋白來改變細胞的行為。

細胞膜含有幾十萬個蛋白質受器開關，有能力透過切換特定的基因開關來調節細胞功能。但是如同傑托所發現的，導致開關轉換的是環境信號，包括空氣、水和食物、暴露的毒素，甚至是我們周圍的人。環境信號轉而侵襲DNA雙螺旋的化學保護層（或稱甲基化），使之對環境更爲敏感，特別是在生命初期。在這個過程中，四個原子的甲基團附著在特定基因並傳送訊息給它，使之靜默化，減少其表現，或者以某種方式改變其功能。

表觀遺傳學開啓基因研究的新領域

科學家通常稱這種配置爲「表觀基因組」（epigenome），過去認爲這種配置只負責細胞分化，確保就算每個細胞攜帶一樣的DNA，但某些細胞會變成鼻子，而另外一些會變成手臂。但是，正如刺豚鼠的研究證明，表觀基因組眞正的功能是作爲身體內外之間的介面，以及充當基因對環境信號的解譯器。傑托和瓦特蘭研究中的維生素B補充劑，其作用就像甲基供體，造成甲基團更常附著在胎鼠的野鼠色基因上，因而關閉其表現。這個信號發生在基因外面，且不改變基因的序列，也不以任何方式干擾基因編碼。這表示控制基因及基因表現的強弱，是因爲身體外面的眾多影響。

從細胞層次來看，人與動物的細胞是無法分辨的。我身上四十萬億個細胞的其中一個只要拿掉細胞膜，就可以成功地移植到你的身上。⑩也就是說，倘若細胞沒有和環境的交互作用，就不會有個體特徵。外面的影響會決定細胞的表現，以及它對外界的回應方式，可能是順從，也可能是違逆。生物學家立普頓（Bruce Lipton）在他開創性的著作《信念的力量》（*The Biology of Belief*）中指出，**細胞眞正的大腦是細胞膜**。⑪

過濾外界的影響來控制細胞的不是細胞核，其實是細胞膜，從而控制生物的行爲和健康。表觀遺傳變異（epigenetic change）和基因的最後表現（或靜默），都是環境壓力造成的結果。食物、空氣和水的品質、家庭氣氛、關係狀態、生命的滿足感等等，所有我們生活方式及祖先生活方式的總和，對於基因的最後表現十分重要。**生活中的每個因素，一起決定了我們將會擁有一個怎樣的身體**。

表觀遺傳學的發現，代表了我們已從根本叛離了華生和克里克的中心教條：基因決定我們回應環境的方式。但是，如同傑托和瓦特蘭的實驗所證明的，結果卻是發生了相反的情況：**環境決定了基因回應的方式**。我們是由身體外面和裡面的事物交互影響所建構而成，身體內外的影響因素維持微妙的平衡。這樣的鍵結，終其一生，始終存在於細胞內的藍圖之間，同時也存在於我們與世界連結的所有事物之間。**就像次原子粒子，我們的身體並非一個個分離的實體，而是某種關係的最終產物**。

馬基爾大學史濟夫研究小組成果

傑托和瓦特蘭的老鼠研究引發了學界的一陣騷動。在發表後五年，表觀遺傳學的論文成長了四十倍，特別是與遺傳性疾病有關的論文。加拿大蒙特婁的馬基爾大學（McGill University）團隊，是這類研究的重要代表，由以色列裔藥理學及治療學的史濟夫（Moshe Szyf）教授領軍。史濟夫的實驗室擁有五項DNA產品專利，還有一項在申請中，他希望這些DNA配方能改變醫療史的方向。他相信在人類表觀遺傳組裡面可以找到治療癌症的新療法，透過甲基化的操作永久關閉癌症基因的開關。

史濟夫發現癌症的主要標記是甲基化形態的變異，促使基因讓細胞不正常增生，無法抑制疾病侵襲和轉移。⑫雖然其他研究人員相信發生癌症大都與基因周圍過度甲基化有關，但史濟夫認為過與不及都會成為問題，比如說乳癌是過度甲基化，也就是將控制細胞生長所需要的基因靜默化（使其失去作用），而太少則往往會啓動與快速轉移有關的基因。

史濟夫的研究，明顯與當前表觀遺傳學的主流思想不符。開拓這個新領域的科學家，假設表觀遺傳變異的運作方式有點類似混沌理論的蝴蝶效應，對初始條件具有敏感依賴性；小時候的生長環境若發生微小改變，基因表現將會產生巨大改變，且此後終其一生都不會再改變。然而，史濟夫在實驗室的研究成果證明並非如此。

透過一系列的動物研究，史濟夫推翻了上述說法。他蓄意在生命初期將許多不同類型的壓力反應程式化到各種動物裡面，然後在生命後期透過改變環境從生物體內解除程式。在其中一項研究中，史濟夫成功反轉了幼鼠因不健康的哺育所造成的異常，他所用的方法是：將有問題的幼鼠交給其他母鼠以正常方式養育。表觀遺傳條件現在看起來不太固定，到成年期可以全面反轉。⑬

像乳癌這種疾病，就可能起源自我們內外在世界之間的鏈結，也不能排除基因內部。在所有類型的癌症之中，乳癌的家族病史通常被假設成罹病的最大遺傳標記。近年不少醫師會勸告有此類特定基因的健康女性採取乳房切除術，以預防乳癌上身。

美國羅徹斯特大學醫學中心的幾位流行病學家，在檢查過美國國家衛生研究院（US National Institutes of Health）所贊助的婦女健康促進計畫的資料後，對所謂家族病史的普遍觀念存疑。這個大型研究，當初是爲了評估婦女更年期後使用賀爾蒙療法對健康的影響。經過五年的研究，執行該計畫的資料安全監測委員會突然要求中止研究而震驚世界，因爲一萬六千名參與激素替代療法研究的婦女，比起服用安慰劑的其他婦女，明顯有較高的罹患乳癌、卵巢癌、中風和心臟病的風險。⑭

對這幾位流行病學家來說，婦女健康促進計畫的資料，無異是比對遺傳型和環境型癌症的金礦。一開始時，他們很自然地假設有家族病史的人會有較高的癌症發生率。然而，證據卻顯示罹癌婦女只和是否採用激素替代療法有關。特定的基因架構或家族癌症病史，都和這群受測婦女是否罹癌無關。⑮在此案例中，環境壓力——定期服用的人工激素——是主要的罹癌肇因。

同樣會嚴重影響基因表現的另一種鍵結，是我們社會人際關係的品質。史濟夫檢查並比較童年受虐的自殺者，其大腦與正常死亡病人的大腦究竟有何不同。雖然兩組大腦的基因序列都一樣，但自殺組的大腦基因卻出現令人驚異的表觀遺傳變異。⑯雖然史濟夫不敢妄下結論地說童年受虐一定會造成表觀遺傳標記及自殺憂鬱，但環境證據卻深具說服力。⑰他的發現，也呼應了多倫多的精神健康戒護中心（Centre for Addiction and Mental Health）在精神分裂症和躁鬱症的新發現。他們發現患者的神經DNA外管產生了變化，再次強烈表明精神疾病的環境肇因，而非遺傳病史作怪。⑱

改變環境可以彌補動物的基因缺陷

我們用來連結內外世界的鍵結威力強大，也能產生正面效應，抵銷不良基因的作用。麻省理工學院皮庫爾學習與記憶研究院（Picower Institute for Learning and Memory）院長、神經科學家蔡立慧研究人類記憶事物方式的相關神經架構，從中找出了預防大腦退化的方法。一九九七年，蔡立慧開始探索表觀遺傳變異是否可以改善記憶，特別是遺傳引發的大腦損害。

蔡立慧和研究團隊選擇性地繁殖一組具有稱爲p25特定基因表現的老鼠，p25會造成神經退化，最後症狀就像是阿茲海默症。具有這種基因組態的動物，在學習與記憶方面有嚴重缺陷；且在極短時間內，隨著大腦萎縮和神經元逐步喪失，這些老鼠很快就會變成癡呆。由於研究顯示，透過「強化環境」可以改進學習能力，因此蔡立慧決定測試是否能夠應用在大腦已經退化的動物身上。

在第一個試驗中，老鼠每次走進籠子的特定隔間就會遭到輕微電擊。在第二個試驗中，老鼠被放在牠們曾經見過的平台上，但現在被混濁的水淹蓋了。老鼠在無法看到平台的情況下，必須純粹依靠記憶來判斷所在位置。

一般情況下，電擊測試的恐懼制約會產生事件的長期記憶，例如兒童若曾在爐子上燙傷手，日後往往會記得避開爐火。不過，蔡立慧的受測鼠群在兩個試驗中都沒能做到；牠們的大腦已經萎縮到一定程度，無法從令人不快的經驗中學習，或是從記憶中取回關於某個東西的可能位置。

在下個系列的試驗中，蔡立慧將受測老鼠放在一個遊戲空間中，裡頭有跑步機，並每天更換各種形狀和材質的玩具，還有一群新的老鼠。等受測老鼠在新環境待過一段時間之後，研究人員再次進行這兩項任務。這一次他們發現，老鼠記得電擊的小隔間，也記得被淹沒在水中的平台。蔡立慧跟同事們稍後研究受測動物的大腦，發現環境刺激改變了表觀遺傳的化學標記，以及稱爲組蛋白乙醯化的甲基團，而甲基團最後關閉了阿茲海默症基因的表現。[19]

這些老鼠實驗證明，就算是複雜如遺傳導致的記憶缺陷，基因並非不可改變的定數。**在這個案例中，動物與充滿活力的環境產生了鏈結，並覆蓋了動物的基因缺陷**。

美國塔夫斯大學薩克勒生物醫學院（Sackler School of Biomedical Sciences at Tufts University）的費格（Larry Feig）博士和他的研究團隊進行類似的實驗，使用的是一群 Ras-GRF-2 基因被靜默化的老鼠，Ras-GRF-2 基因也會影響記憶與學習。但這支研究團隊的重點，則放在受測老鼠所繁殖的下一代：他們將母鼠養在老鼠的「主題樂園」兩個月，讓牠們享有正常的學習能力。根據遺傳理論，其後代會繼承被靜默化的 Ras-GRF-2 基因，特別是當牠們是在正常的實驗室環境飼養出來的，而不是生活在活力充沛的主題樂園裡。

但令人驚訝的，即使沒有給予額外的刺激，這些母鼠的後代卻出現了正常記憶與學習能力的跡象。母鼠的生活環境條件覆蓋了遺傳命運。⑳

就像刺豚鼠的研究，費格的研究成果意味著生物和所處世界之間的鏈結，最後也會傳遞到下一代身上，而不只是基因碼。**對孩子而言，母親的良好飲食和環境，比起「優良基因」是更強大的遺產。**

親代的不良生活環境，會影響子代健康

相反的情況也會發生：雙親的負面鏈結也會深刻地影響下一代的健康。

斯德哥爾摩卡羅林斯卡醫學院（Karolinska Institute）的預防保健專家畢格林（Lars Olov Bygren）博士，針對瑞典位於極北偏遠處、人口稀少的諾伯汀郡（Norrbotten）的小縣居民進行研究。這處偏遠地區在十九世紀因不穩定的收成而飽受折磨，例如一八〇〇年和一八二一年作物嚴重歉收；但一八〇二年和一八二二年卻大豐收，讓曾受過挨餓之苦的居民連續暴食數月。畢格林想知道這些榮枯糧食循環對居民後代的長期影響，他在爬梳過歷史與農業紀錄後，拼湊出一個

結果：曾暴食一個冬季的居民所生下的子孫壽命較短。[21]

畢格林與倫敦大學的遺傳學家彭布里（Marcus Pembrey）組成研究小組，一起檢驗這些結論，他們在英國埃文郡進行大型流行病學研究。在總數超過一萬四千人的研究對象中，研究人員發現一六六名男性在十一歲前開始抽菸，就在進入青春期和開始製造精子之前。彭布里和畢格林檢查這些男性的孩子，發現早抽菸的人，他們的兒子在九歲時比其他男孩有較高的身體質量指數（BMI）[22]＊。研究小組也發現孕婦在懷孕期間如果體重增加太多，會提高後代將來的心臟疾病風險。[23]在懷孕這個生命關鍵時刻，僅僅單一的環境壓力就會造成後代未來健康的重大衝擊。

我們與社群團體的鍵結品質，也會影響健康

最大的環境開關之一，可能是我們與社群的鍵結品質。美國西北大學的心理學家，檢驗社群對憂鬱症遺傳傾向的影響。以往憂鬱症的標準療法，全建構在憂鬱症是大腦裡面化學不平衡造成的理論，認爲大都是遺傳所致。

復發型憂鬱症的主要遺傳成分，與血清素轉運基因（serotonic transporter gene, STG）有關。

＊身體質量指數（Body Mass Index）是世界衛生組織建議用來判定肥胖程度的一種簡單方法，ＢＭＩ指數越高，罹患肥胖相關疾病的機率也就越高。

血清素轉運基因有兩個截然不同的種類：短版等位基因和長版等位基因。顧名思義，短版等位基因就像一根短稻草，這是一種開啓憂鬱症的重要開關，任何帶有這種基因的人會經歷連續的生活壓力，被認爲是嚴重憂鬱症的主要候選人。

西北大學研究小組是新興領域「文化神經科學」（cultural neuroscience）的一員，檢驗的是各國及個人社群的心理健康。任何文化的主要特點之一，就是人們如何思考自身與其社會其他成員之間的關係，以及對於自我的認知：是「個人主義」（孤狼）或是「集體主義」（整體中的小齒輪）。[24]該研究小組檢驗世界各大洲多數國家的文化價值與健康關係，著重在每個人對於個人或團體的偏重程度。

概括來說，他們發現**西方人是以獨特性來界定自己，而東方人則是以被團體接受的程度來界定自己**。「來自美國和西歐這種高度個人主義文化的人，比起和諧，更看重獨特性，更勇於表現，並自我界定爲是獨特的、不同於群體的。」小組領導人心理學教授焦瓊（Joan Chiao）說。

相反的，在東亞各國等集體主義的社會，會更看重社會和諧而非個人；這類文化鼓勵互相依賴及促進團體凝聚力的行爲和做法。

焦瓊的研究小組有了始料未及的發現：人群關係越緊密，帶有憂鬱症基因的比率就越高。特別是東亞地區，帶有短版等位基因的人口高得不成比率，至少有八成人口在遺傳上易受憂鬱症影響。根據目前的憂鬱症遺傳理論，這些人口理當存在著相對較高數目的憂鬱症患者。然而，焦瓊發現事實正好相反：在這些高度敏感的人口之中，眞正的憂鬱症盛行程度明顯低於西歐或美國。

情形似乎顯示，在高度集體主義文化的社會支持及期待下，會減少誘發憂鬱症的環境壓力。㉕就算是遺傳性憂鬱症，也能由社會切換來加以控制。

凱恩斯的定向突變

一九八〇年代中期，哈佛大學公共衛生學院的遺傳學家凱恩斯（John Cairns）所進行的一項實驗，掀起現代生物學的大論戰。實驗計畫很簡單：讓一些細菌置於險境。凱恩斯選取有遺傳缺陷的細菌——不能消化乳糖，然後把它們放進一批培養皿中，培養皿的唯一食物來源就是乳糖。沒有可以消化的食物，細菌眼見就要餓死。

根據正統科學和新達爾文主義的天擇觀點，這些細菌無法生長也無法正常繁殖，因爲缺少食源，無法驅動代謝過程。然而，凱恩斯卻發現每個培養皿裡都有相當數量茁壯的菌落。

凱恩斯檢測菌落的基因改變，發現有一種基因產生變化：即那些防止乳糖代謝的基因；培養皿中其他新菌落的基因也發生同樣的變化。凱恩斯確信，實驗前那些細菌都是乳糖消化不良的。這些細菌透過某種未知的機制，啓動了緊急突變來回應極端的環境危機，而這些突變救了它們的命。細菌違背了演化學的中心法則：它們有目的地進行演化，而不是隨機，以便回復與環境之間的平衡及和諧。極端環境條件以某種方法促成基因改變，讓細菌得以消化僅有的食物。

一九八八年凱恩斯在著名期刊《自然》（*Nature*）發表他的發現，以古怪的標題「突變起源」

透露出對達爾文學說的輕蔑之意。㉖他在文中解釋，生物體內的細胞有能力協調自身的「定向突變」（directed mutation），快速適應不斷變化的環境。凱恩斯曾因發現大腸桿菌基因組的構造和複製，在同儕中聲名卓著，但環境改變基因的主張卻引發長達十年的醫學文獻抵制。美國期刊《科學》對他的研究不予置評，斥爲拉馬克式的「異端邪說」。㉗

其他研究者更深入觀察後發現，在環境壓力下，細菌細胞啓動了一種特殊的酶，觸發細胞DNA的狂熱複製過程，這種機制現在稱爲「體細胞超突變」（somatic hypermutation）。如果這些突變基因的其中一個能裝配出克服環境問題關鍵的蛋白質，難以置信的事情就發生了：細菌在其DNA之中捨棄原本有問題的基因，而以新基因取代。㉘細菌可能就是利用這種過程，不斷設法騙過抗生素。達爾文所描述的突變是繁殖過程的隨機事件，但凱恩斯和其他科學家則證明環境會不斷改變生物體，不只透過表觀遺傳學，而且還**直接改變基因**。

從根本挑戰正統的遺傳概念

既然發現基因、身體其他部位與環境之間的信息是以動態互相交流之後，科學家們進一步精煉凱恩斯的早期想法。芝加哥大學生物化學及分子生物學系教授夏比洛（James Shapiro）表示，基因改變並非偶然，而是透過現在所謂的「自然遺傳工程」或「適應演化」，是生物體及所處環境之間不斷適應的動態過程。㉙「今天我們知道生物分子與其他分子互動時會改變結構，而這些

結構改變，含有包括外在環境及細胞內部狀態的信息。」㉚

適應突變和表觀遺傳學的最近研究，讓傳統認為疾病不過只是具有「好」或「壞」基因的說法籠罩著長長的陰影。不僅是基因表現的開關由環境誘因所控制，而且許多疾病（如癌症、遺傳缺陷、失智、自殺、精神分裂症、憂鬱症及其他精神疾病）看起來都是由來自我們身體外面的影響所引發。飲食、緊密的社會網絡及社群聯繫、有意義的工作、精神激發和無毒無污染的環境，對於決定我們是什麼樣的人及身體健康情形，可能遠比與生俱來的基因更為重要。然而，傑托、史濟夫及埃文郡研究小組的成果，不只限於健康和疾病的小範圍。

傑托和瓦特蘭的研究，不僅關係到健康與疾病。這個小型研究有效地推翻了分子生物學的核心架構——即有關生物核心運作的機械假設，包括遺傳信息的至高無上地位。**基因不再被認為是自然的驅動力，因為外在影響就能讓程式完全脫軌**。畢格林和彭布里的研究也顯示，只要一個世代就能顯現出新的特徵——不論好壞——取決於親代與其生存環境之間的關係性質。生物與所在世界之間的鍵結、人我之間的關係，以及我們與環境的關係，都是更大的遺傳力量。這些資訊徹底扭轉了演化的正統概念；**演化不是隨機的事件，而是合作的過程，一個生物及其所在世界之間進行微調及不斷尋求和諧的過程**。

此外，表觀遺傳學和適應演化也顯示了一些值得注意的事情：關於我們肉體成形的方式。生物及其所在環境的關係是一種雙向持續進行的對話，而且多半的對話早在我們生命初期就設定好了，它是動態的、不穩定的、甚至是可逆的一種生活關係。我們是內外影響、早期和後期程式的脆弱平衡，時時刻刻都因受到影響而轉變。

這就留下了一個讓人不安的問題：何處才是「你」終結而宇宙其他部分的開始之處？如果你將自己與宇宙的每個互動內化並加以改變，包括你吃的所有食物、你碰到的每個人、你去過的每個地方，那麼所謂的「你」究竟是什麼？你如何能再認爲你是獨立自主的一個人呢？

我們認爲的「自我」，只是經驗的物質顯現、我們與宇宙鍵結的總和。**我們和世界的互動是一種對話，而非獨白：被觀察者改變觀察者，正如觀察者改變被觀察者一樣**。而目前我們理解到的，這些影響並不限於我們眼前的環境或甚至地球本身，而是可以發生在宇宙最遠的角落。

本章摘要

傑托與瓦特蘭的刺豚鼠實驗

- 母獸的環境和後代的身體改變之間，具有明顯的因果路線。
- 找到環境與基因學的連接之處。
- 透過改變外在環境，可以直接改變基因。

沃丁頓的表觀遺傳學

- 不是只有基因碼才能傳遞到後面的世代。
- 生物對所在環境的回應，特別是壓力因素，不僅會影響發育，還會變成遺傳的一部分傳遞給下一代。
- 親代的經歷，會影響到下一代的基因表現。

馬基爾大學史濟夫研究小組成果

- 透過甲基化的操作，可望永久關閉癌症基因的開關。

● 生物對環境壓力的反應會改變基因表現，並透過表觀基因標記遺傳好幾代；但當環境壓力解除了，這個標記會逐漸凋謝，讓DNA再回復到原始程式。

● 社會人際關係的品質，是另一種會嚴重影響基因表現的鍵結。

麻省理工學院神經科學家蔡立慧的研究成果

● 環境刺激改變了表觀遺傳的化學標記，最後關閉了阿茲海默症基因的表現。

● 基因並非不可改變的定數，即便是複雜如遺傳導致的記憶缺陷。在其實驗中，動物透過與正面環境的鍵結，成功覆蓋了原先的基因缺陷。

西北大學研究小組的發現

● 人群關係越緊密，帶有憂鬱症基因的比率就越高。

● 在高度集體主義文化的社會支持及期待下，會減少誘發憂鬱症的環境壓力。

哈佛大學遺傳學家凱恩斯的定向突變

- 細菌面對環境壓力時，能夠選擇要發生哪種突變。
- 突變不是像達爾文認為的是隨機事件，生物會隨著環境改變進行有目的的演化，以便回復與環境之間的平衡及和諧。

結論：

1 演化不是隨機事件，而是合作的過程，是生物及其所在世界之間進行微調及不斷尋求和諧的一個過程。

2 食物、空氣和水的品質、家庭氣氛、關係狀態、生命的滿足感等等，所有我們的生活方式及祖先生活方式的總和，對於基因的最後表現十分重要。

3 我們是由身體外面和裡面的事物交互影響所建構而成，身體內外的影響因素維持微妙的平衡。這樣的鍵結，終其一生都存在。

4 就像次原子粒子一樣，我們的身體並非一個個分離的實體，而是某種關係的最終產物。

5 飲食、緊密的社會網絡及社群聯繫、有意義的工作、精神激發和無毒無污染的環境，對於決定我們是什麼樣的人及身體健康情形，可能遠比與生俱來的基因更重要。

6 生物與所在世界之間的鏈結、人我之間的關係，以及我們與環境的關係，都是更大的遺傳力量。

7 我們和世界的互動是一種不斷的對話，透過對話彼此互動、影響。

第3章　別錯估了我們與宇宙的親密關係

地球、地球居民，以及我們四周所有的行星都存在於一個集體影響的球體之內，齊聲共振。只有當我們認為超個體裡面的鍵結是互相關聯的，才能開始擔負起自己的命運。

一九二二年，白俄羅斯年輕科學家希策夫斯基（Alexander Chizhevsky）提出一個古怪的學說：社會動盪、戰爭或革命等人類歷史的大變動，全是由太陽活動造成的。這個非凡的主張寫入了他的第一本書《歷史進程的自然因素》（*Physical Factors of Historical Process*），全世界馬上一片譁然，這位時年二十五歲、宮廷男高音的後代、世襲的勳爵，就此玷污了他的貴族血統，淪爲布爾什維克黨的笑柄，用貶抑的口吻幫他取了個「拜日者」的綽號。希策夫斯基以這個被視爲荒謬的想法爲基礎，認爲導致俄羅斯從腐敗的沙皇統治解放的動亂，與該國勞工的思想或動機關係較小，主要原因是因爲太陽黑子的活動而起。

人類的戰亂與太陽黑子有關

從此以後，希策夫斯基失去了科學界的信任多年，儘管他獲得了諾貝爾獎得主、作家高爾基（Maxim Gorky）的支持。希策夫斯基就像科學界的達文西，仍倔強地持續他的研究，試著找出生物學、物理學、地質學和太空天氣*之間的關聯性，當時他的同儕還看不出其間有任何關係。他煞費苦心地檢視近兩千年來包括他祖國在內的七十一個國家，將所有大小戰役、動亂、暴動、革命和戰爭的紀錄和太陽黑子的活動逐一做比對。他的說法獲得驗證：人類的騷亂事件有四分之三以上都是發生在太陽最活躍的時候（太陽周期中太陽黑子數量最多的時期，稱爲太陽極大期），包括一九一七年的俄國大革命。但是，還有個有待釋疑的部分，就是這項宇宙聯繫的機制，對此，希策夫斯基也有個理論：我們和太陽的宇宙脈動兩者之間，可能是藉由空氣中的離子（或稱爲過量電荷）居間調解。

希策夫斯基受到法國物理學家德梅朗（Jean-Jacque d'Ortous de Mairan）的影響。德梅朗發現他有株植物每晚會在相同時間收攏葉子「睡覺」，就算是放置在漆黑處也一樣。這個奇特活動的機制就攤在德梅朗的鼻子前，但是當時他沒能看出原因。儘管他寫了一本探討北極光的書，卻沒想到太陽活動和磁力可能是他那株植物照章行事的原因。兩百年後，希策夫斯基立即瞭解了其中的關聯性。

蘇聯政府最後還是提供了一間實驗室給希策夫斯基，不過主要是因爲他對空氣離子化的貢獻。史達林對希策夫斯基的理論一點都不感興趣，一九四二年他要求這位科學家收回有關太陽影響人類的說法。任何證明革命是由其他事物造成，而非勞動階級鬥爭的自然演進，對共產黨而言都會是場災難。

希策夫斯基拒絕史達林的要求，隨後就被遣送到烏拉山的古拉格＊＊。他在勞改營待了八年，在哈薩克獲釋後，又過了八年才得到平反，此時的他身體衰弱，健康嚴重受損，剩下的日子只夠重拾名聲。一九六〇年代中葉，就在他過世一年之後，蘇聯科學院重啓他的研究檔案，希策夫斯基研究工作的全面性及前瞻性終於重獲重視。希策夫斯基在死後成爲英雄，科學中心以他命名，在最顯眼的地方裝上希策夫斯基「吊燈」，也就是早期的空氣離子機。

然而，要徹底瞭解希策夫斯基所做的工作，還需要世界各地許多科學家持續研究多年。①美國經濟學家杜威（Edward Dewey）是少數承繼希策夫斯基志業的人，但大都將理論用在經濟學景氣循環的解釋上，幫胡佛總統度過大蕭條的罪責。一直要到一九七〇年代，生物學家哈柏格（Franz Halberg）和同事比利時物理學家科尼爾森（Germaine Cornélissen）兩人的研究，主流科學才終於開始瞭解人類對太陽變幻無常的活動依賴到什麼程度。

控制人體自然作息的時間生物學

哈柏格和科尼爾森是所謂的「時間架構」（chronomes）的專家，也就是生物學中的重複模

＊太陽噴射出的數億噸電漿，在太陽系中形成帶有磁電的太陽風暴，這些現象所造成的影響，就是所謂的太空天氣。

＊＊古拉格（gulag），史達林所建、關政治犯的蘇聯勞改營。

式。哈柏格畢生致力於研究外在環境對生物的影響，他在一九七二年收科尼爾森當年輕研究生，因爲她的博士論文題目就是時間分析——尋找固定間隔重複發生事件的模式。哈柏格發現幾乎每個生物作用，似乎都根據可預測的時間表在運作。②哈柏格首創「晝夜節律」（circadian rhythm，即生理時鐘）的術語，用以表示每日生物律動，例如人類睡眠—清醒循環，而最後使用「時間生物學」代表生物學功能的反覆循環。他還設立研究此一現象首屈一指的機構，即現在舉世聞名的明尼蘇達大學「時間生物學實驗室」。

哈柏格和科尼爾森發覺他們舉目所見，到處都有新的循環和周期性。經多年仔細研究，這兩個專家發現每個生物的生物作用不僅包括每日節律，還有兩週、每週、甚至每年的固定循環：人類的脈搏、血壓、體溫和血液凝結、淋巴循環和激素循環、心跳變化及其他人體的大多數功能，全都根據相對可預測的時間表起落和流動。此外，哈柏格也論證大多數人的血壓似乎會在中午和下午四點之間達到最高峰。③即使是化學療法等藥物療法的效果，也會隨著進行的時間不同而出現變化。④

生物體內的機制，以及是否有所謂的「時間基因」的存在，已經困惑了科學家好多年，哈柏格最後同意希策夫斯基的結論：這些生物作用的許多同步裝置並非內建，而是「環境時鐘」——一些外部環境信號，引發、傳送或同步化所有生物系統的生物節律。哈柏格認爲這個名詞還不夠精確——許多節律似乎不太規則，直到他八十多歲時才發現環境時鐘存在於外太空的證據⑤，而且主要開關並不是光，而是如希策夫斯基所預測的，是太陽磁場。

哈柏格瞭解希策夫斯基的發現已經超越了周期性和循環，因爲他揭開了人類生存條件的驚人事實：我們並不是完全由個人的命運所掌管，特別是我們的生物命運（biological destiny）。影響我們所有生物的範圍，並不僅限於眼前的環境，也不只是地球本身，而是延伸到宇宙最遠的角落。現在全世界其他科學也紛紛證明，每個生物用來設定基本調節系統及維持健康平衡狀態的節拍器，就是太陽。宇宙的環境時鐘如此強大，可能影響我們的身高、體重、壽命、精神狀態、暴力傾向，甚至還可能包括被我們認爲獨一無二的個人動機。**我們最終極的環境鍵結，形塑我們及我們的生活的，是一億五千萬公里外的那顆恆星**。

電磁場對生物作用的影響

地球本質上是一塊巨大的磁鐵，北極和南極是磁鐵的兩極，周圍是甜甜圈形狀的磁場。這個環繞地球的磁場又稱爲磁層（magnetosphere），受到天氣、地球上的地質變化、甚至地球自轉的影響，但是最特別的影響是太空天氣的無常變化，而這大都是由太陽猛烈的活動所造成。

這顆恆星是地球所有生命的起源，基本上是一團熱到無法想像的氫和氦，體積約是地球的一百萬倍，交叉著一層不穩定的磁場。不意外的，這個多變的結合造成周期性的火山式噴發，推動氣體進入太空成爲集中場域的漩渦，也就是太陽表面稱爲「太陽黑子」的黑斑，拉開並以新的排列方式重新連接。除了這個可能的反常組合，太陽根據大致可預測的時間表來進行活動；規律的**太陽約以十一年爲一個周期，在這段期間，太陽黑子增加、釋放並開始減弱**。

在增加階段，由於太陽黑子的積累，太陽開始往我們這邊猛烈擲出氣體爆炸：太陽閃焰、帶電如子彈一樣的高能質子、太陽磁暴（日冕物質拋射）——十億噸的氣體及數十億顆原子彈威力的磁場——藉由太陽風的帶電氣體升空朝向地球而來，時速約八百萬公里。這個活動在太空中造成猛烈的地磁風暴，在太陽劇烈活動的時刻，會在地球磁場產生強大的效應。在特定的十一年太陽周期期間，我們可以預期經歷兩年的地磁風暴，猛烈的程度足以擾亂地球部分地區的電力，干擾高科技通訊系統，並使太空船和衛星導航系統迷失方向。

直到最近，科學家還對地球微弱的磁場（不到U形磁鐵的千分之一）會對基本生物作用有任何影響的說法存疑，尤其是現今地球上所有生物隨時都暴露在現代科技生活更強力的電磁場之中。但是最新發現指出：生物體有一小扇窗口可讓微弱的地磁和電磁場通過（比如地球所產生的那些磁場，而不是科技產生的人爲磁場），並對生物體內所有細胞作用有最顯著的效應。⑥這種微弱電荷的改變，特別是那些極低頻（低於一百赫茲）的電磁，顯著影響了生物體內幾乎所有的生物作用——特別是身體的兩個主要發動機，心臟和大腦。

科尼爾森認爲這應該不令人訝異，她說：「我們知道地磁風暴即將到來——透過我們的電力網路，」她說。「電路回應它；而心臟、大腦和神經系統亦然。事實上，心臟是身體最大的電力系統。」依她所見，**人類就是另外一支衛星系統，受到太空的電力風暴而傾向於不穩定或甚至被吹離航線**。⑦

磁場是由電子和帶電原子（稱爲離子）的流動而產生。當磁力改變方向（這在太陽表面經常發生），就會改變原子和粒子的流動方向。所有以相同基本材料構成的生物（包括人類在內），就會像希策夫斯基的直覺所知，**磁力的任何改變將轉變我們內在的原子及次原子的流動**。

最直接影響我們的細胞膜和鈣離子通道的（鈣離子對調節細胞內的酵素系統不可或缺），似乎是地球的磁場活動；特別是地磁磁場似乎目標對準交感神經（起端是胸腔和脊髓的下背部），包括「打或跑」的反應。

在受影響的所有身體系統之中，太陽活動及地磁條件的改變對於干擾心臟活動最為明顯。敏感的人可能會因為地磁風暴而造成心臟病發作。⑧健康的心臟在心跳速率方面有相當大程度的變化，但是大量的地磁活動會降低心跳速率的變化⑨，因而增加所有冠狀動脈疾病和心臟病發作的風險。在地磁活動增加時，血液會較為濃稠，有時候濃度加倍且血流減慢——這是心臟病發作的原因。⑩心臟病發作的頻率和心血管疾病死亡案例，隨著太陽周期地磁活動的增加而提高⑪，而在地磁風暴當天，心臟病發作猝死數目達到最高。⑫哈柏格曾追蹤多年明尼蘇達州居民的心臟病發作頻率，發現在太陽活動極大期間增加了五％。⑬此外，人類的心跳速率似乎也受到太陽風的巨大變化所影響，尤其是太陽以七天的周期改變速度時會放大此效應。⑭

太陽活動對大腦與神經系統的影響

蘇聯政府對希策夫斯基的死深表痛惜，似乎是為了彌補對他的迫害，俄羅斯成了這項研究的尖兵。一開始，蘇聯科學家想要瞭解的是太空天氣對俄國太空人的影響，他們發現如果太空人曾經發生心跳停止的狀況，通常是在磁暴期間。[15]此外，他們還發現地球上的自願受測者中最健康的心跳速率（也就是變化幅度最大），是發生在太陽活動最少的時候[16]；而在磁暴期間，心跳速率變化減低。

除了對心臟的影響，太陽對身體其他電力中心（大腦和神經系統）也有顯著的影響。蘇聯科學家發現甚至在健康的受測者身上，在磁暴期間，大腦的電活動性也會變得高度不穩定。[17]太陽活動也會造成神經系統內部信號傳送的錯誤，有些部分會過度活動而其他卻無法發射。[18]位於巴爾幹半島巴庫市（Baku）的亞塞拜然國家科學院，所屬的科學家證明地磁活動的大混亂似乎干擾了大腦電通訊系統的平衡，某部分自律神經系統會過度興奮而其他部分的活動則減弱。[19]

當太陽風暴發生時，在某種意義上，我們的身上也發生了同樣的情形。太空中的地磁活動會擾亂我們的能量平衡，精神穩定性會受到顯著影響。在磁暴期間，精神會擾動不安，甚至情況更嚴重。地磁活動越強，精神疾病患者增加越多，因神經系統症狀而住院的病人數目越多，而嘗試自殺的人數也會增加。[20]美國整形外科醫師貝克（Robert O. Becker）進行過無數次電磁場對健康影響的實驗，發現劇烈的太陽風暴和精神病院收容人數之間有所關聯。[21]

數年前，哈柏格、科尼爾森與許多神經科學家攜手合作，一起研究自閉症是否受到地磁因素的影響。當時並未觀察到自閉症有季節性變化，比如說冬天出現的自閉症兒童個案沒有比春天多。不過，當哈柏格和同事拿自閉症的發生率和太陽活動做比對時，卻發現一．九年的地磁周

期，明顯會影響親子之間的緊密鍵結。行星影響如此強大，甚至凌駕了母愛。㉒

有些研究則證明癲癇發作也符合地磁擾動的結果或因此加劇，特別是加拿大的勞倫廷大學（Laurentian University）所做的研究。㉓因癲癇或嬰兒猝死症所造成的突然死亡，也與地磁活動高峰有關聯。㉔在一項研究中，研究人員發現，在癲癇病患發作的日子，受地磁活動影響的地球磁場明顯增強。㉕

科尼爾森的個人專長是「看不見的周期」，即有關太陽風或隨季節轉變太陽位置等變化。以二分點爲例，太陽似乎在地球赤道的同一平面上，晝夜長度幾乎相等。科尼爾森在精神疾病及癲癇病例中，發現了許多與太陽周期相關的標誌：癲癇在春分點較明顯，而自殺和憂鬱症則依循一．三年的周期，這些都呼應了太陽風和行星際磁場的正常周期。甚至連交通事故的發生頻率，也照著太陽季節的變化而起落。㉖

她的研究還有其他證據支持。澳洲墨爾本大學進行了一項自殺研究，比較一九六八年到二〇〇二年澳洲的自殺件數統計與地磁活動之間的每日指數。他們在數據中發現引人注目的性別差異：男性在自殺時間上出現了顯著的季節變動，呼應太陽活動；而女性似乎有較大的跨星系連結。在強烈的太陽閃焰（每五個月發生一次）或太陽風期間，男女性都更有可能自殺。㉗

哈柏格相信甚至連出生的統計資料——出生體重、高度、頭胸腹周長——都與海爾太陽周期（Hale solar cycle，太陽完整的二十二年周期）的起落和流動有關：出生時若太陽活動越大，新生兒的體型就越大。

哈柏格身爲醫生，對時間生物學的主要興趣在醫學方面。他個人認爲，我們面對外在環境時鐘表面的無力感其實是值得欣慰的事；要是類似的模式可以預測，就能創造代償性行爲來亡羊補牢。例如在心臟病發作之後的心臟感染，已知在地磁擾動期間會提高感染風險，因此危險的病人可以先投以抗生素，先發制人。㉘

爲了達到這個目的，哈柏格、科尼爾森及明尼蘇達研究中心建立一個龐大的多中心計畫BIOCOS（生物圈及宇宙計畫，BIOsphere and COSmos），做爲早期預警系統，透過持續監測容易受到太陽或其他行星影響的生理變數。例如，明尼蘇達州雙子城附近的鳳凰移動式血壓計偵測計畫（Phoenix Ambulatory Blood Pressure Monitor Project），提供志願者移動式血壓計，讓高血壓患者可以監測太陽活動高峰期對動脈的影響。此計畫的主要目標放在降低心跳速率變化及稱爲CHAT（晝夜血壓高振幅波動，Circadian Hyper-Amplitude Tension）的現象——在一天的某些時候，因太陽或其他行星的活動而造成超高血壓。在高地磁活動期間，可以先警告心臟病患不要突然出力。BIOCOS還計畫開發出一些技術作爲屏障，以抵銷自然的地磁擾動。

該計畫進展差強人意，哈柏格擔心要花更多時間才能讓現代醫學接受「太空天氣控制生物學」這樣的想法，也擔心自己耗盡餘生仍一無所得。

俄羅斯是唯一在這種預防醫學上認眞嘗試的國家。在喬治亞科技大學的某個房間裡，三組亥姆霍茲線圈（Helmholtz coil）讓房間充滿了強力的磁場。格芬科（Yuri Gurfinkel）和同事想讓心血管病患可以利用這個配置，特別是那些在加護病房的重症患者。線圈在此是做爲預防醫學的一種強力形式，提供屏障來對抗那些比飲食、生活形態或甚至基因更強大的殺手。㉙透過建立這些早期預警系統及地磁屏障，這些科學家公開承認我們的健康（甚至是體型大小）完全視太陽的「興致」而定。然而，這也將揭露我們的行爲是多麼依賴於我們與太陽的鏈結。

太陽活動與人類的行為

晚年時，哈柏格將心力全放在證明希策夫斯基「太陽對人類心臟變化的影響」一說是否屬實上面。哈柏格和科尼爾森意外取得了「耶和華見證人」活動前後約五十年的全世界資料，其中記錄了一〇三個地區的每位成員各花費多少時間代表其教會四處徵集。因爲每位耶和華見證人都想幫教會吸收新成員，他們的活動紀錄提供哈柏格和科尼爾森獨一無二的機會，研究這些教徒如此賣力是否與太陽活動相關。

這兩個科學家將資料繪製成圖，發現吸收成員的成果以二十一年周期的模式形成特大高峰和低谷，直接對應到太陽二十一年海爾活動周期的高峰與低谷。他們接著更仔細檢視資料，比較不同地區的教堂會眾與對應緯度的太陽活動。這些資料再次完美地與地磁活動的起落重疊。這是令人信服的證據，地磁活動可能影響與動機相關的大腦區域，正如它影響身體功能、身體尺寸及發育一樣。㉚

哈柏格的例子，啓發了其他研究人員重新研究花錢或存錢的傾向，是否也受到太陽活動的影響，經濟學家杜威在大蕭條時期就曾經有過這樣的主張。早期的研究證明，地磁風暴明顯的影響人類的情緒，而這與投資風險的判斷和決策有關。理所當然的，對銀行短期利益來說，主要就是太陽活動對股票市場的可能影響，如果貸款機構能夠預測基本上是投機的賭博行爲，就等著通殺。爲了進一步檢驗，亞特蘭大聯邦儲備銀行與波士頓學院一起攜手，研究人們在地磁活動周期內的買賣習性。他們發現在地磁風暴期間，人們會傾向於賣出股票。他們往往將自己身體對太陽活動的不良反應，誤解成經濟情勢不佳的外在證據。結果，無風險的資產需求大量增加，導致風險較高的企業股價暴跌或上漲趨勢較慢。

在瞭解市場季節性循環及其他種類的環境與行爲因素會影響市場之後，亞特蘭大銀行研究小組推斷出：地磁風暴對下一周全美股市指數的股票收益有負面影響。另一方面，太陽活動的平靜期，證據則顯示會有較高的收益。㉛

舊金山的證券技術分析師協會進一步要確認的是：太陽活動是否也支配了金融繁榮與蕭條，特別是人們是否會被所謂的集體情緒所控制而瘋狂買股或看壞行情。分析師發現，金融危機以五十六年爲一個循環周期，而此循環則是跟隨著月球和太陽的可預測周期，即當太陽和月球之間的角度（零度至一八〇度）重複在一個角度以內。㉜

在美國九一一攻擊事件之後，哈柏格、美國和俄羅斯的國際BIOCOS團隊轉而注意起恐怖事件，他們將過去四十年（一九六八至二〇〇八年）國際恐怖主義的活動時間與太陽活動做比對。他們發現恐怖主義的活動高峰，精確地符合太陽風和地磁指數*的循環周期。㉝

在希策夫斯基因爲其瘋狂理論而被送進古拉格的九十年後，哈柏格與俄羅斯人一起證明了他的理論可能不無道理。哈柏格和美俄國際團隊現在終於瞭解，**生物學和行爲不是完全孤立的，所有生物都以各種方式與宇宙產生共鳴。**

連環凶手「山姆之子」與月亮盈虧

一九七六年七月二十九日凌晨，十八歲男孩從他的黃色福特銀河小轎車衝了出來，從紙袋中拿出點四四口徑的左輪手槍，蹲下並瞄準唐娜及茱蒂兩名少女開槍。她們先前在迪斯可舞廳度過一夜，正坐在停靠於佩勒姆灣的茱蒂車子上。茱蒂受傷，唐娜當場死亡。

紐約警局第八分局獲報趕往處理時，以爲是求愛被拒或受到暴徒攻擊。接著十月、十一月及翌年一月皇后區接連發生槍擊事件，彈頭比對後發現有相同的特殊標記，警察知道他們要找的是一名連續殺人犯。

紐約警方和媒體詳細列出六個連續攻擊事件相似的作案手法，特別是在凶手主動投書提供線索，媒體幫殺手取名爲「山姆之子」之後。其中一封信留在犯罪現場給警察，另一封則郵寄給《紐約每日新聞》的專欄作家布雷斯林（Jimmy Breslin）。「山姆之子」專挑車上的年輕情侶下

＊地磁指數（geomagnetic indices），描述每一段時間內地磁擾動強度的一種分級指標。

手，只在周末凌晨出擊，其狩獵地點是布朗克斯區和皇后區的情人巷。「山姆之子」似乎偏愛深色長髮的年輕女性，人心惶惶之下，有人剪短頭髮，有人乾脆戴起金色假髮，直到犯案一周年後的兩天，又有一名金髮女孩喪命。現在，被害人選似乎是隨機的。「因山姆之子而人人自危」，八月一日的《紐約郵報》頭版這麼宣布。

「山姆之子」的作案手法還有個獨特的模式沒被注意到：八次攻擊中就有五次是在滿月或新月期間發生。

凶手柏考維茲（David Berkowitz）落網後，總共被判了六個終身監禁的刑期，有些警察及作家如《最後的邪惡》（*The Ultimate Evil*）作者特里（Maury Terry），還深信柏考維茲與邪教有關聯，故意選擇特定時間做爲撒旦儀式的一部分。

柏考維茲是單獨犯案，多數警察對於他選在月亮周期的特殊日子犯案都不感到驚訝。因爲在街上巡邏的警察，一向認爲滿月和新月會引出人們邪惡的一面。因此在這些日子，警察都會做好心理準備，迎接更高的犯罪率及更多的報案電話。不只如此，在這些特殊日子，精神病院有較高的收容率，醫院有較高的急診人數，而老師有應付不完的搗蛋份子。

都是月球症候群惹的禍？

月亮似乎會讓人情緒不穩定，已經是個普遍的認知，一般認爲在月亮周期的特定日子，謀殺、交通事故、意外中毒、自殺件數，都比尋常日子多。邁阿密的心理學家利伯爾（Arnold Lieber）比對戴德郡（Dade Vounty）十五年內的謀殺案發生時間及月亮的活動，發現該郡的凶案數目在滿月或新月時會顯著提高，而在上弦和下弦月前後則明顯減少。㉞根據英國一九九七到一九九九年某城市急診室的資料，動物咬傷人的事件也在滿月時更常發生。㉟

精神疾病效應被認爲是依循相反的起落——在新月時最高，而在滿月時最低。在一項針對近一萬九千名精神病患、長達十一年的研究中，病患發病機率在新月期間到達高峰，在滿月期間最低。㊱自殺也依循著這套模式：連續追蹤兩年自殺預防中心的緊急電話，最高來電數字都發生在新月而非滿月。㊲所謂的「月球症候群」，甚至還有人認爲會影響缺勤率。研究也顯示，滿月期間去醫院看病的人會比平常日子多。㊳

但是，並非所有研究都能得出如此簡潔的關聯性，而且取得的數據也可能有問題，例如研究人員只尋找一種簡單的關係（比如只有滿月的影響），而眞相可能複雜得多。

目前普遍接受的概念是：月球影響力是源自太陽和月球之間的重力效應，就像潮汐一樣；也就是說，因爲我們身上有高達百分之七十五的水，因此月球對我們的影響就像它對海水一樣。然而，潮汐是可預測的，每十二個小時就會發生一次；但月球效應則每個月僅發生一次或兩次。

科尼爾森表示，最可能的解釋是不易察覺的地磁效應。滿月期間，地球位於月亮和太陽之間，兩者都進入地球磁場之中；新月期間，位置相反，月球位於地球和太陽之間，且距離地球磁場最遠。看起來似乎是月球的位置，會放大或抵銷太陽及地球磁場的地磁引力。請記得，朔望月*（約二九・五天）只比太陽自轉一圈多了幾天而已。

如果我們把月亮當成一塊可以改變太陽地磁影響的巨大磁鐵，一切就合理多了。事實上，月亮或許真的是一塊磁鐵。研究阿波羅登月後帶回來的月球樣本，已證明岩石中含有強力磁場。㊴如果月球本身具有強大的磁力，在它通過地球磁場「尾巴」的時候會造成磁移位，時間就在新月期間。

其他天體對我們的影響

太陽和月亮，並不是唯一會對我們的身體和精神活動有影響的天體。幾年前，多倫多大學物理學家米托維卡（Jerry Mitrovica）連同巴黎地球物理學院的法提（Alessandro Forte）在聲望卓著的《自然》科學期刊發表了一篇論文，兩人透過數學計算與模擬，顯示地球形狀和自轉軸的微小變化，與太陽系其他行星重力效應之間的關係，特別是木星和土星這兩顆行星。㊵

這篇論文有點艱深，我在此只摘錄兩位物理學家的重大聲明：「我們率先證明，地球形狀的改變若再結合其他行星的重力效應，會導致地球氣候的巨大變化。」㊶在米托維卡的數學模型中，論證了地球軌道受到土星和木星的引力影響。在過去兩千萬年的一些時間點上，他說，地球曾與木星及土星的軌道發生重力「共振」，最後影響了地球自轉軸的傾斜角度。

不管是哪顆行星，引力其實都不大，因此許多科學家並不相信光靠一顆行星就能對地球磁場產生多大的影響。不過，哈柏格、科尼爾森及他們的同事認爲，行星引力可以產生「潮汐」效應，不同行星的重力也會與太陽風、太陽和月球的磁場交互作用。這會讓磁層出現累積效應，最後在氣候和生物學上產生顯著的影響。

斯洛伐克的研究人員已經完成「日月潮波」的研究工作，證明地磁活動一如太陽活動，都與癲癇等疾病的發生率有關。㊷

但是說到天體影響，情節可能複雜得多：所有行星可能彼此施加重力效應，更可能造成的是非線性的混沌效應。倫敦大學瑪麗皇后學院天文學家莫瑞（Carl Murray）的研究顯示，行星是以橢圓形軌道運行，並以特定傾斜角度繞著自轉軸轉動，其原因必然與各種重力效應有關。㊸當兩個天體環繞彼此轉動的周期固定成規則的數學關係時，兩者之間也會建立起共振效應。例如，月球繞行地球的時間，會與地球自轉一周的時間相同。其他太陽系的星體，可能以某個規則的間隔互相繞圈，比如兩倍或三倍於繞自轉軸轉動的時間。雖然行星之間的關係只會略微減慢或加速轉動，但即使最輕微的改變也可能會對天氣和生物的生命造成重大影響。當多顆行星排列成行時，重力效應就會加倍，就像太陽、月亮及地球在星食**時的情形。

*月相變化的周期，也就是從朔到望或從望到朔的時間，約二九．五天。而太陽自轉周期為二五．三八天。

**從地球上看，一個天體被另一個天體遮蔽的現象，就稱為「星食」。

除了重力的混沌效應之外，每個太陽系星體所產生的電磁場效應也會互相作用並影響太陽、月亮，當然還有地球。確實有些科學家相信，地球及其他行星場的影響力會觸發太陽黑子等太陽活動。當地球位於某大行星的特定方位時，會影響太陽黑子的形成或太陽電漿的爆發。同時也知道地球和太陽之間的行星際磁場，在二分點期間與地球磁場的外層交互作用變多，主要是因爲地球自轉軸的自旋。

科學家早就知道，當行星彼此呈一個主要角度（例如九十度或一八〇度）時，會影響無線電信號的接收——不穩定的地磁太陽活動也會產生同樣的效應。這些細微的互動關係，加總起來就會對地球產生重大的影響。

以上理論乍聽之下覺得複雜而深奧，有點像是科學版本的占星術，但是如果我們改變對自我的認知——視之爲大行星系統的一部分，就不難理解。「想要瞭解地球的氣候，顯然要將地球當成動態的變形系統。」米托維卡說：「同時我們還必須瞭解，地球在太陽系的地位超出我們以往的想像。」㊹

我們必須發展出更寬廣的事實認知：**我們是生活在一個複雜的互動關係與經常變動的宇宙鍵結之中。生物和地球都不是獨立的實體，而是依賴重力和地磁等其他外在力量的能量系統**。哈柏格認爲這種效應就像詩一樣規律，他告訴我們，所有活著的生物必須視爲「發電機和磁鐵，生活在地球這個更大塊的磁鐵上，也生活在太陽的大氣之中……而磁暴會造成城市電力及人類心臟停擺……。」㊺

希策夫斯基的發現和哈柏格的求證，其重要性舉足輕重。假如我們從根本上就受到太陽最細微的動作及其活動的支配，那麼我們自認爲自己是宇宙主宰的信仰就是一大謬論。地球、地球居民，以及我們四周所有的其他行星都存在於一個集體影響的球體之內，齊聲共振。我們眞正的環境時鐘是所有行星的集體效應。

到了最後，除了將宇宙當成一個整體看待之外，我們別無他想。只有當我們認爲超個體裡面的鍵結是互相關聯的，才能開始擔負起自己的命運。

透過互相依賴，我們學會了包容整個世界。

本章摘要

希策夫斯基的前衛理論

- 社會動盪、戰爭或革命等人類歷史的大變動，全由太陽活動所造成。
- 太陽黑子的活動導致了俄國革命。
- 人類和太陽的宇宙脈動之間，可能是藉由空氣中的離子居間調解。

哈柏格和科尼爾森的「時間生物學」理論

- 首創晝夜節律（Circadian Rhythm）之說，即我們一般所說的生理時鐘。
- 外在的「環境時鐘」，引發、傳送或同步化所有生物系統的生物節律。
- 太空中的地磁活動會擾亂人體的能量平衡，顯著影響精神的穩定性。
- 太陽活動會影響人類的身心狀態與行爲。

結論：

1 太陽活動、月亮盈虧，甚至土星、木星等其他星體的排列方式，都與人類的身心狀況息息相關。

2 生物和地球都不是獨立的實體，而是依賴重力和地磁等其他外在力量的一個能量系統。

3 地球、地球居民，以及我們四周所有的其他行星都存在於一個集體影響的球體之內，齊聲共振。

4 宇宙是一個整體，所有生物彼此依賴、交流與互動。

第4章 我們共享著一組宇宙神經電路

雖然表面上我們傾向於爭強好勝，但最基本的渴求仍是連結與分享。因為世界不是由孤立的個體組成，我們的心智能力不受身體的限制，我們全體分享著一組共同的神經電路。

一九九一年，義大利帕爾馬大學的神經學家里佐拉蒂（Giacomo Rizzolatti）在實驗室收到一件新儀器，最初他只是將它當成實驗室猴子的新玩具。他眼前的工作需要和一群豬尾猴玩耍，研究小組的主要挑戰是不斷提供猴子各式各樣的娛樂，而遊戲的關鍵是保持一些意外驚喜的元素。里佐拉蒂有個六萬美元的電動黑盒子裝置，裡頭有個輪子，電力大都內建於球形側板裡面。啓動盒子時，輪子會隨機轉動，直到其中一個獎品落在小架子上——方塊、角錐、球——突然出現，此時整個機制霎時發亮，有如鼓聲伴奏。

猴子被訓練保持不動，直到LED燈號轉成綠色，此時才可以去抓取獎品。這個玩意兒還必須轉移猴子的注意力，不去注意練習的眞正目的。猴子頭皮上貼附的微電極，連到示波器和放大器上面，以便記錄單一神經元的每次發射。這兩種儀器讓科學家得以採用視覺和聲音這兩種觀點記錄神經元的活動，尤其是放大器特別管用，每次當神經元發射時就會發出聲響。放大器讓科學家能夠一面與猴子玩耍，一面記下單一神經元的每一次放電。

反映外在世界的特別細胞：鏡像神經元

里佐拉蒂的一頭亂髮，讓他有如義大利的愛因斯坦，他是運動科學的專家，研究的是身體的運動系統，以及運動系統在認知功能所扮演的角色。他帶領著一組博士後研究生，還有兩位難搞的同事——著名的法國神經生理學家亞納羅德（Marc Jeannerod）和英國神經生物學家阿比布（Michael Arbib）——會定期在里佐拉蒂的實驗室會面，探討一個看似妥當的目標：將大腦中的正合序列（exact sequence）分離出來，生物藉此將視覺信息轉換成行動。藉由研究猴子，團隊希望在看到及抓到物體之間的瞬間，能夠找出大腦負責控制特定的手口動作運動序列的神經元。他們當時正在研究前運動皮質區的腹側，也就是大腦負責規畫及執行意圖的部分：在決定伸手及抓住東西之前，大腦必須先有計畫。雖然道理顯而易見，但操作上卻煞費苦心，需要研究小組在每次猴子伸手拿食物時，記錄下神經元的放電現象。

有一天他們打算將一隻猴子放進他們所謂的黑盒子裡頭，一名研究人員正伸手放東西到球形中心時，放大器響起嗶嗶聲，代表坐在他對面椅子上的猴子神經元放電了。就里佐拉蒂所知，出問題的神經元只與運動有關，但是因爲他們還沒讓猴子伸手去拿物品，因此他和研究人員都不太相信這個結果，一致認爲猴子一定有伸手或動手指頭。此後幾個月，幾乎在每次實驗的設置階段都會響起嗶嗶聲，而每次小組成員都認爲是儀器本身的失誤，或是受試的猴子不安分，想提前抓到獎品。

後來，里佐拉蒂再也無法忽視這個怪異的現象了。猴子不可能每次在出現動機之前，就先有動作。因此，里佐拉蒂決定進行進一步的測試，確認猴子是否有所動作。他的小組開始記錄來自猴子主要運動皮質的放電，以便輕易地辨識出最細微的動作，同時也使用肌電儀記錄從運動神經元送往特定肌肉造成收縮的每個電脈衝。但是，兩組儀器都沒有顯示出任何發出動作的證據。

最後里佐拉蒂恍然大悟時，自己也吃了一驚：猴子大腦中有一些非常相似的神經元，當猴子意圖抓取黑盒子內的物品時會啓動，而在猴子只是觀察研究人員抓取物品時也同樣啓動了。①

里佐拉蒂透過檢查參與運動的其他神經元，開始檢驗他的假設。這類奇怪的「模仿型」神經元似乎越找越多。不是只有實際動作，運動神經元才會活化；只是觀察別人的相同動作時，猴子大腦也有一組神經元會啓動。②這個發現讓里佐拉蒂爲之入迷。不過，就如里佐拉蒂的後續研究所知，一旦涉及動作和意圖，這些「模仿型」神經元就職司分明。

如果研究人員完成意圖明顯的特定動作且目標是猴子能夠理解的，特定的神經元就會啓動，比如拿取蘋果並放進口中，但如果是猴子無法辨識的動作就無法啓動，比如將蘋果放進杯子裡。③在猴子自己的動作劇本裡頭，意圖似乎是必要的。這些神經元似乎是「視聽教材」，不只由實際的動作情景來活化，連動作發出的聲音也可以達到相同效果，特別是猴子看不見發生什麼事的時候。④這讓里佐拉蒂確認這些神經元有助於瞭解他人意圖，因此猴子能預期接下來可能會發生什麼事情。

這個效應不只發生在大腦的額葉下部，還有後頂葉皮質。這部分的大腦不僅有助於理解迥然不同的感覺訊息，也能區分自我與非自我。雖然猴子的大腦應該知道觀察到的動作不同於執行的動作，但實際的反應與想法不同。

里佐拉蒂很快就以人爲對象進行第一次研究。他與南加州大學的神經學家格拉夫頓（Scott Grafton）合作，格拉夫頓的實驗室擁有當時最先進的大腦造影儀器。由於倫理審查委員會不准研究人員在人類身上進行動物那樣的試驗行爲——在頭顱上鑽洞以便貼上電極，因此他們無法找出個別鏡像神經元的精確位置；但科學家可以退而求其次，他們利用大腦造影技術，檢視大腦的哪個部位及哪個神經元系統被活化了。

在他們早期的實驗中，只有一種造影技術可以利用，即正子發射斷層攝影（positron emission tomography, PET），用以顯現特定區域的大腦活動，不過精度只有幾公釐。但大腦造影技術與日俱進，讓里佐拉蒂能夠利用功能性磁振造影（functional Magnetic Resonance Imaging, fMRI），記錄大腦血流的最細微變化，以及跨顱磁刺激儀（transcranial magnetic stimulation, TMS）來測量運動皮質區的放電規模，並因此能更精準地確定神經活動。

但即使當時用的是最粗略的儀器，里佐拉蒂在人體身上也觀察到和猴子一樣的相同現象：大腦中有一些神經元組，在個體進行某些動作以及觀看別人進行相同動作時，都會產生反應。⑤

感同身受的人體機制

這類神奇的「鏡像神經元」引發了一個巨大的謎題。里佐拉蒂最初假設這些神經元的活化，是爲了讓生物學習如何快速行動以便求生。他認爲這可能是神經生理學家赫布（Donald Hebb）所發展出來的「赫布學習法則」的一部分，赫布於一九四九年率先提出：重複不斷刺激神經元，會讓它們變得更有效率，而且緊密連結成一個整體來運作。

里佐拉蒂想知道，這是否和猴子透過模仿來學習有關。但是，爲什麼一隻成年猴子需要這些神經元當學習工具呢？此外，所有證據也指出這種猴子不是靠模仿學習的。⑥他去請教了一些靈長類學家，卻被澆了冷水回來：黑猩猩會模仿，但猴子不會。幼猴只有一小段時間窗口的開啓時間，以便透過模仿姿勢來學習。此外，就像里佐拉蒂所熟知的，不管是人類的新生兒或幼猴不需指令或練習，就能夠馬上複製複雜的臉部動作。⑦最好的例子就是當母親向嬰兒伸舌頭時，嬰兒也能立即做出同樣的動作回應，即使這是一個需要許多神經元序列來微妙協調的複雜動作。就連小獼猴也能模仿伸舌頭的一整套動作。

里佐拉蒂的結論是，靈長類和人類的大腦內部，單純觀察與實際做出動作之間並沒有分別。**要理解我們四周各種龐雜的經驗，不用親身經歷，只靠想像就能在心裡體驗。我們大腦有個機制，可以透過觀看別人的行爲，在我們腦內引發一連串反應，好似我們自己正在做這些動作，並藉此來瞭解他人的意圖與動作。**

里佐拉蒂知道他們已經揭開了與理解力有關的神經生物學的一些基礎，他開始將這種現象當成「鏡像效應」，因爲神經元有雙重目的：驅策肌肉做出動作，同時也注意到他人的動作。

里佐拉蒂的研究小組在確信他們揭開了大腦與外在世界連接的一些重要途徑後，寫了一篇理論堅實的論文，詳述這一年來的研究，完成後寄到科學界最負盛名的《自然》期刊，但因爲內容對非神經科學領域的人來說不夠有趣而被退稿。透過關係，里佐拉蒂最後設法在《實驗大腦研究期刊》發表。⑧五年後，這篇論文在經過廣泛閱讀並普遍被理解後，最重要的神經學期刊《大腦》欣然接受他們原始研究的更新版本，並立即刊登。⑨

在里佐拉蒂的博士後研究生團隊中，有個年輕的德國研究人員凱塞斯（Christian Keysers），他剛從聖安得魯大學來到義大利實驗室工作。里佐拉蒂和凱塞斯接著發現，人類利用鏡像神經元來讀取情緒和動作。當我們親身經歷喜悅、痛苦等人類情緒時，大腦內活化的區域，與觀察他人情緒時活化的是同一個部位。⑩我們只要觀察別人的臉部表情或肢體語言，就能讓整串神經元動了起來。⑪**倘若我們看到有人微笑或愁眉不展，就我們的大腦而言，就像是我們正在高興或煩惱一樣。**⑫

在讓凱塞斯一舉成名的研究中，他監測一批受試者的大腦活動，這些受試者先嗅聞不同氣味的物品，接著觀看一段影片：影片中的人正在嗅聞著類似的物品。他發現，不管受試者是自己嗅聞，或只是觀察別人這麼做的面部表情，其大腦被活化的部位都一樣，都在前腦島位置。⑬

鏡像神經元要弄清楚的不只是誰做了什麼，還有他們的感覺如何，以及這樣做的意圖。里佐拉蒂發現如果動作意圖不明，神經元就會按兵不動。在一項研究中，人類觀看者的鏡像神經元在觀察機器人的動作時也會發亮，但這種情形只有在機器人進行定義清楚的工作時才會發生⑭，如果機器人只是一再重複相同的工作就不會發生。

里佐拉蒂的發現，現在已被公認是認識大腦處理他人動作與情緒的一大進展。然而，他的理論對感知生物學及社會交互作用的巨大影響，卻少有人深究。他的研究成果清楚地告訴我們：**世界並不是由孤立的個體所組成，我們的心智能力不受身體的限制，我們全體分享著一組共同的神經電路**。我們無時無刻都在內化他人的經驗，不需反思且能自動化地利用神經速記法，產生我們自己的經驗。**在人與人的互動上，即便是最表面的層次，我們都涉及到最親密的關係**。我們藉由觀察者和被觀察者的不斷融合，瞭解了我們這個世界的複雜度。

「在大多數的社會互動中，人與人回應彼此的方式不是單純的行爲者與觀察者，」凱塞斯寫道。「雙方同時是行爲者也是觀察者，同是鏡像神經元系統傳遞社會感染力的來源與目標。」⑮這意味著觀察他人的行爲時會自動以鍵結方式讓我們加入，因此我們得以與觀察對象融合。換句話說，要瞭解他人，我們必須暫時融入他。

人我份際模糊

除了大腦不可思議的超大容量，我們接收周圍所見所聞（特別是其他生物的活動）的方法，也是難以想像的。我們觀察他人動作時，爲了要弄個明白，會在大腦裡重新創造經驗，就像這個動作是自己親自做的一樣。我們必須轉譯他人的動作、感覺、甚至情緒，使之成爲自身的神經語言，就像這所有一切都發生在自己身上一樣。⑯不管感覺有東西碰觸自己的腿，或看見有東西碰觸到他人的腿，或是看到有個東西被碰觸，啓動的都是相同的一些神經元。任何形態的碰觸，都能喚醒我們被碰觸時與主觀經驗相關的神經網路。⑰

在猴子的實驗中，里佐拉蒂理解到要讓人體的鏡像神經元活化，觀察活動必須按照觀察者自己的動作劇本並取自於他自身的經驗。比如說，看到狗叨著多汁的肉塊，透過我們的鏡像神經元就能馬上做出連結，但如果看到的是狗對著另一隻狗吠叫，就不會產生連結。缺乏鏡像神經元「感同身受」的能力，人類的大腦僅能將相近的經驗拼湊起來，做出像電腦一樣粗略的模擬，看看牠在吠什麼。

事實上，我們總是以自己第一手的經驗來轉譯和過濾某人的動作，即使那個經驗和我們觀察的人並不相同。凱塞斯曾經研究一出生就沒有手的受測者在觀察他人握酒杯時的大腦活動，在這種情況下，活化的並非那些與手部動作相關的大腦與脊髓區域，而是腳趾和腳。這個天生殘疾的人透過他用腳來握杯子的相同過程，理解了手握酒杯的動作。⑱這表示視覺行爲建立了一個鍵結——一個包括動作、情緒及自我的複雜混合體。

如果你可以進入自己的腦袋，在你與他人的互動中，你很難看出大腦和神經的運作有哪些指令與你有關，而哪些指令是與觀察對象相關。**你可能會認爲自己是客觀的觀察者，但你總是透過**

他人的眼睛在看。你和他人的份際或邊界持續模糊，因爲統籌一切的是一個複雜的神經元混合體，而這些神經元則是由大腦內部和外部共同啓動。不帶任何意識，你透過自我經驗的複雜過濾器，自動在內部重建他人的動作與情緒。比如我們正在交談，一開始你的情緒在我腦中一閃而過，然後我再加入自己的過往經驗來醞釀發酵。

我們不僅複製某個動作的程式，還根據過去的經驗，仿造所有與其相關的身體和情緒感覺，去體會這個動作，比如皮膚有刺痛感或感覺到肌肉難以伸展。當我們看著一個正在受訓的運動員練習時，假如自己是個討厭跑步的人，舊情緒就會湧入交融，亦即我們會透過與過往的歷史連結，來理解眼前這個經歷。

事實上，我們對所觀察的動作越熟悉，就會活化更多鏡像神經元。比如說，專業舞者觀察其他舞者時，比起不會跳舞的人，會有更多與舞蹈動作相關的鏡像電路被活化。⑲**每次我們向外看時，都在撿拾、收納鮮活的經驗，就像把自己喜愛的材料加進新食譜一樣**。

啓動情緒同理心

我們轉譯他人的動作及感受成爲我們自己的動作和感覺，讓我們能立即瞭解別人的經驗，彼此溝通。看著狼蛛爬過〇〇七詹姆斯龐德的胸口，我們身上就會產生一種抓搔感，就某種意義來說，我們不只經歷毒蛛爬過胸口的身體感覺，也包括了由此產生的所有情緒。⑳電影中當壞人追

殺男主角時，我們心臟怦怦地跳，他遭射擊時我們會閃避，他獲勝時我們歡欣鼓舞；換一種角度來看，這些事正在我們身上發生。㉑

事實上，一群以色列科學家只靠著研究一群觀眾的大腦造影紀錄，就成功重建了血腥動作片所有暴力畫面的正確順序。㉒

「我對你的痛苦感同身受」，這句話一點都不假。當我們看到別人受苦時，就會活化與痛苦相關的鏡像神經元。在一項監視大腦活動模式的研究中，要求受測者先想像被扎針，接著讓他們觀看別人被扎針；科學家發現以上兩種情形，都有相同的神經元被活化。㉓不過，感受別人痛苦的能力，似乎與痛苦的情境有關。㉔被活化的神經元創造的是我們對痛苦的反應，而不在肉體層面：我們模擬的是情緒經驗，不是肉體的疼痛感。㉕

當你看到處於痛苦中的仇人，雖然可能會從中獲得一些滿足感，但一開始的反應卻是單純的連結——你將自己放在相同的情緒狀態中。「一開始，你理解的是這個人正在痛苦之中，」里佐拉蒂說：「並且會感受到跟他一樣的痛苦。」㉖感知的行爲是一種瞬間發生的完美連結，不論對象是誰。

現在許多心理學家和神經科學家都認爲，鏡像神經元是同理心的第一道閃光，而且似乎是一種微調的回饋系統。那些自認擁有高度同理心（瞭解別人感受的能力）的人，通常會出現較多的鏡像神經元活動。㉗反過來說，當我們發展同理心時，鏡像神經元電路會越複雜，意味著同理心是鏡像神經元模仿機制的具體表現。

同理可證，鏡像神經元越是細緻調和，觀察者越能顯現出同理心。葡萄牙神經科學家達馬吉歐（Antonio Damasio）曾經利用大腦造影技術，探討情緒在意識中扮演的角色。他要求受測者考慮以下三種情境之一，看看哪個大腦區域會發亮：來自過去的情緒經驗；把別人的經驗，想像成發生在自己身上；或是來自過去的非情緒經驗。當受測者與他人產生強烈連結時，因此產生的大腦活化區相當於自己曾經歷過一般。然而，當受測者無法體會別人的經歷時，放電發亮的是大腦不相關的部分。[28]

人類的大腦是勤奮的模仿者

人類的大腦從誕生開始，就一直持續不斷地在模仿。我們大腦的第一股衝動，就是與母親的大腦結合。美國神經學家亞倫．蕭爾（Alan Schore）博士在依附理論上做了意義重大的工作，他認為胎兒的神經系統會從母親的大腦學習，母親的大腦就像是一種腦波模板，教導胎兒的大腦發射和接通，就像教他講話或使用湯匙一樣。最後蕭爾博士說：「母親的前額葉皮質成了胎兒的前額葉皮質。」[29]

亞利桑那大學的研究人員找到了證據，記錄在腦電圖（EEG）上的母親大腦活動模式，被編入孩子的腦電圖模式中。[30]作家皮爾斯（Joseph Chilton Pearce）也發現到，母子通常會發生「腦波挾帶」現象，兩個大腦的電波產生「共振」，當兩者在一起時同時達到波峰和波谷。當兩者分開時，雙方的腦波會變得不一致，要等到成對時才會回到共振。[31]

終其一生，我們的大腦都在尋找其他有感染力的腦波。我在《念力的科學》（*The Intention Experiment*）一書中曾提到，大量證據顯示，有許多種情況會出現大腦電信號快速同步的現象，特別是當兩個人爲了共同目的一起做事時。[32]

檢驗這一點的研究，與某些發送者/接收者成對實驗頗有淵源：將兩者分別隔絕在不同的房間，接上腦電圖等各種生理監測儀器，當其中一個人被某事物刺激（可能是圖片、光線或輕微的電擊）時，會試著傳送刺激的心智圖像給另一方。在不少案例中，接收者的腦波會開始模仿正受到刺激的發送者腦波；其大腦則會拾取並模仿夥伴的經歷。[33]事實上，接收者的反應顯示在大腦的位置，就跟發送者一樣。[34]這種鏈結是即時發生的，就算是兩個陌生人也不例外。僅是夥伴關係，就建立起了同步的心智連繫。[35]

這種類型的挾帶不限於大腦。在一系列出色的研究中，美國加州帕塔魯馬（Petaluma）的思維科學研究所發現，當兩個受測者之一發送出治療想法和意圖給他罹患癌症的夥伴時，兩個人大部分的生理作用——心波、腦波、指尖的電脈衝傳導、血流、呼吸——開始彼此模擬。用一個有趣的說法來形容，就是兩個身體快速合而爲一。[36]我們從其他思維科學研究所的研究中，也得知我們可以讀取別人深藏不露的情緒狀態。[37]

在某些情境下，身體挾帶的形式似乎也會發生在兩個陌生人之間。**透過模仿方式，我們可以與另一個人連結，例如治療者發送能量給病人時，會造成兩個人的大腦同步**。[38]甚至只是友善的碰觸某人，也會讓對方的腦波挾帶著你的腦波。㊴同步情形，甚至還會對懷有強烈意志的兩個人造成傷害，這點已在氣功大師身心對峙的相關研究上驗證過了。㊵

生物的通訊方式

除了將外面的世界內化成自己的經驗，我們還與四周產生不可見和不斷的對話。一九七〇年在研究癌症療法時，德國物理學家波普（Fritz-Albert Popp）意外發現了一項事實：從單細胞植物到人類的所有生物都會發射出微量的光子流，他稱之爲「生物光子發射」（biophoton emissions）。波普隨即瞭解到：活的生物體就是利用這種黯淡的光線做爲內部的通訊方式，也用於與外部世界通訊。

波普與全球近四十名科學家進行三十多年生物光子發射的研究，他們堅稱人體內所有細胞過程的眞正指揮就是這種微弱的輻射，而不是DNA或生物化學。他們發現生物光子發射是由DNA內部造成，在個別細胞的分子內以特定頻率激發。㊶第一次取得這些測量數値時，波普和同事使用能夠計算以光子爲單位的光發射精密儀器，讓他們能發現不尋常之處。如果將一種藥擦在身體的某部位，光發射的數目會產生巨大的改變，而且不只是擦藥部位，還包括身體的遠側部位。此外，改變的大小在全身各部位都互有關係。波普很快就意識到，他揭露了活生物體內部的重要通訊管道——生物體利用光，做爲即時和「非局部性」的全域通訊。

波普還發現這些光發射也居中扮演生物之間的通訊系統。在包括對人類在內的一些生物體所進行的實驗中，他發現個別生物會互相吸收彼此發射的光，並送回波干涉圖案，彷彿在進行對話似的。一旦某個生物體的光波被另一個生物體吸收，第一個生物體的光會開始同步交換資訊。㊷生物似乎也會與四周環境交流信息，比如細菌及培養基、卵的內部與外殼。這些「對話」也發生在不同物種之間，不過相同物種之間的對話最響亮且清晰。㊸

波普研究小組想找出生物體的光子發射在晝夜時的測量差異，以及每周和每月對應太陽活動的模式。㊹他獨力驗證出來哈柏格研究成果的中心議題——生物始終尾隨著太陽的步伐。

波普的研究成果，顯示出我們利用這種細微生物光子發射流，與外面世界建立了一個量子鏈結。**在我們醒著的每一刻，都在接受其他事物的光。**

我們是一個不斷變化的動態系統

佛萊明、傑托、哈柏格、里佐拉蒂和波普等科學家的研究成果看似無關聯，卻總結出一個關於生物本質既深刻又異端的看法，同樣也顯示出我們認為自己自外於其他事物的想法是荒謬的。**科學家越靠近窺探物質的核心，就越瞭解宇宙最根本的粒子本身並沒有什麼獨特的身分。**事實上，在多數情況下，兩個以上的粒子彼此之間是如此的密不可分，只能視為一個集合體看待。

在次原子層次，我們不斷交換光和能量，因此從這一刻到下一刻的我們並不相同。**我們是一**

個動態系統，不僅內在會改變，也會透過我們和外在事物之間不斷改變的關係而持續變化。

這種連結的衝動，整個自然界都大同小異。我們眼中認爲的個人特徵，現在知道大都是透過我們與環境的複雜互動而產生，因此不能認爲是完全獨立的存在。在傑托開創性的發現之後，一個全新的生物學領域出現了——表觀遺傳學，研究的是來自外界的力量如何塑造我們。尖端生物學家慢慢領悟到，所謂的生物學是外在與內在力量之間的鍵結，而且大都是由外至內形成，而且這種鍵結——環境影響的微妙交融——將會傳承下去。**驅動演化的不只是個體的基因，還有我們和世界的鍵結**。

雖然我們人類自認爲是宇宙中最具影響力的實體，且位於生物鏈頂點，但新生的時間生物學卻顯示：我們和地球其他所有生物，都不過是一個巨大複雜能量系統的一環，而且依循著宇宙行星地磁活動。這是我們與宇宙環境時鐘的鍵結，這種鍵結主要負責了我們的健康、身體和精神的穩定性，可能也包括了大部分我們自以爲獨特的個人動機。

神經學的新發現，顯示我們一直都在尋找融合的機會；透過個人內部的再創造，讓我們能理解他人的行爲，因此觀察者也經歷了被觀察者的經驗。㊺**一旦我們和世界搭上線，就算最自閉、最反社會的人也會產生立即和不自覺的連結**。

這些發現令人不安且產生了一些質疑：倘若所有事物基本上都只是一個不斷變動的能量場，那麼，我們還能認爲事物或人是「自在之物」*嗎？當你深入探討到最基礎的層次，你我當眞有可以辨識和不變的自我嗎？如果我不斷地在這裡交換位元、在那裡借用位元，哪裡才眞的是世界終點和我的起點呢？我要如何肯定地說：這就是「我」？

牛津大學的生物學家加德納（Andy Gardner），檢驗是否有哪個社會群落夠先進到有資格當成「超個體」。到目前爲止，他只找到了兩種模式群體：螞蟻和蜜蜂。這些動物社會具有高合群性，能夠消弭所有衝突。每隻蜜蜂和螞蟻都能持續無私地奉獻自己，有必要的話甚至可以犧牲生命來保護群落。整個群體是以一個共同目的團結在一起。

加德納認爲社會組織要先進到像蜜蜂和螞蟻這樣的「超個體」十分罕見，而且只存在於社群內部衝突幾乎完全消除的情況下。「舉例來說，」他一針見血地寫道：「這就是何以我們不能用這個術語來描述人類社會。」㊻

然而，不論我們承認與否，人類就像所有生物一樣，都是巨大的跨星系超個體的一環。從次原子粒子到生物體，乃至星系中最遙遠的恆星，所有事物都是不可分割的鏈結的一部分。

雖然我們傾向於爭強好勝，但最基本的渴求仍是連結。人類就像螞蟻群落，天生就是渴求團體運作的；我們的社會行爲，可能比我們願意承認的更像螞蟻。

＊thing-in-itself，又譯為「物自身」，是康德（Immanuel Kant）哲學的重要概念。

本章摘要

鏡像神經元的綜合研究

- 我們大腦內的鏡像神經元，就像是鏡子，可以透過觀看別人的行為，在我們腦內引發一連串反應，好似我們自己親身在做這些動作一樣。
- 活化鏡像神經元，讓我們能瞭解別人做某個動作的目的及意圖，彼此溝通。
- 在大多數的社會互動中，人與人回應彼此的方式不是單純的行為者與觀察者，雙方同時是行為者也是觀察者。
- 鏡像神經元的經驗重建效應，讓我們能產生感同身受的同理心，與他人分享情緒、經驗、需求與目標。

德國物理學家波普的生物光子發射研究

- 細胞會發散出非常微弱的光，並以細胞中的DNA為最重要的儲光與發光來源。
- 所有細胞都是藉由光來跟內部與外部溝通。
- 光發射居中扮演生物之間的通訊系統，個別生物之間會互相吸收彼此發射的光，並送回波干涉圖案，彷彿在進行對話。

結論：

1 世界不是由孤立的個體所組成，我們的心智能力不受身體的限制，我們全體分享著一組共同的神經電路。

2 我們無時無刻都在內化他人的經驗，產生我們自己的經驗。在人與人的互動上，即便是最表面的層次，我們都涉及到最親密的關係。

3 從單細胞植物到人類的所有生物都會發射出微量的光子流，並以這些光子為媒介，做為內部與外部世界的通訊系統，讓我們與四周持續產生不可見的對話。

4 我們是一個不斷變化的動態系統，時時刻刻都在與外界事物交流光與能量。

5 驅動演化的不只是個體的基因，還有我們和世界的鏈結。

6 從次原子粒子到生物體，乃至星系中最遙遠的恆星，所有事物都是不可分割的鏈結的一部分。

PART 2 趨向整體

在建造圍牆之前，我要先知道是要圈進來或圍出去。

——美國詩人佛洛斯特（Robert Frost）
〈修牆〉（Mending Wall）

第5章 拉起天線，我們都是發射體

只有當我們和外面所有事物連結在一起時，我們才是我們。每當我們互動時，就會顯現深層和自發性的連結衝動，為了滿足與他人融合的深層需求，我們不斷尋找同步。

俄裔美籍作家艾茵．蘭德（Ayn Rand）的《源泉》（*Fountainhead*）改編成電影，由酷酷的賈利古柏（Gary Cooper）扮演最偉大的現代英雄之一建築師羅克，一個獨來獨往的局外人形象。他炸毀自己的住宅計畫，不讓他的願景被「第二手」拙劣地仿造。法庭審判時，他僅用毫不妥協的言辭武裝，爲破壞行爲的指控辯護，傳達個人主義的頌歌。

「創作者爲作品而活，不需要其他人，」羅克宣告，迅速轉身面對陪審團。「我不承認任何人擁有我的生命一分鐘的權利。……不論誰做出這種要求，爲數眾多或是需求有多大……一個人創作的完整性，比任何慈善事業更加重要。」①

在書的結尾，羅克獲勝，令人費解地免於牢獄之災，儘管他炸毀了城市的一個街區。他用自己的方式蓋房子——還贏得女主角芳心。在最後的場景，他叉開雙腿站在自己的摩天大樓頂端的平台，剪影高聳在紐約的天際線上，一座巨像，尼采超人的典型——心臟病最完美的人選。

儘管作者蘭德透過客觀主義哲學代言人和自由意志理想的羅克來擁護個人至上，實際上是一種以我爲尊、充滿劇毒的身心狀態。這種想法是我們任何人都能夠成功地活著對抗全世界，是虛構的假想。我們的生物學是與周圍世界結合的產物，**對我們而言，與世界的鏈結是自發性的，是固有的**。**只有在我們和外面所有事物一起連結時，我們才是我們**。

但是相似的鏈結，也控制著我們的社會行爲；我們也在人際關係中創造出超個體。每當我們和另一個人或人群互動時，就會顯現深層和自發性的衝動去和他們連結，並且持續不斷地在行動、情緒、行爲和意見中展現這股衝動。爲了滿足與他人融合的深層需要，我們不斷尋找同步。

連結意志：生命的根本動力

大家都如此告訴和教導我們：我們最重要的動力是不計任何代價地生存。德國哲學家尼采（Friedrich Nietzsche）提出：所有人類動機的驅動力是「權力意志」②，他認爲這比生存意志更加基本，也是將宇宙所有事物結合在一起最基本的力量。

不過最近科學證明，更基本的是我們對關係的渴求。生命的根本衝動並非是權力意志，而是連結意志。**我們與生俱來的本能總是要和他人連結，從個體原子化走向團體的整體化**。人類天性的最根本特質，是深層連結而非競爭：我們不會想要孤獨生活和自私地存活。人類存活需要合作關係，當我們孤立於他人或連結感之外，會經歷到最大的精神壓力和最嚴重的疾病。**所有生命的根本動力與其說是權力意志，不如說是連結意志**。

在任一個社會中，這個尋求連結的衝動有以下四個特徵：歸屬的需求、同意的需求、給予（付出）的需求，以及輪換的需求。這些衝動深植在我們的基礎生物學中，不只顯現在我們與最親近的人之間的連結，也包括我們所接觸的所有人之間的那些連結。

這些需求中，最根本的是歸屬感。人類是徹頭徹尾的部族；我們在所屬的小團體中感覺最舒適，我們是其中的一員。的確，歸屬的需求是這麼基本，因此放逐是人類最難以承受的處境。前門諾會信徒貝爾（Robert L. Bear）形容阿米緒人*「避世」的做法是「活地獄」。③英國寄宿學校的少女用「不語」（沒有人跟她們說話）方式來放逐太過傲慢的朋友，做爲回到行列的終極懲罰。澳洲原住民瞭解放逐或避世具有強大到危及性命的力量，因此通常會保留給最極端的案例。這種人類最原始的渴求——不要區隔，只要融入，特別是和我們周遭的人——可能對我們的存在如此要緊，沒能滿足的話會是生死攸關的事情。

自殺與個人的連結失敗有關

十九世紀末，法國社會學家涂爾幹（Emile Durkheim）著迷於一個奇特的謎題：爲什麼某些社群的自殺率比其他社群高？涂爾幹是猶太人，是最早用科學方法研究社會的學者，研究的主題是社會在面對種族差異日增和宗教式微的時候，是否能維持強固和完整。涂爾幹率先提出「社會整合」這個術語，甚至在社會學草創的那些日子，他就瞭解到社會結構可對個人施加強大的力量。他特別感興趣的是社會與個人衝突的情況，以及這如何誘使人們自己終結生命，而他將這個獨特魅力的主題變成自殺的一個經典研究。④

即便是今天，仍有許許多多的科學家認爲自殺是私事，他們假設因爲個人因素而自我了斷與所生活的社會毫無關聯。事實上，在涂爾幹提出理論之後多數針對自殺所做的研究，還是著重在個人動機。在涂爾幹的研究成果中，不意外地，他發現相較於結婚或有小孩的人，缺乏強烈依附的人——沒有小孩、單身、鰥寡、離婚——自殺率較高，這不足爲奇，因爲一般認爲如果有心愛的人，就會爲了那個人而活。

倒是令人驚訝的是，天主教和猶太教徒的自殺統計相對於新教徒來說，則有很大的差異。一個明顯的事實是：新教徒自殺件數，遠比天主教徒和猶太教徒來得多。部分原因可用天主教信仰嚴禁自殺來解釋，天主教義認爲自殺是無可寬恕的罪，犯者將打入地獄不得翻身。

然而，這個因素要打點折扣，因爲猶太教徒也出現同樣低的自殺率。涂爾幹推斷，原因應該與天主教和猶太教社會有較強的社會依附和控制有關，因爲大體上，天主教地區和猶太教社群會保持較強的家庭和社會約束。

＊阿米緒人（Amish）的祖先受到宗教迫害，而遁入其他國家自成一個自給自足的小社群，他們信仰上帝、重視家庭觀念，不使用現代工具，過著傳統的農居生活，曾在哈里遜福特主演的電影《證人》中出現過。

他的論點有不符之處：加拿大魁北克是天主教盛行的地區，自殺率卻異常地高，特別是年輕族群。但是，涂爾幹認爲這與共同宗教崩潰有關。

最後他終於瞭解，自殺是社會契約斷絕的極端反應。因爲人們需要強烈依附於所屬的團體，那些選擇自殺的人，是因爲某種原因無法融入社會才不得不這麼做。涂爾幹提出，自殺的痛苦來自「過度個別化」。換句話說，**人們會自殺是因爲感到被遺忘，而且無從適應，這是難以承受的一件事。三思而行的自殺可以想成是：告別殘酷的世界**。

就算是涂爾幹這個最初的簡略研究，也意識到個人自殺的解答在於修補個人和社會的關係，而不是個人本身。涂爾幹的先見之明到二〇〇九年獲得驗證，舊金山美國聯邦儲備銀行的瑪麗．達利（Mary Daly）、丹尼爾．威爾森（Daniel Wilson）與美國人口普查局的諾曼．強生（Norman Johnson）合作，檢視美國的自殺死亡案例，看看是否和所得有關。他們最初的假設是：在美國任一地區，收入所得的金字塔底層會找到自殺群聚。

乍看之下，收入越少似乎越可能自殺。不過更仔細分析，證明這個結論太過草率。的確，所得等級最低的個人，在一九九〇年家庭所得低於二萬美元（相當於二〇〇六年的三萬一千美元）的人，比起所得超過六萬美元的人更有可能去自殺。但是對所得超過兩萬美元的人，本身所得對自殺風險並沒有明顯的影響。個人所得只有在與當地所得等級比較時，才有影響。

不巧的是，美國最富有的地區，自殺的風險也最高。

達利、威爾森和強生接著審視這是否和生活成本高、房價高、出租和購買的差異、整個州的生活成本、自殺報導偏見或甚至緊急醫療照顧不易取得等因素有關。但以上因素，似乎都和自殺風險無關。最後證明，與自殺有關的一個因素是：拿本身所得去跟周遭其他人比較。你**四周的人越富有，你可能就越難過**。⑤

說得白一點，你的鄰居比你多賺一萬美元，你的自殺機率就會增加七．五%。

這個研究小組推斷，跟別人比闊的簡單欲望是自我傷害的最可能因素。而且基準越高（也就是鄰居越富有），居民就更可能發現自己達不到標準而自殺。

所得忌妒的現象，在歐洲也不遑多讓。巴黎經濟學院的經濟學家克拉克（Andrew Clark）和塞尼克（Claudia Senik）指出歐洲人也不斷地和四周的每個人比較，並根據他們所在的社會經濟層級自我評判。歐洲社會調查的研究專案，徵詢來自二十三個國家的三萬四千人，克拉克和塞尼克發現有四分之三的受試者認爲把自己的收入和別人做比較是很重要的事情。⑥

然而，他們越是這樣做，就越不快樂。

研究人員根據受試者對問題的回應來評定幸福等級，問題包括是否生活得舒適、感覺是否樂觀、最近是否抑鬱寡歡，以及是否滿意目前的生活。克拉克和塞尼克得出另一個重大的發現：受試者心中存在著關於各類人的排名比較，而這種比較對他們的傷害最深。

對整體幸福感傷害最小的是同事之間的比較，而家庭成員的所得忌妒傷害要大得多。不過，**毒害最大的是最親密朋友之間的比較**，傷害程度甚至兩倍於同事間的比較。

達利及歐洲社會調查這兩項研究，有另一個引人入勝之處在於：以科學驗證一件眾所皆知的事——金錢買不到幸福，即使在財務上集體改善，或生活水準全面提升，似乎也和滿足感無關。

反過來說，某些自認幸福的人也和任何客觀基準沒有直接關聯，比如地區的人均所得，或甚至是個人基準（對你應該賺多少錢的期望）。這在心理學的研究稱爲伊斯特林悖論（Easterlin Paradox）*，意味著成功沒有客觀的標準，只有個人標準——我們對自己的期望，以及最親近的人對我們的期望。現代西方社會是以個人炫耀式的成就來定義成功，以你鄰居財產的形式爲尺度，不時拿他的錢財、地位，甚至孩子，來跟你比較。

這表示我們最深切的需求是歸屬於社群，且用現代的話來說，就是不計一切代價避免成爲金融棄兒。**我們對連結的嚮往極爲強大，我們與團體之間的這個鏈結品質是健康最重要的關鍵。**

流行病學與社群關係研究

一九五五年，耶魯大學的年輕社會學研究員塞姆（Len Syme）做出後來被認爲是幼稚鹵莽的決定，一個不論在社會學或醫學上聽都沒聽過的東西：健康社會學的研究。塞姆懷疑社會因素對某些疾病有影響，例如心臟病、癌症或關節炎，當時相信這些疾病都是因爲飲食或環境因素所致。他的論文指導教授力促他重新考慮：這個主題在社會學或醫學中沒有文獻可參考，而且十之八九絕對不會有。然而，帶著反抗權威的安靜決心，塞姆堅持初衷，最後成爲第一個在美國衛生部找到工作的社會學家。一個夠奇怪的工作，他的上司完全不知道要給他什麼頭銜。

一開始，塞姆試著檢視美國各州心血管疾病比率的變化原因，在一無所獲後，他放棄在研究所學到的統計工具，開始進行被科學家輕蔑爲「刺探」的手法——爬梳資料以找出假說。對他這個例子來說，就是尋找心臟病患者和沒有心臟病的人之間可能的社會條件差異。

一開始，塞姆把他的發現命名爲「文化移動」（culturally mobile）——那些人都曾經過地理上的遷移，從某文化社會前往另一個不同文化社會，特別是從農場到白領城市工作——接著得到心臟病。這項連結普遍存在，即使當他已消除其他因素也一樣，像是抽菸、血壓和其他認爲是心血管疾病的主要危險因素。⑦

社會流動——搬出你所屬的圈子且不再歸屬——會讓你生病。

塞姆曾將他的發現拿給一屋子世界一流的心血管流行病學家看，他們全不假思索地駁回。在國家衛生研究院工作一段時間後，他建立了第一個流行病學部門，塞姆在柏克萊公共衛生學院取得教授職位，是第一個取得這個位置的社會學家。然後他與另一位柏克萊教授史塔隆斯（Reuell Stallones）合作，移居夏威夷和加州的日本人成爲用來檢驗他的遷移假說的完美族群。

＊由美國南加州大學人口經濟學家伊斯特林（Richard Easterlin）在一九七四年提出，主要探索幸福感與收入的關聯性。經濟學理論認為，財富增加會提升人們的幸福感，但伊斯特林認為等收入達到某一程度後，幸福與收入的關聯性就不明顯了。此外，伊斯特林也認為，收入是相對的而非絕對的：收入的增加是與全體收入的平均值來做比較。

流行病學的學生對日本這個民族很感興趣，因爲他們是如此顯而易見的弔詭：在世界上有最低的心臟病比率，但事實上抽菸人口隨處可見，而這通常是心臟病最大的危險因素之一。日本的長壽統計數字，擾亂了我們所有關於長壽和健康生活的期望。日本有世界人數最多的百歲人瑞：約有一萬六千人活到一百歲，其中有許多人抽菸。

流行病學家發現移民社會特別具有啓發性，因爲他們提供一個可以檢視特殊社群如何面對社會、文化或飲食劇變的機會。塞姆和史塔隆斯在一萬兩千名日本男性中檢驗心臟病風險、飲食因子以及任何社會變化，並將之劃分成三組：一組是留在日本的人，另外兩組是已經移入夏威夷或北加州的人。

讓史塔隆斯感興趣的，是日本人是否因爲低脂肪飲食而有較低比率的心臟病，而在祖國保持良好低脂肪飲食的日本人在吃了漢堡薯條的典型美國飲食後，心臟病是否會增加。但是塞姆更著迷的是社會因素：轉移國度和文化的紛擾，是否會大到導致心臟病。

結果期望兩頭落空。移居加州的日本男性，得心臟病比率是日本國內男性的五倍，但是移居夏威夷的那一組，得心臟病比率卻介於前兩者之間。如此一來，就意味著單純移居他處不會自動釀成疾病。然而，結果也似乎與常見的心臟病危險因素無關，像是抽菸、高血壓、飲食或膽固醇指數；事實上，研究樣本中的日本人抽菸人口最高，但是心臟病比率最低。

令人吃驚的是，他們得出的結果也似乎和飲食轉變無關。不論日本人吃什麼——豆腐、壽司或麥香堡——對罹患心臟病的傾向並無影響。

爲了想要弄清楚這些結果，塞姆徵召了他的研究生馬穆（Michael Marmot）深入鑽研資料。馬穆的發現最後寫成了一篇博士論文，驗證並擴充了塞姆的假說：飲食習慣的轉變就心臟病而言並無差別，但移民爲自己移植了一個日本式的社會。塞姆和馬穆依據保留傳統日本文化的程度，將移民樣本人口進行分類，其中就包括社會聯繫一項。採納美國生活方式的日本男性，心臟病比率增加，而保留傳統文化的那些人，心臟病比率最低。

最傳統的日裔美國人團體，其心臟病發的比率就和待在日本國內的同胞一樣低，雖然他們採行西方的生活方式，會讓心臟病發生率增加三到五倍。這些差異，不能計入在一般的危險因素（比如飲食）中。[8]**不論是否抽菸或是否罹患高血壓，有社會網絡和社會支持的人可以免於心臟病威脅**。[9]

這些結果讓塞姆十分激動，他決定到日本去找出這個對健康不可或缺、但至今仍不可知的因素。他訪談了許多日本人，想找出最能區分美國和日本社會結構的單一因素。他重複訪談之後，發現日本文化與美國文化最顯著的差異是：美國人是孤獨的。這一點大家都知道，美國人甚至都單獨上街。日本人，特別是日本南部的人，一直維持著關係緊密的社群，彼此支持，這甚至成爲一種企業文化。成爲公司員工和嫁入一個家庭，並沒什麼不同，到一九九〇年代日本嚴重經濟衰退之前，這是一輩子的關係。[10]

塞姆回到加州後，又徵召了另一名研究生伯克曼（Lisa Berkman），要她檢驗社會網絡和社會支持對預防心臟病的重要性。伯克曼從阿拉米達郡（Alameda County）人口實驗室多到驚人的九年統計資料中，費力地梳理整個郡裡多數居民的健康統計。最後，她出示了一個結果：那些感到寂寞和社會孤立的人，可能死於心臟病和其他原因的比率，較其他有更強連結感的人高出二至三倍。其結果，與高膽固醇或高血壓、吸菸和家族病史等危險因素無關。⑪伯克曼非常想知道生物體對壓力的回應，自律神經和內分泌系統的「打或跑」機制，在有同伴、相信有人伸出援手，甚至光是想到援助的時候都受到了壓抑。就算與寵物的連結，也發揮了保護作用：有寵物的老人，血壓低於沒養寵物的老人。⑫

塞姆的早期研究衍生出許多長期的人口研究，其中包括在賓州羅塞托（Roseto）長壽村所進行的一項「團結效應對健康之影響」的經典研究。沃爾夫（Stewart Wolf）偶然間聽某個醫生同業說，羅塞托村幾乎沒有人有心臟病，而讓他和同事布魯恩（John G. Bruhn）開始了一項長達三十年的研究，比較這個小村鎮和鄰近地區的社會與飲食條件。

沃爾夫和布魯恩發現，羅塞托的居民患心臟病比率是周圍城鎮的一半，乍看之下，對於他們健康良好，並沒有足以適用的醫學解釋。羅塞托人是從義大利的同名城鎮移植過來、一個約有二千名義大利人口的隔絕小村鎮。在他們移民到美國之初，幾乎不講英文，而且鎮上甚至多年都沒有一間眞正的天主教堂。他們當工人時，受到已經在此扎根的威爾斯裔美國公民的歧視，被迫到礦場從事危險的工作，而且酬勞也比其他人少。從心臟病標準的危險因子來看，羅塞托居民應該會死上一大票了。村中的男人抽菸人口多、許多人體重超標——因爲常用豬油烹調食物。

沃爾夫看出這個小鎮的特殊之處：這是一個高凝聚力的文化社群，在美國幾乎獨一無二。在來自英國的尼斯科（Pasquale de Nisco）神父到後不久，這個小鎮漸漸繁榮了起來。在神父不斷鼓勵下，羅塞托人用花卉裝飾城鎮，組成羅塞托樂隊，蓬勃的社團一個接著一個創立：從不分年齡的宗教團體到數不盡的民間社團。

一個世代後，城鎮的凝聚力日漸瓦解；年輕人失去了社群感，不久就像是一個尋常的美國城鎮，出現了一群講排場、比闊氣的孤立個體。到了一九六〇年代，羅塞托開始有人需要領取社會福利金度日。同時，心臟病比率也快速趕上全國平均值。第一批領取社會福利金的居民中，有人向沃爾夫抱怨：「你不懂，醫生。事情全走樣了，大家都無所謂。」⑬

沃爾夫和布魯恩在比較內華達、猶他兩州的心臟病統計時，也發現了類似的情況。這兩個鄰近的州，種族組成類似，也有相似的高等教育統計數字。然而，因心臟病死亡的統計數字則天差地別，內華達州是美國心臟病死亡率最高的州之一，而猶他州則是墊底。起初這看起來並不合理：內華達州的居民理應更健康才是，因爲他們比較有錢，平均家庭收入比猶他州高一五％到二〇％。

沃爾夫和布魯恩在深入觀察後，發現兩州的主要差異在於社會結構的穩定程度：猶他州以緊密家庭爲主，相較之下，內華達州的家庭破碎和功能失調的程度較高。研究人員推斷社會結構變弱，是造成內華達州有較高死亡率的主要原因。⑭

塞姆推斷一個人周遭地理聚落的連結品質，是健康和疾病最有力的預報器。**就算面對危難困境，凝聚力強的團體鏈結對任何危險因子幾乎都有屏障保護作用**，這些危險因子包括遷徙、流離、貧困、不良飲食，甚至酒精。當地的原生文化研究，也證明了強力的社會聯繫具有緩衝作用，可抵擋其他被視爲高危險的因子，比如外國食物或甚至外國宗教活動。舉例來說，一群研究人員研究所羅門群島的原住民族群，發現他們在採取西方食物和宗教活動之後，也沒有出現冠狀動脈心臟病或高血壓。這讓研究人員困惑不解，直到發現有個領域維持不變：社會聯繫和家庭內部的角色。⑮

惠頓（Paul Whelton）博士和約翰霍普金斯大學研究團隊在研究中國彝族時，也發現類似的現象。務農維生的彝族身形苗條，主食是米飯、全穀和蔬菜，還有一點點肉類。相較於城市的漢民族，彝族極少有心臟病，膽固醇的指數也低。然而，當他們的族人遷居到城市時，血壓明顯上升，情況與漢人越來越像。

由鄉村到城市，這種生活形態的轉變，其中最有趣的發現是飲酒的影響。彝族喜歡喝自釀的酒，在他們的居住地，喝酒對健康沒有明顯影響。然而，等他們搬到城市，疏遠了以往的社會支持後，高血壓案例就急遽上升，同樣是喝酒，反應卻不一樣。彝族遷居城市還是維持著同樣的飲食，但生活形態的改變及社群移位，都對健康有破壞性的影響。⑯

疏離的壓力讓你生病了

如同最前瞻的醫學人士所理解的，大多數疾病的根源是壓力。這種壓力不是我們日常所見的一些暫時性事件所致，比如財務或婚姻狀態，而是對生命的全面回應所產生的壓力——你如何為自己定位，特別是在所生活的環境中。這類研究一致認為，歸屬感的需求對人們是不可少的，社會鏈結的品質是生存的基本。**一項龐大的研究顯示，壓力以及疾病的根源情緒就是疏離感，而最致命的，似乎是我們互相較量的有害傾向**。

西方文化鼓勵人各為己，特別是美國社會，而事實證明，那對我們是致命的，特別是對我們的心臟。無數研究顯示，只顧自己、憤世嫉俗、敵視世界的人更可能死於心臟病。加州心臟專家歐寧胥（Dean Ornish）醫師發現一個異常的統計數字：心臟病通常的危險因子——抽菸、肥胖、久坐不動和高脂肪飲食——僅占所有心臟病發生因素的半數。弄了半天，醫學界歸咎心血管疾病的所謂生活形態危險因子，與心臟病的關係，竟然小於單純的孤獨——疏遠別人、漠視自己的感覺，以及遠離更高的力量（失去信仰）。⑰從這個角度來看，心臟病大致可以當成情感疏離導致的疾病。具有良好支持網絡的健康成人，比起沒有情感支持的人，有較低的血液膽固醇和較高的免疫功能。⑱

哥倫比亞大學的研究人員最近研究六五五位中風病人，發現其中屬於社會孤立的病人五年內再次中風的機會是擁有緊密社會人際關係者的兩倍。**孤獨是最大的危險因子，超過冠狀動脈疾病或是久坐不動的生活方式**。事實上，社會孤立的健康風險，可與抽菸、高血壓或體重嚴重超標相提並論。⑲

楊百翰大學（Brigham Young University）的研究人員對這種統計數字深感好奇，他們彙集並分析來自一四八個比較人類與健康結果交互作用的研究，這些研究的平均年數爲七年。他們得出一個明顯結論：任何類型的關係，不論好壞都能改善你的生存勝算五〇%。**有害的孤立感，相當於每天抽十五根菸或每天酗酒，其毒害健康之嚴重更是肥胖的兩倍**。[20]何況，一個健康的關係，對於生存優勢的好處可能還被低估了。「資料只顯示受試者是否爲社會網絡的一員，」該項研究的主要作者郝特—朗斯達（Julianne Holt-Lunstad）說：「而這意味著，個人與社會網絡的負面關係與正面關係都併在一起看了。」

強烈的個人化及自我偏見，也對健康極度不利。如研究所示，在日常對話中經常使用「我」這個字眼的人，死於心臟病的風險是以倍數計。在一項研究中，罹患心臟病的人中提到他們自己的頻繁程度是死亡率最強大的預測指標，甚至比血壓或血膽固醇濃度還要準確。[21]

社會鍵結可以有效保護我們，在艱難度日的時期更是如此。我們從金字塔底層抽樣調查低收入的美國人，發現幾乎沒有人因爲財務困窘而感到鬱卒，因爲他們透過定期上教堂而有了會眾的支持。[22]就算每天忙於掙扎求生，但因爲他們不孤單，日子仍能挺得下去。另一個研究則顯示，當男人因公司倒閉而失業時，處理失業壓力的最大危險因素之一是關閉連結。**事實上，從小生長在關係緊密的家庭，以及置身在一個可以提供強力支持的社群中，可以提供你一生的保護，用以對抗將來的心臟病和其他疾病**。[23]

英國艾斯特大學（University of Exeter）社會心理學家也已經證明，參加各種團體會讓人變得更強壯，這是天然的仙丹妙藥。他們開創性的研究，顯示健康狀況最重要的預報器是你隸屬的團體數目，甚至超過飲食和運動，特別是如果能與這些團體擁有緊密的關係時。㉔在宗教團體或公會等義務性社會組織，如果你的團體身分越高，因爲種種原因致死的風險就越低。㉕

甚至連傳染病的抵抗力，似乎也跟社會生活狀態有較高的連帶關係，而不是是否曾暴露在病菌中。**社會孤立，讓你更容易罹患大大小小的傳染病**。賓州匹茲堡的卡內基美隆大學（Carnegie Mellon University）心理學系進行的一項研究發現，**多樣化的社會角色對感冒有很強的免疫力，而社交活動最少的人，傷風感冒的機會是長袖善舞者的兩倍**。㉖

「以粗略的經驗法則來看，」哈佛大學政治學家普特南（Robert D. Putnam）在著作《獨自打保齡球》（*Bowling Alone*）中寫道：「如果你本來不隸屬任何團體而決定加入其中之一，等於把明年度的死亡風險降低到一半。」㉗

人我之間建立的鏈結，是生存的最基本需求

《超級偶像》等電視實境秀，利用的就是我們成爲社會網絡一員的渴望。「社群感覺是這類表演的部分訴求，」倫敦大學戈德史密斯學院社會學教授史凱格（Beverley Skeggs）說：「人們會與價值觀相同、行爲舉止類似的其他人連結。」㉘我們極度渴望連結，想要擁有它，就算是和螢光幕上的那個人。

我們的歸屬感如此強大，甚至可以保護我們免於歧視的傷害。關於威權環境中個人與團體的

動態關係之研究，最著名的是一九七一年進行的史丹佛監獄實驗。史丹佛大學心理學家辛巴多（Philip Zimbardo）建立了一個模擬監獄，特別從所有志願者中過濾出心理最穩定的一群善良的中產階級大學生，隨機分派守衛和囚犯角色，辛巴多本人則出任監獄主管。

實驗很快就失控了。

穿著獄服的「囚犯」沒有了名字，只有數字當代號，他們必須無條件遵循專橫的命令及接受專橫的懲罰，來模擬監獄的泯滅人性。演出「守衛」角色的學生變得越來越苛刻，且積極建立並執行規則，最後還讓囚犯受盡屈辱，甚至還包括提供色情服務。可議的是，囚犯學生就算知道他們在實驗期間可以隨時離開，卻還是接受了這些不堪的對待。連辛巴多本人也深陷進監獄監督的角色而出不來，後來在參觀實驗的一名學生提醒之下，他才恍然大悟情況已惡化到什麼程度，接著他就下令提前終止實驗。而說出眞相的那名學生，最後成了辛巴多的妻子。㉙

這項關鍵性的研究數十年來不斷被引用，成爲心理學課程中確鑿的證據：團體有自發性的「蒼蠅王」效應（也稱墮落天使效應），使人脫離道德判斷，甚至人性。此外，這個例子也用於說明被褫奪權利的人，如何在團體中快速喪失他們的身分認同。

二〇〇二年，兩名英國社會心理學家——艾斯特大學的哈斯蘭（Alexander Haslam）和蘇格蘭聖安德魯斯大學的賴歇爾（Stephen Reicher），希望透過再現史丹佛大學實驗，重新檢驗一些相關概念。當時由英國國家廣播公司提供經費和拍攝（最後在電視上以《實驗》的節目名稱播出），兩位心理學家打造了一座監獄，再次隨機分派一群男性擔任囚犯或守衛角色。

八天後，實驗有了令人震驚的發展。雖然囚犯一開始意志消沉，但團體動態隨著時間轉變。當囚犯發展出共同的身分認同後，開始以團體有效地運作，此後不僅士氣提高了，連心理健康也有正面進展。而共同身分的認同，也改善了身體的健康情況：囚犯的皮質醇降低，那是身體在壓力時刻所分泌的激素。

實驗持續進行，囚犯變得更強壯、更快樂且掌控局勢。另一方的守衛組，由於沒能鍵結成一個團體，逐漸變得心灰意冷、充滿無力感，身上還出現高濃度的皮質醇。最後囚犯籌畫越獄，瓦解守衛的權威。

即使是受困於獄中的囚犯，只要他們能夠有「同坐一條船」的團體意識，也能維持著強韌的免疫力，完全不受守衛威權管理的影響。事實上，他們越被壓縮成一個團體，就變得越強大。

超越身為個人的疆界、與團體產生鍵結的需求，對人類而言是如此基本且必需，這也是我們健康或生病的關鍵因素，甚至攸關生死。對我們而言，比起任何飲食或運動計畫都更重要；鍵結可以保護我們免於猛烈毒素及陷入困境的侵擾。**我們與團體之間建立的鍵結是生存最基本的需求，因為它產生了我們最真實的存在狀態**。

此外，我們也在人際關係中的個人層次上體驗對鍵結的需求。每一天，我們身體的各個部分，都以另一種方式顯現我們對鍵結的需求：自我認同的需求。

本章摘要

法國社會學家涂爾幹對自殺率的研究

- 相較於結婚或有小孩的人，缺乏強烈依附的人——沒有小孩、單身、鰥寡、離婚——自殺率較高。
- 自殺是社會契約斷絕的極端反應，其痛苦來自於「過度個別化」。

關於「所得與自殺相關性」的議題研究

- 所得忌妒：與自殺有關的一個因素，就是拿本身所得去跟周遭其他人比較。你四周的人越富有，你可能就越難過。
- 金錢買不到幸福：即使在財務上集體改善，或生活水準全面提升，似乎也和人們的滿足感無關。
- 我們最深切的需求是對於社群的歸屬感，也就是不計一切代價避免成爲金融棄兒。我們對連結的嚮往如此強大，足以影響我們的身心健康。

流行病學與社群關係研究

- 以美國的日本移民樣本進行比較，發現飲食習慣的轉變對心臟病並無明顯差別，但生活圈子若是維持日本式、凝聚力強的傳統社會，罹患心臟病的比率最低。
- 社會流動（搬出所屬的圈子且不再歸屬）會讓人生病。
- 在美國賓州羅塞托（Roseto）長壽村所進行的一項研究顯示：團結效應對健康有莫大的影響。
- 有害的孤立感，產生的效應相當於每天抽十五根菸或每天酗酒，其毒害健康之嚴重更是肥胖的兩倍。
- 強烈的個人化及自我偏見，對健康極度不利。研究顯示，在日常對話中經常使用「我」這個字眼的人，死於心臟病的風險是以倍數計。

結論：

1 擁護個人至上，實際上是一種以我為尊、充滿劇毒的身心狀態。

2 凝聚力強的團體鍵結對任何危險因子幾乎都有屏障保護作用，這些危險因子包括遷徙、流離、貧困、不良飲食，甚至酒精。

3 生命的根本衝動並非是權力意志，而是連結意志。我們與生俱來的本能總是要和他人連結，從個體原子化走向團體的整體化。

4 參加各種性質不同的團體，會讓人變得更強壯、抵抗疾病的免疫力更強。

第6章　溝通，人類最殷切的需求

情緒會像病毒一樣在人與人之間無意識傳播，正面和負面兩種情緒都具有高度感染性，但是正面情緒會刺激小組合作且在決策時做出更多正面選擇，而負面情緒剛好相反。

一九五四年九月二十三日傍晚，蘇格蘭格拉斯哥警局的警員迪普羅斯（Alex Deeprose）被調去南方公墓處理滋擾事件，這是格拉斯哥一處百年歷史、占地二十一英畝的墓地。迪普羅斯到達後，只發現數百名不到十四歲的少年，他們拿著菜刀和各式各樣削尖的棍棒，充滿意圖地在二十五萬座墳墓之間搜尋。他們告訴警員，他們要追捕的是一名劫持並吃掉兩名當地男孩的吸血鬼。許多人的父母親不僅認可這個護衛隊，還讓他們全員出動。

集體歇斯底里症：你發現吸血鬼了嗎？

沒有人想得起來故事從哪來或是如何開始的，但是不到幾個小時就傳遍了當地三所小學，到下午三點放學時，格拉斯哥鄰近的兩個小地區高伯（Gorbals）及哈奇森敦（Hutchesontown）的學生爭相奔至公墓入口。他們一連數個小時，爬上一座座搖搖欲墜的墓碑上面，記錄下任何邪惡的圖案，背景則是附近煉鋼廠冒出的陣陣黑煙及不時閃耀的紅光。聖文德（St. Bonaventure）小學的校長庫西克（Edward Cusick）當天傍晚，出面向焦慮的家長保證當時格拉斯哥沒有任何兒童失蹤。然而，夜復一夜，護衛隊還是在日落之後繼續他們的搜索。

驚慌的教師、報社編輯和一些蘇格蘭長老教會開始調查這則都市傳奇的源頭，準備將矛頭指向類型電影，但事實上，當地戲院並沒有放映過吸血鬼電影。最後，終於找出眞正的元凶：美國漫畫書。蘇格蘭全國教師聯合會被迫籌辦這類型恐怖作品的展出，以指責它們煽動蘇格蘭少年的想像。過後不久，英國政府就通過了「兒童與青少年（有害出版品）法案」，所有「令人作嘔或具有恐怖性質」的進口雜誌或漫畫書一律列爲禁制品，有一條法律到現在還適用於圖書類，但從未眞正強制執行。

當時八歲的史密斯（Tam Smith）回憶說，那時聚集的小孩大都來自擁擠的高伯區，沒有電視，也沒有錢買這些外來的出版品。①事實上，大多數格拉斯哥的兒童根本就不知道吸血鬼究竟是什麼，警員迪普羅斯提供的描述是身高七尺、滿嘴的大鋼牙，但史密斯說類似這樣的怪物，他只在《聖經．但以理書》裡聽過。

高伯區吸血鬼事件，其實是心理學家所謂的「心因性疾病」或集體歇斯底里的例子之一，集體歇斯底里是希波克拉底（Hippocrates）在公元前四百年所創的名詞，用以描述無法解釋的情緒或行爲感染。第一起記錄在案的例子發生於一五一八年七月的一個大熱天，法國婦女特羅菲（Frau Troffea）走到斯特拉斯堡的一條狹窄街道上開始瘋狂跳舞，持續了六天六夜，到了第七天，有一百人加入她的行列，一個月後，跳舞群眾增加到四百人。驚慌的阿爾薩斯當局誤用以毒攻毒的方法，租用會議大廳，聘請樂師現場演奏，還請來了專業舞者，想盡快讓跳舞的人筋疲力盡以結束這場鬧劇。等到夏天過了，陸續有數十人死於心臟病、中風和衰竭，當局才緊急將倖存者裝進貨車送去療養院。

發生於一六九二年的美國麻州沙林（Salem）巫術審判，也是集體感染的一個著名例子。一開始是九歲的貝蒂和表姊艾碧染上莫名怪病、神智不清，後來很多女孩相繼發病，在醫生束手無策下，謠傳是巫術作祟，最後吊死了十九名遭指控使用巫術的女孩。

類似的例子還有被兩位精神科醫生稱爲「六月蟲」的一起事件：在美國製衣廠的五十九名工人宣稱不斷受到一群昆蟲攻擊，出現發疹、噁心、暈眩和昏倒等非常眞實的症狀。②

最近的一起則是發生在二〇〇六年五月，葡萄牙十四所學校約三百名青少年，相繼抱怨出現出疹、暈眩和呼吸困難等症狀，迫使一些學校關閉。雖然沒有分離出眞正的病毒，但是所有症狀都與那時熱播、深受葡萄牙青少年喜愛的影集《甜草莓》（*Morangos com Acucar*）中的一個角色相同。③**社會性感染，甚至可以從肥皂劇裡爬出來侵擾觀衆。**

連結，人類無法迴避的一種天性

不論事件是什麼，心因性疾病的症狀是相同的：行爲或身體的症狀無法解釋地像病毒一樣人傳人感染。精神科醫生認爲這些事件的肇因無疑是精神心理層面，正式稱爲集體「歇斯底里性精神官能症—轉化症」，而這種現象被認爲是由當時社會的關注焦點所引起。然而，**集體歇斯底里只是社會鏈結的另一種極端版本——尋求一致的一種需求。我們的天性具有與他人結合的衝動，渴求與他人一致，包括身體和精神**。

我們的人際關係代表從自我的原子化，不斷朝向與整體連結的方向移動。我們最根本的渴望之一，是在各個社會關係上彼此認同。不論本性如何任性，我們都會不斷尋求與所接觸到的人達到身體與精神的平衡，甚至複製某人的願望去追捕吸血鬼。這種需求以無意識的衝動表現在身體、心理和感情上，讓我們將自己放在與他人完全相同的狀態中，不論對方是誰。我們內心深處尋求認同的渴望，摒除了一切道德觀點，德國納粹的快速崛起，就是信仰體系與多數人意願的擴散「感染」，爲了順應它，甚至漠視了人類的普遍價值。

人類學家阿特蘭（Scott Atran）在《對敵人說話》（*Talking to the Enemy*）一書中，有力地論證，自殺炸彈客自戕是源自被團體接受的深層需要，而非本身的宗教理由。他們承擔了被團體接納的「承諾成本」，付出的代價依據他們準備執行任務的難度而定。④「人們不會只爲了單一原因就大開殺戒或赴死，」阿特蘭寫道：「他們是爲了彼此而做。」⑤

根據夏威夷大學心理學家哈特菲爾德（Elaine Hatfield）及其同事的研究，當人類互動時會經歷不自覺地模仿和同步，比如我們聽一個人講話，會立即被對方的面部表情和姿態所影響，甚至開始採用他的說話速度、話語長度及抑揚頓挫的頻率。事實上，哈特菲爾德及同事相信：爲了人際關係運作良好，我們也會彼此調整聲音。⑥**在每個社會接觸中，我們變成爲了更大目標的模仿專家：總是在人群中尋找鍵結。**

透過語言與動作，達到同步化

波士頓學院的心理學家康登（William Condon）花了超過三十年的時間耐心地用慢動作觀看錄影帶，一格一格檢查，試著瞭解人類的身體在彼此說話時發生了什麼事情。康登發現我們的每個動作都精確地鎖定我們的說話模式；雙手、手臂、肩膀和頭部全都會呼應說話的節拍，就連眼睛也同步眨動。那些動作可以在瞬間變化，每次發出一個新的子音和母音，而且全然不自覺。「總之，你無法擺脫這種情況。」康登說。⑦

他的錄影帶最驚人的，是所有對話中聽者的反應：聽者的身體會開始隨著說話者的說話模式同步動作，誤差只有微小的延遲千分之四十二秒（相當於每秒二十四格畫面的電影其中一格畫面）。⑧聽者的手指、手臂、眼睛、頭部等動作，全都完美地配合說話者說話時加重語氣、高低起伏和音量：兩個身體一起活動和搖擺，就像是一套動作複雜的編舞。一整句話可能會帶動整條手臂大幅揮動的姿勢，而比較細微的姿勢，如小至一根手指的動作，則用以強調某個字或聲音。

「我們幾乎是以聽覺來互相接觸，」康登說：「當我對你說話，我的想法會轉譯成肌肉動作，然後進入氣道敲擊你的耳朵，而你的耳膜開始和我的聲音達到同步振動。本質上，我們之間不是眞空地帶——聲音只需要千分之幾秒就能記入腦幹，到達左半腦要花千分之十四秒。」

康登將這種衝動歸因於中樞神經系統的聽覺—運動反射，這種反射「允許或甚至是強迫聽者的動作與說話者的語音同步，遠比任何意識反應的時間都要快」。康登表示，甚至我們還可能預知談話內容，在對方開口之前就已接收到了。

聽者獲取說話者身體圖像（body-Map）的能力是與生俱來的；**嬰兒出生後二十分鐘，就能夠擁有成人追蹤說話聲音的能力**。⑨而且不管是哪一種語言都會發生，甚至是外國語言。只有在日後的發展，嬰兒才會慢慢習慣母語的聲音。

康登試著找出這個看不見的連結，他將正在深入交談的兩個人連線到腦電圖儀器，以便監測他們在溝通時的腦波情形。當時使用的儀器類似舊式的測謊器，有一枝筆在紙卷上追蹤記錄腦波活動。康登發現，當這組人彼此說話時，兩台機器的記錄筆會同步移動，就好像追蹤的是同一個大腦。唯一能干擾這個完美二重奏狀態的，是加入第三個人，這個時候，聽者會開始新的節拍，與闖入的第三人達到同步。⑩最後，康登終於發現負責調解這種微同步的構造，是神經系統軸心多重層次的大腦結構。簡單來說，這代表的是一個神經系統推動另一個。⑪

康登多年來用慢動作研究影片後所得到的結論是：**人類不是來回「傳送不連續訊息的獨立個體」，而是一個共享式組織形式的一部分，並透過語言和動作來表達**。⑫美國人類學家霍爾（Edward T. Hall）換一種說法陳述這個事實：「基本上，互動交流中的人是以一種舞蹈方式一起動作……不需要音樂或刻意編排。」⑬

霍爾自己也進行了類似的研究，同樣也發現了團體中的深層同步，並鼓勵他的學生拍攝團體活動以便進一步深入探究。其中一個例子，是參與他專題研究計畫的學生藏身在廢棄的汽車裡頭，拍攝一群在學校操場活動的兒童。一開始每個小孩都各玩各的，其中一位女孩在操場活動的範圍比其他同學要多。回到學校後，他按照指導教授霍爾的指示，將影片以慢動作播放。最後，該學生突然領悟到整個操場的孩童其實都以清楚的節奏同步活動。「最活躍的那個女孩是指揮，整座操場節奏的總指揮！」霍爾寫道。⑭

最讓霍爾感到不可思議的是，這些兒童的活動節奏似乎似曾相識。他找來一位熱愛搖滾樂的朋友，請他找出符合這群兒童動作節奏的曲調。他最後找出一段與兒童動作同步的音樂，而霍爾留意到兒童在長達四分半鐘的整個活動中完美地遵循著音樂的拍子。事實上，當其他人觀看影片時，都認爲在操場上的這些小孩正聽著音樂。「同步動作的無意識暗流將團體繫在一起，」霍爾寫道：「不知不覺地，他們的動作全都跟著自己產生的拍子。……他們甚至還有指揮來維持拍子持續不中斷。」⑮

幾乎所有的行爲，都有複製他人的需求。我們現在知道打哈欠會傳染——甚至是在不同物種之間；靈長類動物學家德瓦爾（Frans de Waal）有次去聽一場演講，當馬、獅子和猴子在現場播放的影片中打哈欠時，全部聽眾很快就和影片裡的動物一起打起哈欠來。⑯而現在證實，連笑聲也會傳染。英國倫敦大學的研究顯示，從笑聲、喝采乃至尖叫作嘔的各種聲音，都會觸發大腦的前運動皮質區反應，讓肌肉準備好回應聲音。不過，悅耳的聲音會在運動皮質區產生比不舒服聲音兩倍大的反應，表示笑聲等正面的聲音，會比負面聲音更具感染力。大腦中複製笑聲的觸發器是自動的：我們發現在聽到笑聲時，很難控制微笑或大笑的衝動。⑰

任何從事於共同活動的物種，幾乎都會趨向同步行動。德瓦爾說，馱馬剛開始可能各走各的，但步調很快就會彼此一致，並且輕易地越過障礙，彷彿牠們已成爲單一的個體一樣。他還提了一隻哈士奇雪橇犬「依莎貝」的故事：牠的眼睛雖然瞎了，但仍能與同伴同步併行，能夠完美地跟上雪橇隊伍。⑱

模仿的目的，是在爲深層的情感連結做好準備。「當人們自動模擬同伴臉部、聲音和姿勢的情緒表情，通常會感覺到同伴眞正情緒的『灰色映像』（pale reflection），」哈特菲爾德說：「透過加入這些細微的瞬間反應，人們可以『感覺』到自己進入他人的情感生活。」⑲而這本身就有極高的感染性。

人類是會走路的「情緒感應體」

住在加州的社會新鮮人辛格．巴薩德（Sigal Barsade）有天早上去上班，注意到辦公室的氣氛一反平常的緊張煩躁，但她無法確切說出有什麼不一樣。沒有新員工、辦公室布置沒有不一樣，管理方式也沒有改變，但那些先前不太認識她的人，現在會從工作中抬起頭來對她微笑；經常整天都全神貫注在電腦螢幕上的職員，抽空在咖啡機附近閒聊。在那充滿喜悅的一整個禮拜，她的工作夥伴們空前地放鬆，氣氛異常友好。

到了下一個星期，公司氣氛又回歸正常：緊繃、暴躁和陰沉。表面似乎都沒變，但整個辦公室顯然已受到全面影響。巴薩德能夠找出的唯一變數，是一位壞脾氣的同事銷假上班了。這位女同事與巴薩德並沒有一起工作，但她的抱怨及壞脾氣卻明顯地感染了全辦公室的人。巴薩德想，或許**人類是會走路的「情緒感應體」，不論碰上什麼人都能傳遞他們的情緒，一個接著一個，成爲無止盡的菊鏈**＊[20]。

這個經驗，讓巴薩德決定到柏克萊加州大學哈斯商學院攻讀組織行爲學博士。她最感興趣的，是員工之間的情緒傳染如何影響關係、決策，甚至獲利。拿到博士學位後，她接受耶魯管理學院副教授的職位，並決定正式檢驗她所謂的情緒「漣波效應」，實驗對象就是她在商學院大學部的學生。

在她的實驗中，隨機分配九十四名學生爲二至四人小組，要求每位參與者扮演薪資委員會的部分經理人，與員工代表談判如何有效地分配有限的總金額作爲員工獎金。被分配到部門主管角色的學生要盡可能幫部門中的人選拿到最高總額，並將特別該拿到獎金的員工排在前頭。所有人都要在指定的時間內取得共識，敲出最後名單。

＊ daisy chain，將許多不同裝置安排成連續的一組，如同菊花的花瓣，也可能是將訊息依鏈結順序一個接一個輸出到各裝置上。

瞞著學生，巴薩德特別訓練了一名學生在每個小組中以不同能量等級扮演不同的情緒。這名叫「瑞克」的學生總是被要求最先開口，以便看看他的情緒是否會影響整個會議的氣氛。

巴薩德錄下的結果令人意外。她發現，就算「瑞克」在每個小組都做出同樣請求，但各個小組的氣氛卻因瑞克的不同情緒而出現差異。集體情緒和瑞克在其中扮演的角色，對談判的氣氛和結果有顯著影響。當瑞克流露出悲觀消極的情緒時，小組不太會彼此合作；反之，當他平靜愉悅時，比較會有效地促成彼此的結合和運作。而且團隊越合作，分得的獎金越高。

這個效應完全是無意識的，沒有任何一位受試者感覺到他們的情緒有被人為操控。巴薩德要受試者填下實驗前後的感覺，所有人都將自己的會議效率歸因於其他因素，從未提到集體情緒。

此外，巴薩德也得出一個饒富興味的意外結論：正面情緒的感染力，與負面情緒相當。這點讓巴薩德特別驚喜，她先前認為負面情緒會更具感染力。當瑞克的情緒帶有不易察覺的樂觀傾向時，比起不易察覺的「低能量」壞情緒更具社會感染性。事實上，當他在「低能量」正面狀態時最具說服力，小組實際撥給他的錢比他要求的更多。而且，瑞克對每個小組集體情緒的特殊影響，還延伸到後續幾個月：他扮演積極角色所面對的那批小組成員，在校園遇到他時會熱切打招呼；而他扮演消極悲觀角色所面對的小組成員，對他不是持續懷著敵意，就是冷漠無話可說。

巴薩德的結論是：**正面和負面兩種情緒都具有高度感染性，但是正面情緒會刺激小組合作且在決策時做出更多正面選擇，而負面情緒剛好相反。**㉑沒有樂觀的集體情緒，人們是差勁的談判人員，而且會做出不好的決定。

巴薩德的實驗震驚了商業界，成爲不斷被引用的研究論文，最後讓她獲得賓州大學華頓商學院的教授一職。在這次出色的實驗中，她設法證明了**情緒會像病毒一樣在人與人之間無意識傳播，並顯著地影響商業談判結果**。倘若企業能利用好情緒的優勢，將能善用人力資源賺更多錢。大型企業這才警覺到，公司重大的決定可能被當天某位與會者的心情所支配。有些公司開始採用這個研究的心得，比如玫琳凱化妝品（Mary Kay Cosmetics）和新衛斯（Neways）等多層次傳銷組織，現在就利用歌曲、「獎勵」晚餐和全國會議來灌輸正面情緒給員工。

巴薩德後來發現，情感傳染是立即性的，即便是碰巧遇上。與另一人分享的簡單行爲是以某種方式產生情緒平衡，巴薩德稱爲人與人之間的「集體情緒知識」*。「不論何時我們與他人互動，我們會不斷前後交換情緒。」巴薩德說，而且這種個體、團體和整個組織之間的情緒交換是「固定不變、不易察覺且連續不斷的」。㉒

我們與他人的連結需求是如此無孔不入、無處不在，而且是即時採納他人的正面或負面的情緒。比如在某個研究中，受試者傾聽由演員交替使用快樂、不快樂或中性的語調念出台詞，然後讓受試者爲自己的情緒評分，每一個案的心情好壞全部與演員念台詞的心情符合。再進一步詢問他們對演員的好惡意見時，傾聽不快樂聲音念稿的人，不喜歡該演員的情緒最強烈。㉓

*情緒知識（emotional knowledge）是指瞭解不同情緒之間的關聯性、解釋複雜的情緒，以及瞭解並預測各種情緒間轉換的能力。

我們不只摹擬他人的情感，這些情感甚至會深入我們的身體。我們會與四周的情感起伏協調一致，因此正面或負面的環境會影響我們的身體及其運作功能。自然殺手細胞（Natural Killer Cells，簡稱 NK Cells）——對抗癌症和許多病毒最前線的免疫系統——會明顯地回應生活中的壓力，特別是源自社會的壓力。㉔我們觀察爭吵或甚至小衝突期間的人，會發現自然殺手細胞的數量和活動力均大幅下降。㉕

社會壓力也會影響下視丘—腦下垂體—腎上腺內分泌軸的功能，這是身體能夠抵抗疾病的主要調節系統。心理學家斯皮格爾（David Spiegel）和同事發現，夫妻失和對身體皮質醇的節律會產生負面影響，後者被認爲是早期癌症死亡率的危險因子。㉖

任何形式的社會接觸，其終點都是建立起你和他人之間的連結。我們會即時且自發地摹擬對方的動作、修辭和情感，以便強化人我之間的鏈結。不管你想不想，我們都會不斷與四周的情感起伏協調一致。因此，這也表示**我們的任何念頭或姿態，可能不完全純粹是自己的，而是來自於與他人之間的連結**。事實上，我們會受到遠距離的感染，甚至包括那些不認識的人。

幸福和肥胖都會傳染

一九四八年，波士頓大學一群科學家在試著找出心血管疾病的常見原因時，偶然想到了一個主意：長期追蹤一群受試者的健康演變——而這個例子，幾乎包括了一整個城鎮的居民。這個研究計畫，以麻州佛明罕（Framingham）三個世代的大部分人口爲對象，以各種可能方式挑選及檢測受試者，以此揭露出健康、生活形態和社會資本等各種層面的關係，研究時間超過七十年。這項研究提供了有關健康及整個地區族群習性的珍貴資訊，在眾多研究人員的長期監測下，從中找出生活形態對健康及心理模式到底有何影響的線索，以及獨處或群居的生活方式又會對健康產生什麼影響。

對哈佛大學社會學與醫學教授古樂朋（Nicholas Christakis），以及加州大學政治學及遺傳醫學教授福勒（James Fowler）兩人來說，佛明罕居民提供了他們研究共同題目的一個絕佳機會：人們如何受到人際網絡的影響。在較早的研究中，福勒觀察投票行爲如何在人群中傳播；而古樂朋則發現人們的健康通常會受到配偶影響，但是他希望知道的是：這個結論是否也可同樣正確地套用在朋友身上。

古樂朋身爲社會學家，研究代表個人的「節點」（nodes）是如何及爲何群聚在一起，以及形成團體後，個人如何受到所屬團體的影響。他將研究的資料製作成一張張代表人際關係的網絡圖，再分析其中的「個體節點」是否能從人際網絡內的人獲得進一步的價值。

在人際網絡分析之中，個體的行爲並不重要；古樂朋要找的是團體關係對個人的效應㉗，目標是放在關係的範圍及性質，而非個人最關注的行爲。

人際網絡圖十分壯觀，這是一張由個體之間的連線交織而成的圖，看起來就像是飛機航線圖。古樂朋在這些圖上尋找同質性：人們傾向選擇跟自己相似的人建立關係。在網絡上也可發現這樣的同質性以小群聚或小團體方式呈現，群體中的成員至少會跟其他人有一個連結。科學家不斷地看到人際網絡物以類聚的一面：相似性孕育出連結。在各種形態或大小的社會連結中（比如結婚對象、挑選的朋友、加入會員等等），我們往往會選擇有相似的人口統計、行爲和個人特徵的人際網絡。最緊密的連結（同時也是最大的劃分）發生在跨種族與跨民族界限上面，然後我們大致根據年齡、宗教、教育、地位和性別等次序來做結合或劃分。㉘

社會學研究的另一觀點稱爲「測地距」（geodesic distance）或分離度，用以表示你和團體中其他人的緊密程度，每一層以一「度」來代表：你和朋友之間的分離度是一度；你和朋友的朋友之間是兩度；你和朋友的朋友的朋友之間是三度。

古樂朋和福勒從第二代的佛明罕居民中挑出五一二四位，他們從一九七三年起成爲研究對象，再加上與這些人有關係的每個人（包括朋友、兄弟姊妹、配偶和孩子）。這時候完成的圖中已經超過了一萬二千人，他們都在某些方面具有密不可分的相互聯繫。

兩位學者要調查的第一項是肥胖。他們要在這些佛明罕居民中，檢視一個人是否會因爲朋友、兄弟姊妹、鄰居或配偶的體重增加而受到影響，而以某種方式讓自己的體重也隨之增加。他們要探討的核心問題：一是胖子是否會找其他胖子做朋友，二是不健康的飲食習性是否也會在朋友圈子傳開來。

古樂朋和福勒找出體重過重超過三十二年的特殊族群。他們發現，肥胖的人更有可能擁有横跨三度（即朋友的朋友的朋友）的肥胖朋友網絡，反之亦然。

這樣的群聚現象似乎不只是因爲選擇性交友——胖子比較容易跟胖子交朋友。**事實上，肥胖是會傳染的，如果你有朋友在某段期間變胖，你會變胖的可能性高達五七%，且最大的影響來自你同性的友人**。此外，朋友間的肥胖傳染甚至強過家庭成員或配偶，如果你的兄弟姊妹變得肥胖，你變胖的可能性是四〇%。如果你的配偶發胖，你跟進的機會只有三七%。

古樂朋和福勒很驚訝這裡面竟然沒有發生地理效應。**肥胖和地緣沒有關係，也就是說，跟胖子住得很近並不會讓你變胖**。事實上，研究人員在鄰居之間確實沒有發現到這種效應。此外，研究人員也不考慮個人的生活形態或行爲轉變的效應，例如戒菸。㉙

古樂朋接著決定將同樣的模式套用在情緒項目上，特別是幸福感。幸福感是一個熱門的研究領域，而且已被世界衛生組織確定是健康的關鍵組成之一。所有的研究資料都顯示，幸福感是由一大群因素共同組成：所得、社經地位、工作狀態、婚姻、健康、基因，甚至我們對現任總統的觀感或我們是否中了樂透。儘管如此，當時還沒有類似的研究去檢驗幸福感是否與社交圈的其他人幸不幸福有關。

古樂朋要探討的核心問題是：先不論一個人的天性是快樂或不快樂，社會背景所造成的生活境況，究竟是否會隨著時間而逐漸影響到幸福程度。如果幸福感也遵循著社會學其他方面的相同路徑，那麼個人應該會受到人際網絡中所在的位置，以及網絡中最靠近他們的那些人總體幸福感的影響。

古樂朋和福勒重新在佛明罕的舊資料上尋找，這回他們要找的是幸福感是否會傳染，以及在人際網絡內是否有幸福「區位」（niche）這種東西。就像肥胖一樣，他們也發現幸福感會延伸到三度的範圍（即朋友的朋友的朋友）。

他們的資料統計分析顯示幸福感是會傳染的，但並非自我選擇的結果；也就是說，幸福的小群聚是由幸福感自然傳播造成，而不光是幸福的人傾向於去找其他幸福的人。**周圍有許多充滿幸福感的人環繞，未來極有可能會變得更幸福。幸福就像肥胖，都具有社交傳染性**。

這兩位學者還得出另一個不尋常的發現：幸福感存在著地理效應，與肥胖不同。住得越靠近，幸福感的感染效應就越強，並隨著距離與分隔增加而逐漸減弱：住在一兩公里外的朋友，他幸福而你會感到幸福的機率是二五％；而如果你的隔壁鄰居很幸福，你提升幸福感的機率是三四％。

此外，朋友對於個人幸福感的重要性，也超過配偶和親屬的影響力。幸福的配偶只會讓你的幸福機會提升八％，而幸福的兄弟姊妹只有一四％。同事的影響力，也沒有好友和鄰居來得多。

古樂朋研究小組的結論是：**幸福感是一種「集體現象」，而且地緣關係占決定性因素**。㉚**你周圍的那些人、你經常直接接觸的人，也就是那些成爲你心靈上鄰居的朋友，是主要決定你能否幸福的人**。

同樣的現象也發生在幸福的反面：孤獨。孤單的人更可能傳播孤獨，而最後讓整個人際網絡解體。古樂朋、福勒和其他研究人員繼續研究其他人類行爲，發現幾乎都會傳染：銀行擠兌、自殺潮，還有集體考試作弊。㉛

幸福感或哀傷會傳染，社會學證據說明了一些值得我們注意的事情。你所有的人際關係，能讓你最幸福或最生氣的人對你的心情影響最大，甚至於掌控你的身體健康狀況。正如我們受到周圍個體的影響，我們同樣也在影響別人。**人際網絡的集體個性會波及到我們、定義我們，最後決定我們是幸福或不幸，還有我們的行為，甚至我們的健康狀況**。

我們的「心像風景」（psychological landscape）是內在和外在條件的複雜混合物。我們內部的狀態可以全部視為是外在條件的結果，而我們的外在狀態則是受到我們和世界之間交互作用的擺布。就是這個往返複製的複雜交融，形成了我們的個性描述。

在此之前，我們都認為情感是全然個人的，但是現在我們已經知道，我們會和所接觸的所有人之間交互作用。我的經驗和你的經驗混雜在一起，難以分辨出哪些是我的，而哪些是你的。**即便是個人情感，也幾乎不可能弄清和確認是自己獨有的**。所謂的「生命」原來只存在於關係中，在無法分辨這一點之前，我們都過著違反生命基本設計的生活。**我們認為無可改變且與眾不同的個性，只不過是一種關係——也就是我們和世界的鏈結**。

本章摘要

1 我們會不斷尋求與所接觸到的人達到身體與精神上平衡。

2 當人類互動時會經歷不自覺地模仿和同步，比如我們聽一個人講話，會立即被對方的面部表情、姿態及聲調所影響，以便透過同步化取得彼此之間更深層的情感連結。

3 情緒就像病毒一樣，會由一個人傳染給另外一個人。

4 我們與他人的連結需求無孔不入、無處不在，而且會即時接收他人的正面或負面情緒。

5 幸福感或哀傷會傳染，社會學證據說明你的人際關係，甚至會掌控你的身體健康狀況。

6 我們的任何想法，可能不完全是自己的，而是來自於與他人之間的連結交融。

第7章 施比受有福，付出讓你更快樂

利他並非社會引起的，而是我們的天性使然，就如同飲食和性愛那樣的必要及愉悅。我們在做好事時會感到愉快，而且做好事似乎源於想要鍵結的本能。

歐利納（Samuel Oliner）的人生中有個揮之不去的陰霾及問號：為什麼整個村子，只有他能從納粹大屠殺中倖存下來？六十年來他一直想知道，為什麼有人願意冒著失去一切的風險（包括一家人的生命），只為了拯救一個還不太相識的人。

一九四二年夏天，那年他十二歲，就像許多猶太人一樣，他的家人被迫離開貝蘭卡（Bielanka）的家，住進波蘭南方小鎮波波瓦（Bobowa）猶太區的窄小房舍。一個八月的清晨，特別行動隊的一排大卡車轟隆隆地駛進廣場中間，納粹手下的德國和烏克蘭武裝士兵蜂擁而出，砰砰敲著每戶人家的門，強行進入。歐利納的繼母哀求他藏身在傾斜的屋頂下方，他透過一個小孔，目睹那種難以言喻的暴行——女嬰像垃圾一樣被隨意地從頂樓窗戶扔出去，另一名嬰兒的哭聲則被剛強暴他母親的士兵開槍而沒了聲息……納粹份子驅趕著所有的倖存者進入卡車，包括歐利納的家人，呼喊和尖叫聲頓時化為恐怖的寂靜。

在特別行動隊離開後，歐利納光著腳跑到鄉下。他露宿街頭並設法躲開同鄉，他們會向蓋世太保通報四散的猶太人以獲得獎賞。幾天後在一次偶然的機會中，他終於聽到家人的下落：他們和其他一千個猶太人被帶到加巴茲（Garbacz）森林，剝去衣服站在木條上，由士兵架著機槍依序掃射，讓他們掉進底下挖好的巨大萬人坑。殺這麼多人一共花了十八個小時，有些傷者被困在屍體下方而活活悶死。

歐利納設法潛逃到另一個村子布列斯崔（Bystra），他敲著皮楚奇（Piecuch）家的大門，這是一戶他不太認識的基督教家庭。皮楚奇夫人巴威娜，小時候曾與歐利納的父親上同一所學校。她聽說了加巴茲的大屠殺，打開門看見歐利納，馬上就抱緊他並領他進門。

往後三年，巴威娜爲了確保歐利納的安全，給了他一個新名字，教他基督徒的舉止，在波蘭農夫處工作以保障他的安全，在他快絕望時不斷給予關愛與安慰。歐利納活了下來並移民美國，他在美國結婚並成爲著名的社會學家。

這些年來，有個疑問在他心中像火一樣燒著：**巴威娜爲什麼要這麼做**？她義無反顧地決定幫他，不管會置她的家庭於什麼樣的險地：四周有無數虎視眈眈的告密者，等著隨時舉報獲得重賞。究竟是什麼讓她賭上一切（包括他們夫婦和兩個孩子的命），去幫助一個非親非故的人。①

問題在他心中燜燒得既久又烈，最後他不得不去詢問做過這類英雄事蹟的人。歐利納一輩子都在研究平凡人的不凡舉動，比如衝進火場或躍入冰水中拯救生命的那些人。**他們爲什麼要這麼做**？是什麼促使他們爲了另一個人冒生命危險，甚至是陌生人？巴威娜的行爲與她的鄰居們是截然不同的對比；事實上，這些人的行爲完全違背了他的所學：**對於人性本質的所有理論，一般都認爲自私才是人類一切行爲的核心。**

利他的行為違反了人類的自私天性？

我們所聽到的每個故事都在告訴我們，在沒有宗教或社會契約的教化影響之下，如果全憑天性自行其是，人類會是一種冷血且極端自我保護的動物。「我們要試著去教導人們慷慨和利他，」演化生物學大師道金斯（Richard Dawkins）說：「因爲我們天生自私。」②

從這個觀點來看，像巴威娜的行爲更接近於行爲不當或判斷錯誤。畢竟利他行爲在邏輯上是說不通的，關心他人利益的無私行爲、不顧個人的嚴重後果，甚至危及自身的生存機率，無異是刻意的自我毀滅。在零和賽局中，這就是故意抽到一支爛籤。

羅格斯大學的演化生物學家特里弗斯（Robert Trivers）認爲，利他行爲代表的是神經出亂子了——大腦對事物反應不良。「我們的大腦在未及反應下的一種功能失常。」他說。③

利他的實例，擾亂了適者生存的經典理念。因此，科學家試著要將利他現象硬塞進目前的生物理論之中，而將動物或人類的無私簡化成遺傳上的必要性：自我犧牲行爲僅是因爲基因偏好。許多現代生物學家將利他簡化成方程式，依據生物體後代的數目來測量成本或效益，也就是所謂的「生殖適度」（reproductive fitness）。利他會增加其他生物的生殖適度，最後利他者所付出的代價是後代或基因。

競爭或互助，哪個才是進化的動力？

古怪的美國科學家普萊斯（George Price）則著迷於探討善心的起源，因爲它與當時理解的演化論並不相符。爲了尋找善心的起源，普萊斯不近人情地拋妻棄子，在一九六〇年代搬到倫敦去找演化生物學家漢米爾頓（W. D. Hamilton）。他們聯手將利他公式化成數學方程式，利用經濟理論找出利他行爲協助演化的方式。

他們的親緣選擇理論（或稱「概括繁衍論」，將利他行爲解釋成維續家族世系長存的方法。動物把自己當成增加自身存活及未來繁殖機會的助力，或用來確保家族生存。④比如鳥類餵食非親生的親族幼鳥，是因爲該行爲能夠增加未來世代相同基因的數量。⑤

群體選擇或群體適應，是親緣選擇理論的另一個變化版，也就是以群體（而非個體）爲單位的自然選擇（天擇）之總稱。該理論認爲個體行爲是代表群體基因庫的運作，是爲了追求自身在總基因庫中數量最大化而進化出來的行爲。道金斯甚至提出「成本效益」方程式，用來計算動物展現利他行爲對遺傳優勢的貢獻；他認爲個體之所以會有利他行爲，在於這種行爲能增加同類基因傳遞給下一代的機會。

這種自私基因理論認爲，包括人類在內的動物不過是基因生存需要而形塑出來的「生存機器」。而且正是這種不惜一切代價散播的基本衝動，最終形成人類自我中心的特徵。「這種基因的自私，」道金斯斷言：「通常會引起自私的個人行爲。」⑥

自私基因理論，以及所有試著從生存觀點合理化利他行爲的理論，都有一個共同的難題：出現不符規則的大量例外。先後已有各種不同的研究，提供無數的案例，說明動物也能夠做出全然無私的「善行義舉」：對自己物種的成員、其他物種成員，甚至是對人類，表現出極度的自我犧牲、憐憫心、無畏和慷慨，而且通常是在對自己不利的情況下。與達爾文同時的俄羅斯科學家們，駁斥達爾文學說物種內競爭的觀點，並視之爲英國偏好個人主義的一個特性。俄國生物學家克魯泡特金（Petr Alekseevich Kropotkin）等人構思出另一個進化理論：互助理論，主張主要的生存競爭是生命體對抗外在環境的敵對要素，比如嚴酷的氣候，而動物在那樣的環境下會彼此合作以度過天擇。克魯泡特金在《互助論》一書中主張：自然選擇偏好合作而非競爭。⑦

合作（甚至包括自我犧牲在內）似乎才是所有生物的本能，而不是自私和單純的生存。所有動物進行大量的物種內互助行爲，其唯一的理由是幫助不幸及維持社會的凝聚力。

此外，動物也經常會和無親緣關係的物種成員互惠合作，比如獾和土狼常成對狩獵。⑧同一團體的動物形成夥伴系統，其中成功的獵手會幫助運氣差的獵手。動物學家發現，在牛隻上飽食一番的吸血蝙蝠會反芻血液餵給團體中其他蝙蝠。⑨還有很多種動物採用警報及食物情報系統，就算這樣會置牠們於險地；例如長尾猴會利用驚叫聲來警告其他猴子即將到來的攻擊，即使發出警報會增加自己受到傷害的機會。⑩

還有一些最極端的利他案例：領養無親緣的動物⑪，甚至還有動物領養另一物種的情形。⑫

食物是動物維持生命的最基本需求，而動物會分享食物或確保團體中的弱勢個體能獲得餵食，都已是屢見不鮮的現象，而這種分食行爲意味著會減少或放棄自己的食物。⑬

在道金斯眼中，利他行爲絕對不可能在彼此沒有親密血緣的動物中發生，因爲這違背了生存法則。然而，最近德國—美國合作的一項野外研究計畫，在烏干達基巴萊國家公園（Kibale National Park）研究黑猩猩社會關係的靈長類學家，卻觀察到不一樣的現象：黑猩猩會在親人身上花較多時間，但是也會與那些缺乏任何親緣關係的猩猩高度合作。生物學家朗格雷伯（Kevin Langergraber）和同事的結論是：交往親密及合作友好的雄猩猩之間，大都沒有親緣關係。基因，在這裡不起任何作用。⑭

即便是實驗室裡的動物，也同樣展現出利他行爲。將彼此不相識的兩隻老鼠放在同一個籠子裡，其中一隻用帶子懸吊在半空中。被吊著的老鼠尖叫求救，另一隻老鼠很快就顯現出憂慮跡象，似乎想幫忙；而牠很快就找到方法：推動橫槓就能將吊著的老鼠垂降到籠子底部。雖然同伴老鼠非親非故，而且幫助另一隻老鼠也沒有任何生存優勢，但牠在減輕另一隻老鼠的痛苦之前卻不會停下來。⑮類似的猴子研究，則證明若能讓其他猴子免受電擊之苦，猴子會選擇讓自己連續挨餓幾天⑯；實驗對象換成老鼠也一樣，**如果電擊同伴才能換來一餐，老鼠也會選擇挨餓**。⑰

助人為樂，是我們的天性

不求回報的付出，是我們建立彼此鍵結的一種天生本能。我們最根本的欲望不是支配，而是幫助另一個人，甚至是以自己爲代價。付出——以同理心、同情心無私地幫助他人的欲望——不是超出常規的例外，而是我們自然的存在狀態。我們連結彼此的衝動，發展出幫助他人的一種自發性的渴望，甚至不惜個人代價。**利他是我們的天性，再自然不過了；而自私則是一種文化制約及病徵**。

二〇〇六年，德國普朗克演化人類學研究所的瓦內肯（Felix Warneken）和同事，決定測試付出、施予的需求是否是人類和黑猩猩與生俱來的，他們分別以尚未學習社會行爲或團體互動的小黑猩猩和十八個月大的幼兒做爲實驗對象。研究在烏干達的猿類保護區進行，此處的黑猩猩白天野放在外面的草地上活動，晚上則待在圍欄裡頭。瓦內肯讓一位黑猩猩和幼兒都不認識的研究人員，在圍欄裡手臂所及之處放置一根木棒或筆。這位研究人員偶爾會伸長手臂越過柵欄試著抓木棒或筆，其他時候就只是一旁看著。在他抓不到木棒或筆時如果有黑猩猩或幼兒幫忙，他就給對方獎賞：黑猩猩是香蕉，幼兒是玩具。

瓦內肯的觀察結果是，如果幼兒和黑猩猩能夠回應陌生人的目標（拿筆或木棒），他們就更可能在他伸手時幫他拿到東西，如果研究人員只是在一旁看著，他們就不會幫忙。另一方面，如果他們重視的是自己能夠從中得到好處，就更可能會在確定能得到獎賞時才會伸手幫忙。

根據自私基因理論，幼兒或黑猩猩只會在有獎賞時才會出手協助。然而，實驗結果證明此理論有誤。十八隻黑猩猩中的十二隻、十八個幼兒中的十六個，都會在陌生人搆不到木棒或筆時自動幫忙——不管他們是否能得到獎賞。事實上，採取獎勵做法，似乎與提升幫忙意願的比率沒有關係。黑猩猩和人類幼兒，都會自動自發地設法幫忙。⑱

瓦內肯和同事接著增加難度，把木棒放在更偏僻的角落：要拿到木棒，黑猩猩必須沿著高處的「跑道」跑動，而幼兒要翻越障礙物。然而，就算造成不便或更費力，兩個受試群體都表現出無私的協助意願。當然，或許這兩組對象只是想取悅更具支配地位的個體（成人），因此這些德國科學家決定檢驗黑猩猩是否會為了別的黑猩猩做事。

首先，他們除去了獲得獎賞的可能性，將食物放在一個用鏈子鎖門的房間裡面。受試的黑猩猩可以透過欄杆看到食物，也可以看到另一隻陌生的黑猩猩嘗試開門取食而徒勞無功。另一隻猩猩拿到食物的唯一方式就是去除鎖鏈，不過只有受試的黑猩猩才能做到這一點。

結果顯示，高達八九％的受試黑猩猩會幫陌生的黑猩猩拿掉鎖鏈，讓牠們順利得到食物，即使自己無法分一杯羹。⑲這個結果顯然更出人意料，因為一般認為黑猩猩是好鬥且專橫的。

自發性協助他人的衝動，似乎與我們保護幼小的內部程式有關。普林斯頓大學的心理學家格林（Joshua Green）和柯恩（Jonathan Cohen）的研究顯示，當我們在大腦中想像有人受到傷害的過程時，腦中發亮部位的神經元網絡與關愛有關，而且與母親看著自己的孩子照片時所發射的神經元一模一樣。⑳**用來照顧孩童的大腦迴路，同樣也用於回應他人的痛苦**。關心他人（甚至是陌生人）是自發性的，也是生物學的根本。

事實上，助人的渴望對我們而言是極其必要的，感覺就像是最重要的娛樂活動。美國國立衛生研究院以及里約熱內盧的私人醫學研究機構 LABS-D'Or 所屬的神經學小組發現，收到大筆獎金及付出大筆慈善捐款，兩者所活化的都是同樣的大腦部位：中腦邊緣報償傳送路徑，這是由飲食和性愛活化的原始系統。施與受都令人愉悅，但還有另一個與鍵結及社會依附有關的大腦區域：亞屬皮質，在慈善捐獻時也會跟著活化。㉑這意味著，利他行爲天生就在我們尋求連結的需求之中。

證據顯示，利他行爲並非是後天教化，而是我們與生俱來的天性，就像飲食及性一樣的必要及令人愉悅。

埃默瑞大學（Emory University）的人類學教授里林（James Rilling）和行爲學教授伯恩斯（Gregory Berns）觀察利他行爲所引發的大腦活動，他們使用功能性磁振造影掃描器來記錄參與「囚徒困境」賽局的一群女性的大腦活動。

囚徒困境是經典的心理賽局，用來評估兩人之間的合作程度。在最典型的版本中，告知兩名受試者假裝因搶劫銀行而被捕，接受警方隔離偵訊。由於警察沒有足夠的證據定罪，於是設定以下的報酬結構：⑴兩人都保持沉默，只會被控持有槍枝，監禁六個月後就能釋放；⑵雙方均誠實招供，各坐牢五年；⑶一方招供，另一方不招，招供者得立即釋放，而另一方則加重罪刑爲十年以下的刑期。

在這樣的賽局中，明知選項⑴兩者合作（不招供）是最好的結果，但在資訊不明又缺乏信任的情況下，兩人要保持合作很困難。在不管另一名囚徒怎麼做的情況下，選項3對個人處境都比較好。不管夥伴做何選擇，整體來看這是最好的回應。

在重複版本的囚徒困境中，由相同玩家連續進行賽局。這樣才能眞正測試合作和利他行爲，因爲兩位囚徒更可能因合作而受益，而不是追求一己私利。

埃默瑞大學版本的賽局，要求兩名玩家各自選擇合作或背叛，每位囚徒會根據這個回合雙方的選擇得到一筆錢。同樣的，最安全的選項，其報酬也最大，也就是選擇自私和背叛的選項，而不去管你的夥伴怎麼做。

里林和伯恩斯驚訝地發現，最常見的結果是兩位玩家都選擇選項(1)（保持沉默，彼此合作），即便背叛是最安全的選項。

此外，當這兩人彼此合作時，這一行爲會刺激兩人腦部的尾狀核和前扣帶皮質，這也是人們收到獎勵或經歷愉悅感覺時會活化的同一區域。[22]由此可見，與他人合作就是一種獎勵。里林與伯恩斯也檢視受試者與電腦進行賽局時的大腦活動情形，但沒有發現上述的大腦部位有任何活化現象。

「我們的研究率先發現，對人類大腦來說，合作關係在本質上就是一種獎勵，即使要面對彼此對立的壓力，」伯恩斯說。「這表示合作的利他驅動力是深植於生物體內的。」[23]

里林則認爲我們內建的獎勵系統，強化了助人的正面選擇——我們付出越多，感覺越良好——轉而激勵我們幫助更多人。這種大腦內的反應——付出的美好感覺——代表的是「社會鍵結的源頭，」埃默瑞大學精神醫學副教授基爾茨（Clint Kilts）說。[24]自發性的付出，開啓了我們尋求連結的過程。**到頭來，無私反而是最自私的選項，因爲付出的感覺是如此美好**。

我們身體的其他部位也會在我們發揮善行及充滿同情心時感覺良好，柏克萊加州大學心理學教授凱爾特納（Dacher Keltner）發現，我們行善時，心跳會變慢、自律神經系統放鬆，還會分泌更多的催產素，這是母親在分娩和哺育母乳後釋放的「愛情激素」。凱爾特納在實驗中發現，我們透過觸摸及表情等最基本的溝通方法來理解同情的語言，再次說明同情和利他都是演化的基礎。㉕因爲已有許多證據顯示，助人不僅感覺良好，還可促進健康，甚至延年益壽㉖；或許還是安適生活不可或缺的組成要素。

回應壓力的方式，決定你的人生是否美好

一九三〇年代後期，哈佛大學保健系醫生博克（Arlie Bock）想到了一個以哈佛大學學生爲觀察對象的長期計畫，以找出到底哪一種特質最可能維持長久的幸福。㉗在百貨業鉅子格蘭特（W. T. Grant）的支持下，博克和來自醫學、人類學、心理學、精神病學、生理學等各大學科的同事一起選出了二六八名哈佛大學的菁英份子，分別建立個人檔案，持續追蹤了七十多年，要看這群聰明人如何過完這一生。在這段期間，他們以各種可能的方式打探、測量並比較這群菁英份子，從「唇縫」長度至陰囊大小的身體部位，並煞費苦心地記錄各種生理變化。精神醫師給這些年輕人一堆當時常見的心理測驗，而社工人員則長時間訪視這些男性的親屬，揭露最私密的行爲細節，比如他們幾歲時才不再尿床。

一九六七年，精神病學家韋蘭特（George Vaillant）接手研究，照看著這群多數已功成名就的研究對象，其中包括了前總統甘迺迪、一名閣員、一名報社編輯、一名暢銷書作家，以及四位國會議員。但事實上，成功背後有不少令人唏嘘的故事，到了五十歲左右，多達三分之一（一〇八位）的成員出現了臨床心理疾病，還有相當大比例的成員酗酒嚴重。

那些被公認最得天獨厚的人卻過著徹底失敗、甚至毫無意義的日子。其中有位被選中的年輕人，父親是富有的醫生、母親是藝術家。研究人員在計畫開始時寫道：「這位受試者展現出卓越的個人特質：堅毅、聰慧、良好的判斷力、健康、高尚的理想。」但到了三十一歲，這個人開始敵視父母親，最後敵視整個世界，然後突然從人間蒸發，韋蘭特和同事找到他時，發現他過著遊民般的生活，和有精神病的女友約會，狂抽大麻，吹噓著往日時光，最後英年早逝。

另一名年輕人當初被認爲是所有成員中「最有活力」的，但他卻到處打零工，離了好幾次婚，最後出櫃變成同志，然後變成酒鬼，在六十四歲時因爲酒醉摔下樓梯致死。

博克對這些菁英份子後來的淒涼景況感到十分驚訝。「我當初挑選他們時，他們都很正常，」一九六〇年代當韋蘭特找上門時，他說。「這一定是當時的精神科醫生弄錯了。」

關於人生的可靠預測，全都不符合這次的抽樣調查。韋蘭特另外還有一項研究，稱爲格魯克世代（Glueck cohort），追蹤時間同樣也是七十年。這項研究是哈佛世代的相反版本：觀察對象是一群居住在波士頓內城的男孩，他們的父母生活窮困且大都在國外出生。

韋蘭特非常謹慎以免以偏概全，但他還是注意到貧富兩群人有著共同的基調：有錢或出身良好，並不保證能夠有個快樂美好的人生。好運氣不能保證帶來快樂，特定的人格類型不能保證快樂。**快樂與否的最重要因素，似乎不是你人生中面對的困難有多少，而是你回應困難的態度**。

身爲精神病學家，韋蘭特對「適應能力」或防衛機制特別有興趣：人在不知不覺中回應壓力的方式，不論壓力是來自身體的疼痛、各種形式的衝突，或甚至不明來源。隨著時間流逝，他的研究對象中最成功的人發展出成熟的適應能力，例如能以幽默或建設性方式排解衝突。然而那些最長壽的人，讓他們能夠獲得長壽及快樂生活的首要適應特質，卻是利他。

比如一名有憂鬱症傾向、涉世未深的年輕人，中年後成了精神病學家。因爲他有一次發病時受到醫護人員的親切對待。這樣無私的小小行爲幫他開啓了人生的光明道路，讓他擁有一個可以幫助別人的成功人生。

面對危難，你選擇伸出援手，還是袖手旁觀？

二〇〇五年八月二日星期二，法國航空空中巴士客機在暴雨中試圖降落在多倫多皮爾遜國際機場（Pearson International Airport），最後飛機衝出跑道。一開始，加拿大總督收到的是三〇九名乘客多數罹難的通知，但等到雨勢平息、情勢逐漸明朗後，才發現所有乘客都活了下來，只有四十人受傷。

飛機墜毀在安大略省的四〇一號高速公路附近，上百位行經的駕駛把車子停靠在路邊，衝進飛機搶救生還者。儘管八個緊急逃生口中有兩個無法使用，但這些素昧平生的人一起攜手合作，在飛機爆炸起火前的幾分鐘之內，就將所有人安全救出。

法國航空的這個例子，打破了一九六四年以來對於旁觀者效應（bystander effect）的成見。當年二十八歲的吉諾維斯（Kitty Genovese）在持續一小時的殘忍攻擊中多次遭到刺傷，而她在皇后區的三十八位鄰居不是目睹攻擊，就是聽見了她的尖叫聲，但據報導沒有一個人伸出援手。㉘吉諾維斯謀殺案引起媒體的大肆報導，還引發了一個社會心理學術語「旁觀者效應」：有人陷入困境的緊急情況下，旁人伸手援助的機率與旁觀者人數成反比；也就是說，旁觀者數量越多，他們當中任何一人進行援助的可能性就越低。「責任分散」使他們不容易伸出援手，因爲每個人都在等著其他人先自告奮勇先出面。事後目擊者甚至還會傾向於嘲弄受害人，以減輕沒有伸出援手的罪惡感。㉙

在法國航空墜機後緊接著發生的事情，挑戰了旁觀者效應的假設。數以百計素昧平生的人放下他們的事情，冒著生命危險衝進飛機幫助一群日後不會再見面的陌生人。許多人甚至還開車載著乘客到機場，不擔心其中可能有人是造成飛機失事的恐怖份子。

這種幫助陌生人的先天渴望，後來由一群哥倫比亞大學的研究生加以檢驗。他們利用兩個多月的時間，由四組學生在紐約市五十九街站搭乘第八大道A線列車，從上午十一點到下午三點之間來回哈林和布朗克斯區之間。刻意選擇這條路線，是因爲在五十九街和一二五街之間沒有停靠站，這意味著在這幾個小時內，搭乘此列車的四千多名男女乘客有近七分半鐘的時間，無從選擇地成為緊急狀況的目擊觀眾。

每一組都有四名學生：一名扮演「落難者」，一名扮演「樣板」角色，後者會在沒人出手協助時出面幫助落難者；另外兩位學生則不動聲色地一旁記錄資料。落難者有兩種裝扮：一種是手拿拐杖的殘障人士，另一種是手拿裝著酒瓶的紙袋、渾身酒氣的醉漢。上車一分鐘後，落難者會搖搖晃晃地往前倒在地板上；而樣板角色則在救援預定時間過後，沒人援助時再挺身協助。

實驗證明，在大多數情況下，樣板角色都無用武之地：兩種類型的落難者都會得到立即和進一步的協助。手拿拐杖的殘障人士獲得幫助的機會高達九五％；而就算有些人因為對方是醉漢而稍有遲疑，但他仍有五〇％的機會得到幫助。至於落難者的膚色似乎並不重要：落難的黑人和白人得到幫助的比率是一樣的。車廂乘客的人數，似乎也和挺身而出的意願無關；在將近三分之二的試驗中，同時有兩三名甚至更多的好心人士衝上來幫忙。

這項實驗結果，挑戰了吉諾維斯症候群的論證，因此有人質疑這起凶殺案只是惡質報導的一個例子。「事實上，人們有相當高的機率會伸出援手。」哥倫比亞大學的論文作者說。㉛就算是在無情都市的代表——擁擠的紐約地鐵裡，多數人還是不吝幫助他人擺脫困境，不論對方是哪個種族。地鐵的好心人研究，以及法國航空事故等真實案例都表明了一個事實：看到有人身處困境時，大多數的人都會本能地挺身而出給予協助。

因為，我們許多人的鍵結渴望是如此強烈，強烈到讓我們不假思索地進入正在燃燒的飛機裡救人。

走出小我，找到人我之間的鍵結

心理及社會學家歐利納繼續研究這一類人，以便弄清楚「旁觀者」和利他的「行動者」之間有些什麼分別。他訪談一〇七四名各種類型的英雄人物，其中包括窩藏猶太人的基督徒、九一一事件時衝上雙子星樓梯的消防隊員、卡內基英雄獎得主及其他的道德典範，試圖找出利他性格最重要的特質。他發現，儘管人類天生慷慨且無私，但這些特質的顯現仍與我們如何被教養看待這個世界有很大的關聯性。當我們認爲自己有人性且將世界看成是一連串有意義的互動時，我們的天性會被強化。[32]此外，在關係緊密的社群內，利他似乎是慈愛及良好教養的自然延伸。那些具有鍵結感的人，會不吝對自己人表達這種連結。

歐利納的研究，提供我們一些重要的發現。我們的文化及教養若不是剝奪了我們與生俱來的權利，就是加以培養。**能夠設身處地爲他人著想的孩童**，其**「利他觀點」也會跟著一起成長**。這種社會契約的強烈感，會鼓勵他們成爲團體中的一員並遵循嚴格的社會規範，去履行共同義務，以及保持良好的聲譽、守護友誼，並且避免招惹社會的非難。他們學習如何在社群中各安其職、恪守本分，就算在家裡也一樣。

在利他者的眼中，社會是包容一切、超越種族和宗教等巨大差異的一個大團體。不論是二次大戰期間協助猶太人的基督徒，或是在九一一事件衝進雙子星大樓的消防隊員，歐利納研究中的援救者通常會談到他們對全人類的道德義務：所有人類都是不可分割的鍵結中的一環。他們懂得助人不該期望回報的道理，對於他人的痛苦能感同身受，他們會在不同宗教、種族、經濟等級或性別的人身上尋找共同點[33]，他們的朋友來自各個階層。

利他主義者超越了人與人之間的異同，找到通往共同鍵結的道路。

女作家布羅茲（Svetlana Broz）在一九九〇年代南斯拉夫戰爭期間蒐集了九十位倖存者的第一手陳述，她發現了以下類似的特質：他們都提到了陌生人成爲挺身對抗殘害無辜者罪行的「行動者」。她寫道，這些人都是「善良、富同情心、具有人道精神及公民勇氣的典範，存在於這個邪惡的時代。」[34]

哈佛大學的研究人員布萊頓（Nancy Briton）和利寧（Jennifer Leaning）在世界衝突最頻繁的地方進行了數千個小時的訪談，包括波士尼亞、阿富汗和柬埔寨。她們發現勇敢的行動者具有四個與眾不同的主要美德，其中最重要的一點是：他們可以感受到與不同人之間的共通點。他們會盡量找出與他人之間的「相似點」，無論有多麼細微。這些行動者將「己所不欲，勿施於人」當成金科玉律放在心上，以自己希望被對待的方式來對待敵人。[35]

歐利納等人發現，利他主義者大都出身自最健全、最具凝聚力的家庭；而旁觀者及故意傷害他人者，在某個程度上是強化社會原子化的反推動力：自私、偏見、種族歧視和不誠實。在多數情況下，他們缺少親密的家庭生活，可能自小就受到忽視、缺少關愛或受到某些方式的虐待。**自私是過度個人化的病態表現，或至少是缺陷教養的結果**。

良好的教養可能會強化我們的利他天性，但爲何做好事會讓我們感覺美好呢？我們的動機眞的是無私的嗎？或者這一切的核心，其實只是自私自利呢？

多數生物學家認爲，利他行爲歸根究柢通常是爲了自私的目標。「社會交換理論」主張人類的所有行爲，心裡一定會有預期來自他人或環境的回報，無私的行爲只會出現在如此做的好處超過風險時。就像英國哲學家霍布斯（Thomas Hobbes）所說，任何人出現無私行爲，純粹只是「讓心從同情的痛苦中解脫出來」。根據這個想法，我們做好事，基本上是因爲內疚或是害怕朋友的報復。演化生物學家基哲林（Michael Ghiselin）更冷酷地表示：「抓破利他主義者，看著僞君子流血。」㊱

前堪薩斯大學社會學教授巴特森（Daniel Batson）擁有神學和心理學雙博士學位，曾主持數個實驗，企圖找出無私對待他人的原因，究竟是純粹爲了協助夥伴？還是爲了讓自己感覺良好？或是想要讓別人對自己有好印象？巴特森嚴格控制實驗條件，以便能分辨出眞正的善行，而非爲了贏得認可、提升自我形象或避免自責等其他原因。在一些研究中，他要求受試者不要去幫助他人，以便瞭解他們眞正的動機。

巴特森得出「同理心—利他主義」的善行動機，在大約二十五個研究中，他指出內疚、悲傷或羞愧等社會關注不會觸發利他行爲。㊲反之，這也證明了他所謂的「同理心—利他主義」的假設：只要能設身處地爲他人著想，就會伸出援手。

在其中一項研究中，巴特森和同事利用功能性磁共振造影技術，研究人們觀看病人進行痛苦醫療影片時的大腦活動。當觀者將自己投射到情境中，並想像自己親身經歷這些醫療程序時，痛苦程度會增強，那些與疼痛相關的大腦區域則被活化。而當他們能夠專注於感覺病人的內在狀態及可能的感覺時，痛苦程度則會下降且提高對病人的同情。[38]

巴特森在另一次實驗也得到類似的結果，他要求受試者傾聽剛失去雙親的年輕大學生「凱蒂」講述個人面臨的困境，並從三種觀點選擇其一。當受試者想像自己正陷於該處境時會增加個人壓力，並阻礙了幫助他人的能力。而最具同理心的人則能夠走出自己的情緒，轉而專注在凱蒂可能的感覺上。

巴特森的研究工作，顯示出利他衝動的一些重要本質。**易地而處的想像，不會讓我們伸出援手**；相反的，眞正理解另一個人的感受時，我們就會按照本能的憐憫行動，超越自己的感覺，採用他人的觀點。[39]**當我們眞正感受到另一個人的痛苦，而不是單純地想像自己在相同情況下的痛苦時，就能促使我們採取利他行爲**。巴特森的研究，說明利他行爲需要完全擺脫自己，並進入別人的心境。

巴特森經由實驗結果發現，「同理心」可能是刺激「利他」行動的泉源。前亞利桑那大學心理學家及《影響力》（*Influence: The Psychology of Persuasion*）一書的作者齊歐迪尼（Robert Cialdini）提出一個更全面性的解釋：當我們幫助別人的時候，我們會喪失個人主體意識，暫時進入一個合一的空間。[40]當你走出小我和個人主體意識，並進入其中的空間時，利他心態自然就會順勢產生了。

● 本章摘要 ●

1 許多演化生物學家都強調生存競爭在演化過程的重要性，為了能夠生存下去，所有物種的天性都是自私的。

2 親緣選擇理論：儘管基因天性是自私的，但是由於近親體內有不少共同的基因，因此個體之所以會出現利他行為，在於這種行為能增加同類基因傳遞給下一代的機會。

3 俄國生物學家克魯泡特金的互助演化理論：推翻自私進化理論，主張自然選擇偏好合作而非競爭。克魯泡特金認為自然界當中存在著異種之間的競爭，但也普遍存在著同種之間的互助關係；生命體要一起對抗外在環境的敵對要素，才能度過天擇。

4 利他行為不僅會用在同種動物身上，也會用在異種動物身上。

5 不求回報的付出，是我們建立彼此鍵結的一種天生本能。我們最根本的欲望不是支配，而是幫助他人。

6 利他行為並非是後天教化，而是我們與生俱來的天性，就像飲食及性一樣的必要及令人愉悅。

7 樂善好施的人會活得更快樂，更健康長壽。

8 能夠真正體察他人感受的「同理心」，是啟動利他行為的動機。

第8章　互惠，人類生存的最佳策略

在我們彼此的鍵結之內，存在著強烈的公平競爭感，這種「強勢互惠」讓我們願意犧牲個人的資源來獲取平等的合作關係，並且懲罰那些破壞合作的不公平行為。

在電影《美麗境界》中，羅素克洛（Russell Crowe）飾演物理學家納許（John Nash），大約在一九四八年，他和幾位研究生同學坐在普林斯頓的一家酒吧，背景是自動點唱機震耳欲聾的搖擺樂。

「我不是請各位先生來喝啤酒的，」心事重重的納許說，在一疊散落的紙上塗鴉。

「哦，我們不是爲了啤酒來這裡的。」他朋友回道。一位迷人的金髮女郎和她的褐髮友人走了進來。五位年輕人馬上被她吸引，但是問題來了：他們哪個有幸能贏得金髮女郎的芳心？納許的朋友援引經濟學家亞當．史密斯的話：「在競爭中，個人野心爲共同利益服務。」從這個角度來看，有人指出，最佳的策略基本上是「人各爲己」。

「亞當．史密斯需要修正，」納許抬頭說道：「如果我們全都去追求金髮女郎並彼此妨礙，沒有哪個人能把她追到手。然後如果我們再去追求她的朋友，將會遭到冷漠對待，因爲沒人想當第二志願。但要是沒人去追求金髮女郎呢？我們就不會互相妨礙，也不會冒犯其他的女孩。這是致勝的唯一方法，這是我們所有人都能把到妹的唯一方法。」

「亞當．史密斯說，最好的結果是團體裡的每個人都竭盡全力爲自己。不盡然，不盡然！」納許說：「最好的結果是團體裡的每個人都竭盡全力爲自己……還有團體。」

納許起身衝出酒吧，差點就撞倒那名金髮女郎，他簡短地說了幾句話感謝她提供靈感，然後就回到自己的房間，潦草地記下他的原創成名理論，最後還因此獲得了諾貝爾獎。

生物學裡的賽局理論

這一幕的用意在描述二十世紀經濟學重要的一刻，不過爲了戲劇效果，《美麗境界》簡化了「納許均衡」的成因。

納許均衡（Nash Equilibrium）說明賽局理論（博弈論）的基本原理，以數學家納許命名。賽局理論是數學的一個分支，用以模擬及預測個人和團體在特定壓力情況下的行爲和策略。顧名思義，賽局理論是以精心製作的賽局，要求參與的每個人做出決定；將某人放在困境中，看他自然而然的反應。賽局理論用來模擬策略互動——個人在嚴格限定的選擇和偏好結果的集合中，對他人行動的反應。大多數賽局也預先安排，使其容易獲得自私的選項。透過將個人放在某種社會困境中，賽局理論本質上是在衡量人類的雅量。

納許均衡的設計適用於非合作賽局，其中每位玩家均獨立於他人做出決定。然而，納許均衡的重點是：每個人所做的抉擇會取決其他人所做的抉擇；也就是每個玩家會根據其他人的所作所為來幫自己盡可能找到最好的位置，而在其他人給出抉擇後，沒有人能獨自改善自己的地位，於是所有人到達均衡。電影裡納許恍然大悟的描述並不完全正確，因為要是所有朋友都選擇褐髮女郎，你的最佳選擇就是追求金髮女郎。此外，就電影的描寫，有個人注定是吃虧的，就是那名金髮女郎。

對演化論的學生而言，生命的本質就是一場賽局。雖然賽局理論最初是用來預測冷戰期間的策略，然後用來描述經濟行為，一九七二年英國演化生物學家史密斯（John Maynard Smith）則將賽局理論拿來研究動物行為，預測有助於動物族群繁衍和生存的競爭策略。目前，賽局理論已用於模擬所有的社會科學及演化生物學，比如說，生物學家利用賽局理論來確定動物在某些複雜社會環境下的反應。

生物學家設計出一大堆夾雜著外來名稱的賽局，比如鷹鴿（戰和）賽局、兩性戰爭、布爾喬亞、異裝癖、鬼祟行為、乞食者等等，用來論證哪個策略會通往演化穩定的位置。

英國萊斯特大學（University of Leicester）心理學系的學生布朗寧（Lindsay Browning）就對鷹鴿賽局十分有興趣，這種賽局以戰爭中兩種極端（戰或和）的立場命名，用以說明在競爭資源的任何動物族群中，好戰個體與反戰個體之間需要穩定的合作關係。賽局中，完全對立的策略是非戰（鷹）即和（鴿）：鷹總是會和對手一決生死；鴿則拒絕決鬥。而在自然環境下，全部是鷹派或鴿派的族群將無法存活，因爲鷹會持續濫殺讓整個族群數量劇減，而鴿則過於被動，讓鷹有機會大展身手並快速取而代之。鷹鴿賽局說明從演化的立場，最穩定的狀態是鷹和鴿的混合族群。但是布朗寧的心中仍有疑問：鷹在什麼時候學會與鴿合作的呢？

布朗寧想要解決更大的問題，也就是在整個動物界中合作究竟是如何演化的。如果適者生存是鐵律，爲什麼生物還要合作呢？有合作精神的動物幫助其他動物，有時自己要付出代價，而自私的動物則會濫用這種援手。於是她要問，是不是自然選擇應該會偏向自私的那一方呢？這種疑惑有點像她自己面對的矛盾：如何讓她虔信的基督教和演化信念一致。

布朗寧有幸與心理學教授及英國賽局理論權威科爾曼（Andrew Colman）共事。她的父親是程式設計師，她就是因爲電腦程式設計的專長獲得科爾曼青睞，這對心理系學生來說是挺罕見的。布朗寧畢業論文的結論是：合作已經發展成最爲強大的演化策略，但是她想要進一步探索。畢業後，她繼續在牛津大學攻讀博士學位，然後結婚生子。接著她拿到一筆補助金回到萊斯特大學做研究生，以便完成她和科爾曼早先的工作。

囚徒困境的「以牙還牙」策略

布朗寧想建立一個電腦程式，透過賽局理論來檢驗合作的演化。她的靈感來自密西根大學政治學家艾瑟羅德（Robert Axelrod）以電腦競賽來破解賽局理論的最大懸案：囚徒困境重複賽局的最佳策略。這種特殊的賽局是研究合作性質的完美媒介，因爲全部賽局都繞著合作與否的問題打轉。兩名罪犯應當合作或出賣對方？此外，如果想贏得最高的分數，爲何要採行似乎較低分數的合作方式？

艾瑟羅德邀請世界各地的賽局理論專家來參加，每個人都扮演囚徒困境模型中的一名囚犯，並把自己的策略編入電腦程式中，與對手重複賽局兩百次。最後獲勝的是多倫多大學數學心理學的俄裔教授拉普伯特（Anatol Rapoport），他最感興趣的領域是戰爭、和平與裁減核武的心理學。拉普伯特以機巧簡單的策略獲得決定性勝利，他的策略只以四行電腦程式碼寫成，他稱之爲「以牙還牙」。

他在第一個回合選擇與對手合作，而在後續回合中，他只是單純地複製對手前一個賽局的行動；換句話說，如果對手上一回合選合作，那在下一回時他就選合作；如果對手上一回合選擇的是背叛，那下一回合他就選背叛。所有賽局他都如法炮製，直到對方轉變戰術爲止。照著這個並非單純良善的策略，合作總能拿到最高分。

艾瑟羅德研究並發表這些初步結果，然後進行第二次競賽，讓「以牙還牙」策略迎接更多挑戰。然而，「以牙還牙」策略還是立於不敗之地。

艾瑟羅德試著舉行第三次競賽，這次要套用在生態環境的摹擬。他要求程式設計師將玩家設計爲成功就有較大的生存機會：一個回合的策略越成功，下一回合將較具優勢。在摹擬演化過程中，較占優勢者會擁有較多的子代。

這一次的生態賽局，其結果令人驚訝：**善良——合作——到最後總是比自私更具優越性**。這對許多演化科學家來說，無疑是當頭棒喝。

政治學家、宗教領袖也驚訝於這些看似簡單的結果，認爲「以牙還牙」給了全人類一個的新啓示。《和平雜誌》（*Peace Magazine*）的編輯史賓塞（Metta Spencer）將其描述成「極爲有效的獎懲，很快就讓對手看到合作的優點。」拉普伯特的策略，可以說提供了一個「用於現實互動的可行法則」。①

競賽結果改變了艾瑟羅德對合作的看法，他在一系列著作中深入闡述。②簡單來說，「以牙還牙」就是以對方的行爲來進行懲罰或獎勵。艾瑟羅德將這個教訓濃縮成幾句簡單的教條：其一是一定要以合作開始；其二是用背叛回應背叛，以合作回應合作；其三是要寬容及公平，不會因爲對方的背叛而懷恨在心，一次自私的背叛只處以一次懲罰，當對方有善意回應時，你會寬容地以善意回應。

兩性賽局的最佳策略：輪換

然而，布朗寧對這些結果還是有幾個重要的疑問。從某種意義上，拉普伯特的程式編寫具有某些特定的倫理準則，比如善良或公平。她想知道合作是否有更加基本的衝動。她和科爾曼決定檢驗這個理論，寫個程式讓大批玩家做一定數目回合的較量，在這之後他們會「繁殖」。此時程式最高分的玩家，其程式碼將一分爲二。一名「親代」的前半和另一名親代的後半連在一起變成了「嬰兒」。每位玩家的結果用分數決定，得分最高的玩家將比輸家繁殖出更多後代。拿到高分親代的二十名後代會接著彼此競賽。程式以這種方式作爲自然選擇（天擇）的近似摹擬，其中最適生存（也就是最成功的）的賽局玩家將會生存下去。

科爾曼建議布朗寧另外安排一場「兩性戰爭」賽局。在這種賽局中，玩家就像一對夫妻力爭晚上出門要做的事：妻子建議去看芭蕾，但丈夫想去看職業拳擊。雙方都想力爭到底，但又想一起行動，不想要落單。他們有以下四個可能的方案：一是兩人都去看拳擊；二是都去看芭蕾；三是分開行動，各自去自己想去的地方；四是單獨去另一半想去的地方。布朗寧的程式將賽局規劃成雙方一起去其中一地的偏好選項，選的若是另一半的地點會得到最高分。因爲可以用電腦模擬，運算十分快速，布朗寧設計賽局在每天傍晚進行一萬個世代。

有天晚上，布朗寧凌晨一點醒來分析結果時，注意到有些奇怪之處。她在給科爾曼的電子郵件語帶保留地寫道：**玩家似乎在輪換**。得分最高的玩家會先一意孤行，然後屈服於另一半的偏好選項。有時候一名玩家會讓另一半一回合、兩回合或三回合，接著另一半會回敬同樣的回合數。一旦一對夫妻開始輪換後，很快就會發展出完美的協調能力，最後適應於彼此平衡的穩定接力賽之中。③

布朗寧一開始的反應是：這不可能發生。因爲她沒有在程式中設計玩家輪換等等的任何一項行爲準則。她所做的就是用程式設計跑出他們採用的最佳策略。輪換現象是自發性發展出來的。

布朗寧整夜重複執行程式，然後也在其他賽局裡試驗她的程式。每個回合和每種賽局都產生相同的反應。

隔天科爾曼通盤檢查了所有的資料，證實了他所懷疑的事情：從來沒有人證明合作能透過輪換來進化。輪換自發性地發展成納許均衡：這不只是對團體的最佳策略，也是對每個人的最佳策略。他們建立的電腦程式完美地模擬了自然界的適者生存，而倖存下來的，是最具有合作精神的。布朗寧認爲，這一定是自然界原始的驅動力——生命本身的衝動。**輪換不僅是合作的關鍵和社會重要的黏著劑，也是最穩定的演化策略**。每個人與他人相處的最佳策略，就是彼此輪換。

這個結論也符合她本人強烈的基督教信念：己所不欲，勿施於人。**想要成功，不用每次都爭得你死我活**。**最成功的策略，就是單純地等著輪換到你**。

布朗寧用怪異的電腦程式，無意間發現了社會鍵結的另一個基本驅動力：任何一個成功社會的精神所在，就是輪換（或稱互惠）——也具有公平競爭的意味。每一個人開始從小家庭進入到較大團體的那一刻，似乎會發展出強大的公平感。而正如布朗寧所證明的，合作要維持下去，只能在個體彼此公平的範圍之內。**我們的生存取決於給每個人一個機會的能力，以及社會開始因公平和互惠而質變的程度**。艾瑟羅德的囚徒賽局實驗、布朗寧的兩性賽局試驗，都透露了一些發人深省的觀點：我們的內心深處領悟到，我們應該超越自身的利益，以更大更多的包容性來看待萬事萬物。

最後通牒賽局，公平性的檢驗

在麻省理工學院任教的瑞士經濟學家菲爾（Ernst Fehr），研究的是公平性的經濟學。菲爾本人就是一個矛盾：他是前摔跤冠軍，卻對人類之間的合作行爲深感興趣。他主持的著名研究，證明慷慨不僅是人類與生俱來的特性，而且我們還對不公平深惡痛絕——他稱之爲「不公平的嫌惡心理」。

菲爾以經典的「最後通牒賽局」來檢驗他的理論。在賽局中，受試者隨機配對，但是不讓他們碰面，然後他將這些配對再拆成「提議者」和「回應者」兩方。菲爾給提議者一筆錢，譬如十元，由提議者分配他認爲的恰當數目給回應者；而回應者的任務就是單純的接納或拒絕這筆錢。如果接受，就會收到談好的錢數，剩下的錢就留給提議者。如果回應者拒絕對方的出價，雙方都不能拿錢。兩人都知道出價只有一次機會，不可能有機會做出更好的交易，因此才稱爲「最後通牒」。此外，因爲賽局只進行一次，兩人知道這不會有什麼報復行動。

如果人類是天生自私的，對提議者來說，最合理的做法是留下最大份額給自己，因爲對回應者來說只能接受，否則一毛錢都拿不到。賽局中雙方身分都保密，兩人不會再有互動，也就沒有慷慨或吝嗇自私的社會壓力。

事實上，上述情形在任何一個社會的配對都非常罕見。賽局在科學條件控制下在世界各地進行，橫跨許多文化，結果卻出乎意料的一致。④「如果選取兩個陌生人做匿名交易，有很高的機率會出現自發性的利他行爲。」菲爾說。最常見的出價是百分之五十，全部平均值則介於百分之四十三到四十八之間。⑤這意味著提議者寧可少拿點錢，也要跟素昧平生的人一起公平分享。

更有趣的是，人們往往會懲罰那些越過公平界限的人。最後通牒賽局的回應者通常會回絕兩成以下的出價，若金額是十元，他們會拒絕接受兩元以下的出價。⑥社會學家稱這種衝動爲「利他性懲罰」，即便自己要付出代價，我們也要懲罰不公平。**這表示在我們彼此的鏈結之內，存在著強烈的公平競爭感，菲爾及其同事稱此爲「強勢互惠」**（strong reciprocity）：願意犧牲資源來獲取平等的合作關係，並且懲罰那些破壞合作的不公平行爲。這種衝動如此強大，使得我們不計後果，比如說爲了懲罰那些拿到不義之財的人而拒絕自己應得的獎勵。我們寧可空手而歸，也不願意讓某人拿著超出公平的數額離開。

最後通牒賽局的研究大都在大學校園裡進行，玩家大都是學生。爲了查明這種公平感是否也普遍存在於整個社會，菲爾和英屬哥倫比亞大學（又稱卑詩大學）心理學系的美國人類學家亨利克（Joseph Henrich）聯手合作，一起前往世界各地的偏遠角落。兩位科學家組成的人類學家團隊在十五個小型社會試驗最後通牒賽局：東非哈扎人（Hadza）的採集覓食聚落；生活在南美洲雨林中以「刀耕火種」耕作的阿契人（Aché）；遊牧族群；以及兩個小型的農業社會。⑦在許多案例中，科學家在安排賽局時不用金錢，而是使用菸草等其他貨幣。

無論社會的建構爲何，幾乎沒有人表現出亞當．史斯密模式的先天性自利行爲，倒是有些文化更重視公平性。不同於大學生最常見的出價方式（各占五〇％），這些傳統文化的提議者，提議分給對方的金額介於一五%到五〇%之間，端視該文化所展現的互惠程度。

在進行最後通牒賽局時，幾乎所有族群都展現出某種形式的互惠感。少數例外的情況，則出現在社會發展還沒超出個人核心家庭聚落的一些族群裡頭，比如祕魯東南部的原住民馬奇根加人（Machiguenga），他們最常見的出價是拿出一五%，把大部分的錢留給自己。不過，儘管提議者出價這麼低，回應者卻幾乎都會接受。這個社群還沒有發展成眞正的社會，除了家人，很少有一起合作或分享的機會。對馬奇根加人來說，所謂「我們」的定義顯然要狹窄得多，因此他們能理解的互惠只會發生在家人之中。他們似乎也不關心輿論的動向，因此不會因爲羞愧感而拿出更多錢，特別是在匿名的情況下。

東非的哈扎人則出現不一樣的情形，雖然提議者同樣偏向採用出價低的策略，但是回應者卻有很高的回絕率。在現實生活中，這些採集群體的確會分享食物，不過獵人卻經常私藏捕獲成果，不讓其他家庭發現，因此經常衝突不斷。如果他們的生活是兩性戰爭賽局，那麼哈扎人尙未演進到超越賽局最初的自私階段。

個人出價情形往往也反映出民風。巴布亞紐幾內亞的奧人（Au）和格瑙人（Gnau）部落成員最常提出的分享額度都超過五〇%，但是這個出價卻經常被回絕。在那些文化裡，禮物代表的是送禮者的身分地位，因此如果收到大禮會讓人覺得地位低下。

印尼傳統的捕鯨村拉馬萊拉(Lamalera)，是十五個實驗族群中最公平的，比西方社會要公平得多。該村有三分之二的玩家會提出對半分享的提議，而其他三分之一的人甚至會分給對方一半以上。在這個村落中，必須靠許多家庭通力合作才能捕捉到大鯨魚，他們會將捕到的鯨魚仔細分配，讓所有人都能平均分享。對捕鯨村的居民來說，分享與生存無異。這種在最後通牒賽局裡表現最公平的社會，在現實生活中對合作的倚賴度都很高。

跨越物種的公平精神

莎拉・布魯斯南（Sarah Brosnan）是美國耶基斯國家靈長類動物研究中心（Yerkes National Primate Research Center）及埃默瑞大學活水中心的研究員，她爲卷尾猴設計出一種精巧的研究。這個物種因爲合作行爲和強烈的社會鍵結而出名，研究對象選擇的是母猴，因爲牠們平常就會對不公平待遇發出不平之鳴。

在這次變形版的最後通牒賽局裡，布魯斯南將配對的兩隻母猴相鄰關在一起，訓練其中一隻猴子用一小塊花崗岩來換取一片黃瓜。對動物來說，這是妥協，因爲牠們通常不願意讓出任何東西。一旦做成交易，研究人員會給另一隻猴子相同大小的一片黃瓜；但要是牠能夠做出和前一隻猴子一樣的交易行爲，就會得到一顆葡萄，這對偏愛葡萄的卷尾猴來說是更好的獎賞。

做了交易的第一隻猴子以及見證到不平等對待的旁觀猴子都抓狂了，牠們拒絕以任何方式再和人類來往，也不吃牠們得到的黃瓜或葡萄，在幾次實驗中，牠們甚至還拿食物丟研究人員。⑧研究報告後來發表於《自然》期刊，文中認爲公平感是近親社會鍵結的一環。菲爾認爲，猴子回絕不公平的報酬，這個事實證明了公平感是「極爲根深柢固的行爲」。⑨

布魯斯南認爲她的研究，可以提供人類公平性如何演變的一些基本線索。⑩事實上，最新的科學證據顯示，人類大腦中有一個「這不公平」的區塊。羅格斯大學的心理學家招募四十名男學生，每兩個分成一組，並給每個人三十元。然後兩人各從帽子裡抽出一個球，上面分別寫著「富」或「窮」。抽到「富」的受試者會收到額外的五十元獎金，而抽到「窮」的夥伴什麼都沒有。然後研究人員輪流詢問受試者一個問題：對於要將收到的五十元獎金重新分配，有何感想？並同時監測他們的紋狀體和前額葉皮質的活動，一般認爲這些大腦部位和評估獎勵有關。

功能性磁振造影掃描發現，「富」受試者在思索將錢分給搭檔時，大腦的活動較多；而「窮」搭檔則在思索得到獎金時，腦部活動較多。所有配對均顯示，玩家對自己的獲利比較不感興趣，他們更想矯正財務的不公平。事實上，當個人的金錢報酬急遽增加時，這種神經活動反而會平靜下來。每個玩家都想彌補他和搭檔之間的金錢差額。⑪

我們人類也會抗拒不平等的報酬，就像卷尾猴一樣。如果能讓所有人都更公平，他們會願意放棄自己的東西做爲補償。在我們心中，只要每個人都能吃到蛋糕，分給自己的蛋糕小一點也沒關係。

菲爾在研究「團體捍衛聘雇合約」時的行爲方式，也發現了這個自然衝動。他找來了一群大學生，分成較小群的「雇主」和較大群的「員工」兩組。他讓雇主與員工簽約，員工提供一定量的勞動，而由雇主支付一定數目的工錢。而且，不管員工的工作情形如何，雇主都會按合約給錢，也就是說萬一員工不遵守合約也不會受到懲罰。此外，每位員工只和特定的雇主簽約進行一次賽局，而且雙方身分保密，就算員工違背協議也不會留下污名。

在此實驗中，如果人類是自私的，那麼雇主就會希望將工資訂得越低越好，而員工就會以最少的力氣來回應。但實際上，這種情形幾乎沒有發生。勞資雙方通常都很大方，而且雇主越慷慨，員工就越賣力工作。事實上，雇主大都假設員工會努力工作，因此慷慨提供薪資。然而，只有二六%的員工會照著承諾全力工作。

賽局的下一回合，則讓雇主可以回應員工的努力情形付錢，付給工作成果多的員工比承諾的數額較多的工資，而工作成果少的員工則減薪。在這種情況下，雇主也表現出強烈的公平感。有超過三分之二的人會給工作量超過合約的員工獎勵，而對只是履行合約的工人則有將近一半的人會給予獎勵。而當員工不履行合約時，有三分之二的雇主則會給予「懲罰」。

而在員工這邊，現在是一分耕耘一分收穫，因此多數人都做了超出應做的份量。未達合約要求的比率從原來的八三%掉到二六%，超額履約的人數增加了十倍。最重要的是，讓雇主根據勞動成果來獎懲員工，會讓雙方平均增加四成的收益。此一研究強化了人們渴望連結的想法，我們發展出強大、內化的公平感，並以同樣的方式回應。⑫

菲爾本人還喜歡研究各種激素如何影響賽局進行。他要求玩家吸入催產素（腦部下視丘分泌的激素，主管情緒和社會行爲區域的活動，與親子情感有關），或睪固酮（男性賀爾蒙，與貪婪有理的自私自利相關的激素）。然後菲爾利用功能性磁振造影掃描，找出當玩家全神貫注於與信任相關的賽局時，會啓動哪些大腦區域。菲爾給男的受試者催產素，而給女的睪固酮。女性也會分泌睪固酮，但是濃度不會隨著雌激素和其他激素的濃度而變化。

使用催產素後，產生了預期的結果：投以催產素的男人會更加信任他人且更願意冒險。事實上，他們可以說是毫無保留地信任夥伴。投以催產素的實驗組即使遭到夥伴背叛，還是顯示出完全信任的跡象。⑬

在睪固酮的研究中，實驗結果質疑了睪固酮會影響人類行爲的成見。他給一些女玩家服用睪固酮，其他的女玩家則換成安慰劑。菲爾同樣讓兩組人進行最後通牒賽局，結果發現：相信自己服用睪固酮的人（實際上有些人吃的只是安慰劑）在分配時，明顯表現不公平；相反的，那些相信自己吃的只是安慰劑（實際上有些人吃的是睪固酮）表現得卻很慷慨大方。⑭菲爾說，接受安慰劑的女性因爲對睪固酮的負面看法而出現了反社會行爲，並非激素本身造成。

菲爾將結果做了個有趣的分析。就他的觀點，睪固酮會增強身分地位的認知，而社會環境中身分地位的指標就是慷慨大方。**我們認爲得體的應對，會讓對方更加尊重**。這兩項研究提供更多的證據，說明了我們的身體被設計了一個執行和諧、慷慨及信任的「程式」。

輪換能否眞正實行，完全取決於這種衝動是否也存在受惠的對象身上，如果有，那麼他將會自動做出回報，也才能一直輪換下去。正如拉普伯特「以牙還牙」裡的玩家一樣，一旦受到某種方式的背叛，我們會立即做出反應。大多數人的內心裡都有一個討厭貪小便宜的計分板，並想要懲罰那些拿走超出公平份額的人。對不公平的嫌惡是最明顯的事實，我們想要懲罰違背社會契約的人，即使這樣做自己要付出代價。

這在稱爲「公共財」賽局的賽局理論中也獲得證明，這是實驗經濟學的另一個規範。這個賽局的目的，在於測試人類在被要求付出對整個社群有益的事物時的行爲方式。這有點像是要求舊金山居民自願支付一筆由他們投票決定的稅收，來維護加州的所有公園。

在這種情境下，會給一些受試者代幣（最後可以兌換成眞錢），請他們祕密決定要留下多少代幣，而將多少代幣放進公款中。然後，實驗人員會從公款總額中提撥一定比率的獎金（例如四〇%）給所有玩家。如果四個玩家每個人都有二十個代幣、且四人都將全部代幣放進去，實驗人員給的獎金將是八十個代幣的四〇%，也就是每個人都可拿到三十二個代幣。雖然每位玩家都把自己的代幣捐出去，但最後會因爲捐獻行爲而獲利。

此一賽局諷刺之處，在於每個人拿出自己所有代幣時會賺最多錢。然而，根據賽局的納許均衡版本——任何情況下，最好的策略就是回應別人的策略——預測的最佳回應，不是把所有代幣都放進公款，而是將所有代幣都留給自己，以免自己被那些搭便車的人（什麼都不貢獻或是拿出的代幣比別人少的玩家）給騙了。不過，這點在菲爾和其他社會心理學家進行的許多公共財實驗中幾乎從沒發生過；多數人會拿出一部分給公款，且捐獻給公款的平均值多至五成。⑮

就像最後通牒賽局一樣，這個賽局可以只進行一次，也可以重複數十回合。不過，重複的公共財賽局會出現截然不同的情況。菲爾發現在重複賽局中，付出的衝動性一開始會很大——最常見的是拿出四成至六成的代幣——但是付出的衝動會迅速消退，到最後一個回合，幾乎有四分之三的人都沒貢獻出任何代幣。⑯

乍看之下，這似乎是自私自利的結果，但玩家提供的解釋並非如此。在稍後訪談那些一開始就很慷慨的玩家，他們都對賽局中搭便車的人大為光火；而他們報復唯一可用的武器就是停止捐獻代幣。在其他版本的賽局，會賦予玩家對搭便車者處以罰款的權力，而且儘管他們自己賠本也會樂意這麼做，就算持續貢獻會對個人更有利。

菲爾以兩種方式進行公共財賽局——能懲罰和不能懲罰搭便車的人，他發現若能懲罰那些只想搭便車的人，賽局的合作會維繫下去。此外，他也發現貢獻度最大的人往往懲罰也最嚴苛。相反的，如果不能懲罰時，合作會迅速惡化，讓賽局分崩離析。我們為了阻止他人違背我們對付出的期望，寧願不顧自身的利益。這種情形，就有點像納稅人因為不滿社會救濟名冊浮濫而拒絕納稅。我們不僅是要懲罰罪人，而且還要大快人心。

倫敦大學學院的辛格（Tania Singer）研究是什麼情況會促使人們做出無私或自私的行為，而她發現人際關係對輪換的需求是如此根深柢固，在受到不公平待遇後有些人無法同情他人。辛格在一項有趣的研究中檢驗此一想法，她檢查三十二名受試者在參與囚徒困境之後的腦波活動，賽局中玩家配對輪流送出分數給搭檔，而在結束時可兌換成金錢。公平的玩家會回報給對方大數字，而不公平玩家則退還較少的數字，最後後者會收到較大數額的個人報酬。辛格瞞著受試者請來了兩名演員扮演對手，演員收到指令會提供對方過高或過低的數字。

賽局結束後，讓受試者看著演員搭檔受電擊的痛苦模樣，同時使用功能性磁振造影掃描器來觀測受試者的腦波活動。不分性別，所有受試者看到公平玩家受到電擊痛苦時會出現同情的腦波反應；不過男性受試者看到不公平玩家遭到電擊時，大腦中與獎勵連結的區塊會活躍起來：他們正在享受報復的快感，並贊成在肉體上懲罰那些占了他們便宜的人。⑰這說明了我們能否為別人感到同情，事實上可能取決於所關注的對象是否滿足我們內在的公平感。

要成為群眾的一份子

在現實生活中，搭便車的人有許多種面貌。我們可用一九八五年英國礦工罷工期間社會的強勢互惠感來說明。當時柴契爾政府宣布關閉二十個礦坑，約有兩萬人要失業，全國礦工開始聯合罷工，特別是居住在建議關閉礦坑地區的礦工們。罷工持續了幾個月，許多礦工因工會經費短絀，在沒有工資的極度貧窮中過了一整年，勉強靠著賑濟度日，沒有暖氣可以取暖。更悲慘的是，那年冬天有三名十幾歲的礦工小孩死在成堆的廢棄煤塊之中，只為了找點東西回家取暖。

然而，並非所有的礦工聯盟會員都不越線偷跑。幾個月後，許多人踉踉蹌蹌地回到工作崗位；礦場體質良好的諾丁漢礦工表決後決定不罷工，最後創立自己的獨立工會：民主礦工聯盟。

拒絕罷工的人被認為是「搭便車」的人，他們破壞了罷工的成果，而且因為應允回去工作而拿到比公平份額更多的錢。過了好幾年，許多礦工的怒火仍未平息。二十多年後，許多人仍感受到當時堅持罷工者的恨意，民主礦工聯盟主席格雷斯（Neil Greatrex）只是其中一位：他的父親六年不跟他說話，他的妻兒不斷受到威脅。住在隔壁的警察飽受無妄之災，不斷有人打破他家的窗戶，逼得他不得不在窗戶上貼著標語：「格雷斯住在隔壁」。

一九八四年秋恨意到達最高峰時，計程車駕駛威基（David Wilkie）載著不參加罷工的礦工去工作時，被兩名礦工從陸橋上惡意丟下水泥柱砸死在車裡。

維繫或導致社會崩潰的強勢互惠力量，在英國國家廣播電台（ＢＢＣ）的監獄研究「實驗」中更是明顯。最後，囚犯籌畫越獄，守衛的權威崩潰。事件發生之後，包括守衛和囚犯，所有人都自發性地一致同意組織更平等的體系，他們稱之為「自治自律公社」。

但平靜的日子沒有多久。當群體開始質疑起強制實施公社的能力後，許多人對破壞規則的人不加以制裁，團體的組織開始瓦解。有些成員開始籌畫新政變來掌權，重新劃定囚犯和守衛之間的界限，並建立更多權威來維持秩序，甚至戴上黑色扁帽及墨鏡來強化剽悍權威的形象。公社裡頭的人沒有還手，而且在混亂中再次同意了暴政體系。由於擔心史丹佛監獄實驗結果再次上演，英國社會心理學家賴歇爾、哈斯蘭緊急終止了實驗。

ＢＢＣ的烏托邦理想，最後問題在於沒能創造出由強勢互惠關係所界定的依存文化。只因少數人搭便車及破壞規則，讓整個社群崩潰，僅能靠力量團結在一起。

追求自私、漠視連結的基本驅動力、違背人類最深層本性行事，結果會十分嚴峻。兩位英國流行病學家威爾金森（Richard Wilkinson）和皮克特（Kate Pickett）花了三十多年時間，苦心研究為什麼有些人類社會比較長壽和健康。他們將研究結果寫成這本書：《水平儀：為何更平等的社會總是做得更好》（*The Spirit Level: Why More Equal Societies Almost Always Do Better*）。⑱

在普遍研究過西方國家的社會狀況後，兩位作者發現到在所研究的每個國家裡都出現了一個驚人的統計資料：社會越不公平（經濟不公平且社會階層越多），不論貧富，所有人的日子都會更不好過，不論從生病率、犯罪率、精神病發生率、環境問題和暴力等層面來看都是如此。在貧富懸殊的國家，最有錢的階級和最貧窮的階級，上述這些問題更是嚴重。⑲

大體上來說，西方國家正處於歷史上最不公平的時期，有取有予的傳統觀念逐漸走向盡可能全拿的趨勢。英國、美國和歐洲許多國家，貧富差異極大，幾乎所有的社會指標都很難看，遠遠不及日本和瑞典這些貧富差距較小的國家。美國這個擁有全球半數億萬富豪的國家，犯罪、輟學、精神病、自殺、各種疾病等所有社會問題最爲嚴重，而在二十個研究的國家中，英國則名列第三。雖然每三十九個美國人就有一位百萬富翁，卻有七分之一的美國人（約三千九百一十萬人）生活在貧窮線以下。⑳

四分之一的美國人經診斷患有精神疾病（先進國家之中最高的數字），德國、日本和西班牙則不到十分之一。雖然美國僅占世界人口的百分之五，卻花費了將近整個世界健康支出的一半，而美國的嬰兒第一年夭折風險也比希臘高出四〇%。希臘是歐洲最窮的國家之一，該國的人均所得只有美國的一半，而全國的健康醫療花費也只有美國的一半。此外，希臘的嬰兒平均存活率也比美國多一．二年。**公平跟歸屬感一樣，似乎都是我們生存所不可或缺的**。

公平性指標，與政府的財富分配及社會支出沒有關係。例如美國公布社會問題最少的新罕布夏州（New Hampshire），卻也是全國公共支出最低的一州；新罕布夏州的不同之處，只不過是州民的貧富差距沒有那麼懸殊。

我們對不公平的反應，也與求同（sameness）的心理需求沒有關係。縱觀歷史，事實上金字塔頂端的有錢人不會主動做出變革，而社會的貧窮階級通常只在環境明顯不公平時才會出來造反，例如人為的糧食短缺。二〇〇八年發生全球金融危機後，一般人對銀行業者及商人的滿腔怒火，不是因為對自己所得不如人的忿恨，而是出自於深刻且強烈的不公平感，比如高盛等投顧公司在引發經濟衰退且造成多人失業之後，還付給自己人破紀錄的獎金。在英國，蘇格蘭皇家銀行前總裁、皇家「剪刀手」古德溫爵士（Fred Goodwin），儘管任內銀行虧損累累、需要政府挹注紓困兩百四十億英鎊，離職後卻厚顏無恥地每年享有七十萬英鎊的退休金，成為全英國人心目中的大肥貓。忿忿不平的民眾攻擊他在愛丁堡的別墅，還砸毀他的賓士座車。送到《愛丁堡晚報》的聲明這麼寫著：「我們痛恨像他這樣的有錢人，自肥巨款，生活奢華，而此時許多人失業、窮困且無家可歸。」㉑

我們會在最基本的需求——成為彼此的一份子、身心融合、慷慨付出、等候輪換等受到阻撓時浮現不公平感。然而，在今日最發達的社會中，不論大人小孩幾乎都是人各為己。

在《獨自打保齡球》一書暴露美國社區生活已然崩潰之後，政治學家普特南再次進行三萬人的全面調查，研究北美的種族多樣性對於信任和公民參與的影響。他驚愕地發現，某個地區的種族越多元化，居民彼此建立密切關係或與自己族群成員的深交就越少。更有甚者，他發現在其他國家也有類似的統計：**種族越多元化的社群，社會信任就越低**。[22]事實上，人民的種族差異越大，就越會在囚徒困境和最後通牒賽局使用欺詐手段。

這表示信任有賴於整體觀——一個廣義性的「我們」；一旦我們認定某人是「他人」、「外人」，就會強化自己的分離感，不再認爲有必要遵守規則。美國馬里蘭大學政治學家尤斯拉納（Eric Uslaner），爲了寫《信任的道德基礎》（*The Moral Foundations of Trust*）一書著手研究世界各地的信任程度。[23]他發現社會越不平等，人們的信任就越少。他說：「信任不存在於不平等的世界。」**在某種意義上，競爭扼殺了人與人之間的鏈結**。[24]

現在生活的不安感，原因在於我們的生命缺少了某樣深刻的東西，一種說不上來的渴望。我們正脫離與生俱來的權利，我們需要重新找回命運共同體的整體意義。留給我們的是一種比單純不公平還要糟糕得多的景況，而我們也隱約感覺到有個重要的連結被打斷了。然而，幸運的是，事情總有轉機，不求回報的人性證據俯拾皆是，而那就是證據。

本章摘要

生物學裡的賽局理論

- 鷹鴿賽局：全部是鷹派或鴿派的族群無法存活，從演化的立場來看，最穩定的狀態是鷹和鴿的混合族群。
- 囚徒困境的「以牙還牙」策略：以合作回報合作，以背叛回報背叛，整個策略以全體的最大利益爲依歸，是一個調節互惠利他主義的重要機制。
- 兩性戰爭賽局：利益大家輪流分享，想要成功不用爭得你死我活，輪換是最成功也最穩定的演化策略。
- 最後通牒賽局：證明進行資源分配時，大家最重視的是公平性。

結論：

1 互惠、合作是最強大的演化策略，最後結果總會比自私更具優越性。

2 輪換（輪流分享）不僅是合作的關鍵和社會重要的黏著劑，也是最穩定的演化策略。

3 我們應該超越自身的利益，以更大的包容性來看待萬事萬物。

4 人類不是絕對理性和自私的，有時為了公平性，我們寧願犧牲自己的權益。

5 人類會抗拒不平等的報酬，為了讓所有人都能更公平，會願意放棄自己的東西做為補償。比如說，只要每個人都能吃到蛋糕，即使分給自己的蛋糕小一點也沒關係。

6 成為群眾中的一份子，建立人我之間的鍵結，是我們與生俱來的渴望。

PART 3 找回鏈結

音符與音符之間的空白，就是音樂。

——法國作曲家德布西（Claude Debussy）

第9章　敞開心智，全面觀照

原住民將生命看成是與力場的一種關係，認為宇宙的物質並非一組分散的客體而是相互、連續、融合的。由於世界一直處在不斷變動的過程中，因此人類要學會在每個當下以更整體的方式來看待世界。

二〇〇四年十二月，三道二十四公尺的海嘯巨浪侵襲泰國南素林島（South Surin Island）的朋艾海灘(Bon Yai beach)，漁民小聚落莫肯村（Moken）的村民，從島上最高點的安全處所目睹了自己的村莊慘遭滅村及兩萬四千人當場死亡，村裡的長老事先警告了全部約兩百名的莫肯村民，在大浪侵襲之前，除了一名殘疾男孩，全部成功疏散。這時海嘯向北席捲，抵達安達曼（Andaman）、尼科巴群島（Nicobar islands）及印度南部，居住在哲卡堂島（Jirkatang）的古老加洛瓦人（Jarawa），兩百五十名族人全都逃進了巴魯哈（Balughat）森林。在以椰子維生的十天過後，他們安然無恙地倖存了下來。

安達曼和尼科巴群島另外四處原住民部落——昂格（Onges）、大安達曼、森特尼爾（Sentinelese）和匈盆（Shompens）的所有族人，據說也預感到會有海嘯。當直升機在島上盤旋搜尋生還者時，一名赤身裸體的森特尼爾人還抓起弓箭往直升機射了一箭，抗議直升機不必要的入侵行爲。

預知海嘯的神奇能力

在被問到如何預知海嘯時，加洛瓦族的長老聳聳肩，不置可否。這不是很明顯嗎？村裡的一名小男孩突然覺得頭暈目眩、村子附近的海灣水位突然下降、有個村民注意到了海浪湧動的極微小差異、小型哺乳動物不尋常的躁動、魚兒泅水模式的小小改變……。打從小時候，這位長老就被教導要注意這些細微的徵兆。大人們警告他說，來自大地和海洋的震顫將會狂暴地向前猛衝，長老知道這些跡象是海洋和大洋的「憤怒」，他的子民最好往高處逃。①

海嘯重災區包括斯里蘭卡最大的野生動物保護區亞拉國家公園（Yala National Park），海嘯在此往內陸氾濫達兩英里。然而，斯里蘭卡野生動物保護協會主席科雷亞（Ravi Corea）表示，保護區數以百計的動物只有兩頭水牛死亡。大象、豹、虎、鱷魚和小型哺乳動物都安全藏身在避難所，或是安全逃離。

野生動物和原住民不可思議的生還情況，大家都以不同方式歸因於敏銳的聽覺，一種「地震」天賦讓他們能感應到地震的振動，或是對風和水細微變化的古老智慧。「他們可以聞到風的味道，」律師及環保人士羅伊（Ashish Roy）談及原住民時說到：「他們光聽槳的聲音就可判斷海水的深度；他們擁有我們沒有的第六感。」

但另一種可能性，甚至更讓人驚訝：他們看世界的方式跟我們大大不同。海嘯侵襲的一年前，瑞典隆德大學（Lund University）眼科生物學家安娜．吉斯蘭（Anna Gislén）偶然間聽同事提到，被外人稱為海上吉普賽人的莫肯人擁有非凡的能力，可以從海底採集模糊不清的食物，甚至不用任何的視力輔助，就能從水底下的褐色石頭裡面分辨出褐色小蛤蜊。這種本事非比尋常，就算戴著護目鏡也無法做到，因為人類很難適應在水底下看東西。在空氣中，眼睛的折射能力有三分之二是由於角膜表面的曲率，在水中游泳時這個有利條件就沒了。

吉斯蘭前往泰國的素林群島，開始進行莫肯孩童的水中試驗，並與鄰近地區度假的歐洲兒童的視力相互比較。她發現了人類生物學領域最令人困惑之處。通常沉浸在像水中等模糊不清的環境中時，我們的眼睛不會試著對焦，而這正是吉斯蘭在研究歐洲兒童時所觀察到的。然而，莫肯兒童在水中時，視力卻是歐洲兒童的兩倍。

莫肯孩童還不會走路，就會游泳。他們自小就被教導在水中要放慢心跳，才能待得更久。莫肯兒童鍛鍊眼睛的「調節反應」能力，以應對模糊不清的水中環境，可將瞳孔收縮到直徑〇．七公釐，以提高深度知覺——「作用就像是相機用更小的光圈來增加景深。」吉斯蘭說。②這小小的適應能力讓視力大幅提高，讓他們就算是在水底三、四公尺的深度也能找出小蛤蜊和海參。

莫肯人學會如何進一步善用眼睛，他們將眼睛變成了相機，隨意改變光圈，因此能夠看到細節以及我們多數人不能再看到的連結。他們可以看透事物之間看似虛無的空間。

換個方式認識世界

我們早已喪失鍵結的感覺，但是並非無法重新獲得。只要在生活中回歸整體，就能重新抓取事物之間的連結感，但是這麼做，必須有一套與現在截然不同的生存法則。**想要與鍵結一起共存，我們必須順從內心尋求整體的驅動力，並在日常生活的各個層面重新理解整體**。我們必須問自己一些基本問題：我們要如何將世界看成是某樣東西，而不是我們生活的地方？如果不是競爭，我們又要如何看待彼此的關係？我們如何用合作方式而不是競爭，將自己與鄰居組織成一個有別於家庭的小團體？

我們需要換個方式認識世界，換個方式體恤他人，也換個方式自我組織——我們的朋友、鄰居、居住的小鎮和城市。不想遺世獨立，總要有所依怙且要有所作爲，我們需要改變我們待在地球上的根本目的，不只是鬥爭和支配。**我們必須從全然不同的觀點、從制高點來看待生命，如此才能看到彼此的聯繫**。全然改變我們看世界的方式，就能看見莫肯人所見，不是要預測海嘯，而是察覺將我們聯繫在一起的隱形連結。

先進國家的人多數都已接受了原子化的世界觀，因此缺乏能力來感知事物之間微妙的連結。我們發展出以管窺天的特殊形式，只專注在尋求個人事物。在我們眼中，世界是個載體，萬物分門別類各有所屬，連想法也各自存在。値得注意的是，每個物類勢必會由他們的特定觀點來看這個世界：分類、套用規則、用本身的觀點來制定因果關係。我們尋找這個劇本裡的核心元素，將中心元件從背景中獨立出來，將所有注意力都投注於此；而這一切，全都是見樹而不見林。

我們已經忘了怎麼去看。忽視細微的連結、周邊的感覺、風中最輕微的變化，而這些「訊息」會讓我們得到一個無法躲避的結論——大海嘯就要來了。就連在海嘯侵襲前就出海在船上的莫肯人，都知道要前往較深的水域並遠離海岸，而鄰近的緬甸漁民卻毫無警覺地就此覆滅。莫肯人聽到他們死亡的消息，只是點頭致意：「他們正在捕捉魷魚，他們什麼也沒看見，他們不知道怎麼去看。」③

我們看見自己最根本的需要，那就是不斷地尋求連結及統合，並超越個人；但當我們注視著我們的世界時，看到的全都是一個個獨立、互不相關的個別事物。我們自身最基本的衝動，與現在所見所理解的世界，全部背道而馳。現在，我們要向莫肯人學習如何去看——看見事物之間的那處處無空間，並開始學會認識到一直都在那裡、但多數人視而不見的鍵結，那是將所有人都繫在一起的連結。

我們將開始理解最幽微的部分：我們自己對他人及周遭環境的影響。我們將會發現自己的一舉一動在整個生物鏈引起的漣漪效應——生物、自然界、人際網絡、社群成員，以及其他國家因爲我們的所作所爲而受益或受傷的人。正如莫肯人能夠從鳥兒的騷動或魚兒的游泳模式看見一連串的連鎖反應，我們或許也能因爲褪除一切差異的空間，進而發現我們的共同點。

莫肯人給我們帶來珍貴的一課，比起找蛤蜊或躲海嘯都更爲影響深遠。這也意味著，**同樣是一雙眼睛看著外面的世界，但並非所有人都能看到同樣的東西**。我們所屬的文化，教我們如何去看以及要看什麼，能夠坦承這一點，我們就能開始採取更大也更包容的觀點。

東西方文化的異同

想像在羅浮宮裡有兩個來自不同國家的學生，一個是日本人，另一個是美國人。兩人站在安裝著玻璃、溫濕度調控完美的蒙娜麗莎畫作前面。兩人都必須分別描述這幅畫，美國學生開始專注在最著名的謎題上：她的眞實身分以及她神祕的笑容。他注意到畫中人眼睛外側用渲染手法表現出陰影，刻意掩蓋畫中人的情感，而饒富深意的一抹微笑出現在左嘴角。畫作的其他部分就像消失了一樣，不論他注視多久，他都無法整合出一座森林——畫作其他部分及畫框前景的女人。

對日本學生來說，畫作代表宇宙的形上學陳述：人類與自然之間的連結。他的目光在畫中人及背景之間來回擺動，他注意到女人的黑色面紗針法細緻，還有她的身體曲線與複雜背景的回應，比如蜿蜒的小徑、河流以及布里亞諾橋。他停下來思索女人身上不戴任何珠寶的用意，在那個時代，這很不尋常。足足有半個小時，他以不同角度凝視畫作，運用博物館指南當作量尺，想找出違反透視法及蒙娜麗莎雙手尺寸的含意。④透過他的眼睛，女人的樣貌完全消失在畫布之中。他對女人視而不見，前景就像沒有人一樣，蒙娜麗莎無法抽離背景而存在。我們可以說這個日本學生是——見林不見樹。

這兩個學生眼中所見的差異，正好是密西根大學社會心理學教授尼斯貝特（Richard Nisbett）

畢生研究的要旨。他著有《思維的版圖》（*The Geography of Thought: How Asians and Westerners See Things Differently and Why*）[5]一書，研究的是思考方法的文化影響。尼斯貝特主張，思考過程及覺知本身不具全球共通性，而是一種文化現象。世界各地的人覺知世界的方式都不一樣，甚至連看到的東西也不一樣。尼斯貝特在他名爲「思維的版圖」的領域裡大量進行研究，明確指出**不同的文化發展出不同的思考風格，而這一切都是從我們不同的觀看方式開始**。

大多數年紀上了五十歲的美國人，讀的第一本書是《狄克與珍》（*Dick and Jane*），描繪道地的美國夢，記錄雙頰紅潤的一對兄妹、小妹莎莉及黑白花的西班牙獵犬斑斑的故事。他們生活在像電影《天才小麻煩》（*Leave It to Beaver*）的世界裡，爸爸連周末都穿西裝，媽媽穿著漂亮的粉彩色洋裝，甚至是在自己家的廚房。每次焦點總是放在其中一位做的事：「珍妳看看，看看狄克，看狄克跑步。」這是狄克穿越草坪的時候。

根據尼斯貝特所說，這種讀本不只教小孩閱讀，也教他們看世界的方式。在《狄克與珍》的世界中，他們教導小孩子要把注意力放在個人身上。我們做事要靠自己，做什麼、感覺如何，正是我們存在的核心。父母和學校教育都強調個人的卓越凌駕一切，我們學到了自己才是主體，其他一切都是客體，世界是因爲我們才存在；而中心思想不外乎是教導及鼓勵我們要獨立。

從出生那一刻起，西方的小孩就被教導要獨立自主。從嬰兒床的早期訓練就教導我們要如何思考，以及某種意義上的做人道理，於是我們學到獨立自主是最重要的事。正如尼斯貝特指出的，西方鼓勵嬰兒單獨睡，並盡快邁向獨立思考和選擇。母親根據貼上標記的物品和選擇來介紹世界：火腿或雞蛋？紅筆或藍筆？《小博士邦尼》或《芝麻街》？已故人類學家霍爾（Edward T. Hall）稱這種思考是「低情境」社會的結果，其中的含意是我們的身分與情境無關。我們認爲自己是不受拘束的自由人；將你我抽離我們的社會，我們仍是同樣的那個人。這種凌駕一切的原子論思想——身分是獨立存在的，我們是自身宇宙的主宰——時刻影響我們對各種感覺和外來刺激的理解和關聯。

另一方面，東亞的兒童則用截然不同的概念來學習閱讀。他們的第一個讀本，小男孩坐在大男孩的肩膀上：「大哥愛護小弟，大哥喜歡小弟，小弟喜歡大哥。」[6]**東亞的人會把自己放在整體的關係中來理解自我，不論這個整體代表的是家庭、社區、文化、道，甚至是意識。**[7]東亞人民（以及許多原住民文化，如莫肯人）都以這種與他人強烈的連結感來養育他們的小孩，只有在情境關係中，他們才能看到自己（及客體）。因爲東方人定義世界的方式截然不同，學會用不同的一雙眼睛來觀看。在東方，兒童瞭解人際關係及其至高無上的重要性——他和其他人是一個單位，一種不可分割的鍵結。

因此根據尼斯貝特的說法，東方文化其實想的和西方人不一樣。傳統上，中國人（中華文化影響了東方許多其他文化）學會只在其他事物的關係裡面來理解事物。他們將生命看成與力場的一種關係，並認爲宇宙的物質並非一組分散的客體而是相互、連續、融合的。對東方人及原住民文化而言，世界不斷處在變化、永遠可變且一直變動的過程中。東方人或原住民的心智，學會在每個當下以更整體的方式來看待世界。

美洲原住民也學會接受身體和情緒地景(emotional landscape)的總體性。「觀看這件事，也包括心理上經歷世界和宇宙有形及無形事物之間的關係。」研究印度與西方「線性思考」差異的印第安學者費司可（Donald Fixico）說。⑧他說對西方人而言，融合有形和無形、現在和過去的「印第安思想」有點像是身處幻覺中。過去和現在的所有關係，讓美洲原住民所見更多彩多姿。

關於世界如何運作的故事，支配了我們的覺知，然後我們就只看得見被教導去看的東西。部分原因與大腦中稱爲「引燃」的機制有關，這是由神經學家戈達德（Graham Goddard）發現並命名，這是他在一九六七年在實驗室的老鼠實驗中意外發現的現象。戈達德的研究興趣在於與學習相關的神經生物學，他想知道電刺激是否能加速學習過程。在實驗中，他每天以電刺激一組老鼠的大腦，引發抽搐後再觀察對學習能力是否有任何影響。幾天後，他注意到一些全然意外的事情：就算施加在老鼠大腦的電流和電荷遠低於引發抽搐的程度，老鼠也會開始抽搐。不知何故，他已將老鼠的大腦訓練成癲癇症狀。⑨對於戈達德的研究結果，現代神經科學家認爲，這就像要點燃煤塊時先用小片木柴點火會更容易一樣，神經系統內部的通道對於早期強化過的特定連結會變得敏感，此後就會更容易或更頻繁發生。

引燃理論已經應用在躁鬱症和憂鬱症的治療上面；現在認爲某人過去越憂鬱，未來就更容易憂鬱。從對大腦可塑性的理解，我們也理解到引燃是覺知的一種特徵。⑩隨著時間流逝，悲觀的人在什麼情況下都只看到負面，而樂觀的人就只看到正面。對西方人來說，如此習於辨別世界中的個別事物，因此看見的總是圖畫的中心，尋找的總是節目中的主角。

尼斯貝特及其密西根大學心理系的研究小組，在一系列有趣的研究中，揭開了東西方對世界看法的鮮明差異。尼斯貝特與日本北海道大學的同事一起合作，他們將兩所大學的學生湊在一起看二十秒的水底影片。看了兩遍後，他們要求每位受試者分享所看到的。

美國學生總是以描述畫面中間的魚起頭；而日本學生更重視環境，他們看見的是場域：水的顏色、植物及海底⑪，甚至還感受到魚的內在生命，比美國學生的描述更能解讀魚的情緒。⑫

尼斯貝特將修改後的影片再給兩組學生看，美國學生對於與中央物體相關的改變較能察覺出來，而日本學生則對背景環境有關聯的變化更敏銳。⑬

尼斯貝特還發現東方人與西方人觀看環境時，使用眼睛的方式也不一樣。他讓美國及中國受試者看一疊老虎照片，然後追蹤他們的眼部動作。美國人的目光會快速鎖定前景的老虎，而中國人的目光則在後面的複雜背景中飄來飄去。中國人比美國人更會利用快速間歇性的眼部動作，不過也需要更多時間來看整張照片。中國人從小就學會重視整體性，因此看相同畫面時，兩種文化讓他們看到了很不一樣的東西。⑭

尼斯貝特接著要日本學生和美國學生分別幫人拍照。日本學生拍的是整個場景，整個人在構圖比例中相對較小，而美國人則習慣用特寫拍人像。

從這一切就可看出東西方的世界觀以及如何界定自己和世界的關係，支配了他們實際看到的東西。西方人忙著拆解眼睛所見的東西，尋找個別的事物而非鍵結，因此屢次錯過就在眼前的重要連結。

問問自己，你看到了什麼？

英國心理學研究者和魔術師布朗（Derren Brown）有套受歡迎的派對把戲。他拿著一張地圖，走向倫敦街頭的陌生人並詢問聖保羅大教堂的方向。在他忙著打聽時，一名打扮成工人的演員手拿巨大的廣告看板，走到他和陌生人之間，暫時擋住了兩人的視線。在這段轉移注意力的期間，布朗會快速出招：他消失了，由另一名拿著地圖的演員代替他，假裝他就是布朗繼續問路。一開始，扮演布朗的人都與他本人相似——高個子、黑髮、三十出頭的結實男子，但是慢慢的，布朗越來越大膽，他找來了白髮男子、禿頭男子、黑人來假扮他，最後甚至還有女人。然而，不論交換身分的人外型有多麼不同，他問路的人至少有一半沒有注意到。事實上，他們甚至沒認出布朗這位當紅的電視名人，或是觀察到打斷他們對話的廣告看板上故意畫著布朗的巨幅肖像。布朗就跟其他人沒兩樣。雖然他們看著他，卻沒有看進心靈地景中⑮，心理學家通常稱這種現象是「不注意視盲」。

爲了處理豐富多變的感覺和資訊，我們必須選擇專注的對象。**我們學會如此緊密聚焦，看到的遠比自以爲的少**。當我們把注意力轉移或聚焦在一個東西或工作上，通常就看不到眼前正在發生的事情。我們或許覺知視野中的所有事物，卻只處理留意到的事物。我們或許認爲自己就像相機，能夠把見到的所有事物記錄下來，但如果我們被「吸進」某件事情裡，就連最不尋常的事件也會忽視。

美國伊利諾大學香檳分校航空心理學家威肯斯（Christopher Wickens），利用飛行模擬器研究飛行員的表現，他把空速和高度等重要的飛行資訊以「抬頭顯示器」疊加在擋風玻璃上。這些飛行員往往全神貫注在飛行資訊上而沒有察覺到突發狀況，包括跑道上的飛機，就算它就位於視野之中，而且還從正上方降落。還不熟悉降落的新手飛行員，就不會如此粗心大意，他們每次都會看到障礙物。因爲對他們來說樣樣都是新鮮的，所以會全面觀照整個畫面。⑯

選擇性的觀看還經常發生在救生員之間，讓一堆救生員手冊上還要加註如何對抗一個共同的難題：察看泳池並監視四周所有泳客的救生員，經常忽略了池底的物體，特別是物體就在泳客正下方時。⑰

紐約社會研究新學院的馬可（Arien Mack）及加州柏克萊大學的洛克（Irvin Rock）兩位心理學家首創「不注意視盲」這個詞，因爲他們觀察到當研究對象全神貫注地看某個影像時，會忽略一個亮紅色的長方形就出現在他們視野的正中間。⑱馬可認爲，雖然我們對四周受到忽視的事件沒有意識知覺，但大腦卻會持續注意並記錄這個原始資料，特別當它對我們有某種意義時。馬可和洛克還發現，在受試者似乎沒有記錄下某個特定資訊時，大腦還是會加以儲存備用，因爲在稍後的測試中會用到它。**我們所忽略的或沒有意識到的事情，最後還是會滲透進知覺裡頭**。即使我們被教導只要留意最大的那棵樹就好，我們看見的仍是周圍的整片樹林。

人人都有的內建程式：心智過濾器

長久以來，科學家認爲潛意識篩選過程（稱爲「潛在抑制」）是爲了預防感覺超載，以免我們淹沒在每天不斷湧入的感覺和刺激中；他們並假設潛在抑制的程度降低會導致精神疾病；換句話說，神經分裂症本身不是病，只是突然曝光過度而已。⑲不過新的觀點認爲，意識覺知篩選刺激的能力不足，實際上可能是天才的跡象，象徵擁有創意思考的絕佳能力。哈佛大學心理學家雪莉．卡森（Shelley Carson）和同事發現，以創意見長的人，其「潛在抑制」的程度明顯比其他人低。最出色的創意人才在篩除刺激的能力上比其他人低，甚至差上七倍之多。⑳

卡森還發現，創造力強的人和精神分裂症有某些神經生物學的相似性，兩者有類似的思考方式，同樣都能取得更多未經過濾的刺激源。據卡森所說，瘋子和詩人只是一線之隔，區別在於後者擁有創造性智慧。缺乏能力去篩選感覺會讓人抓狂，除非是能將資訊妥善利用的天才。關鍵就在於創造力強的人不會資訊超載，而是利用資訊將想法以新穎迷人的方式組合在一起。卡森認爲所謂的**「創意」，是一種虛心接納新經驗的天賦，以及避免漏掉看似無關緊要事情的意識渴望**。創意思想家，比如原住民，會訓練自己以便能看到鍵結。

即使現代文明如此沉迷於個人事物，並教導我們以片面且高度集中的方式去觀看，我們所有人還是有能力恢復這種能力，重新看出構成世界關係的微妙之處。**莫肯人眞正教我們的是：看世界的方式並非與生俱來的，而是後天學習而來的技巧**。吉斯蘭三年後回到素林島對莫肯兒童進行第二次研究，這一次她的目的是爲歐洲兒童設計類似莫肯人水中視物的訓練課程。經過短短一個月的訓練之後，歐洲兒童就學會海上吉普賽人的方法，能以非凡的視力看到水中細節。[21]

我們可以經由學習去看透事物之間的整體連結，進而改變我們對事物的看法。密克羅尼西亞的原住民不靠任何儀器（他們甚至沒有讀寫能力），就能在開闊的海洋上航行，穿梭在加羅林群島（Caroline Islands）眾多小島和南太平洋的環礁之間。

我們必須學習像新手一樣飛行

賓州大學人類學家古德諾夫（Ward Goodenough）與導航技術一流的原住民水手一同生活了幾個月，設法破解一種特別的口傳測繪系統。水手們創造出一種複雜的羅盤系統，用與陸地有關的所有恆星升落來確定自己和各個島嶼的方位。他們牢記所有可以見到的陸地，利用不同的島嶼做爲恆星相關的拖曳點，持續追蹤行進距離。他們還研究活的「航海標誌」，例如某種眼睛下方有顆紅點的魟魚物種與特定地點相關，並建立各個島嶼的意象簡圖，將其想像成物體，例如他們腦中的「扳機魚」。海上與天空細微的跡象，讓他們能夠做出準確的天氣預測。比如說，某個恆星在破曉之前出現在東方的地平線，可能會在下個新月日落後帶來五天的狂風暴雨。雲的形狀、日升和日落時天空的顏色、海洋湧浪及其相對恆星的方向，甚至波浪的形狀，都能指引航海老手順著洋流的方向。[22]原住民水手唯一的備忘錄是吟唱曲調，藉此不斷提醒自己這些關係的模式。

爲了察覺所有事物之間的關係，南太平洋的水手會將所見事物分解成容易處理的組塊，再以彼此關聯的方式記憶。本身是自閉症的動物訓練師及作家格蘭丁（Temple Grandin）認爲，這些原住民水手處理思想的方式和自閉症兒童一樣。㉓自閉症患者會將世界看成細節驚人的一個個單獨小方塊，觀察隱藏其中的連結，因此世界成爲一個個組成部分環環相扣的聯合體。

而「精神正常」的多數人則將細節處理成廣義的整體，如同格蘭丁所謂的「歸併者」。我們看到某個事物的一部分，並「塡充」概念性的細節來產生整體。因此看到熟悉的景象或是全神貫注在某個東西上時，我們就看不見它的細節。

像莫肯人一樣，自閉症患者也用與眾不同的方式看世界——近距離且十分詳盡。他們不會對某個物體建立一個統一的概念，而是覺知到資訊的片段；他們是格蘭丁口中所稱的「分離者」。自閉症患者看到的不是整個物體，套用格蘭丁的話來說，他們看到的是一場「幻燈片秀」，他們擁有「存取較原始資訊的特殊管道」。㉔

動物也像自閉症患者一樣，會注意每個細小獨立的聲音、景象和氣味碎片。牠們不會將這些原始資料打包成一個整體。這種超特異性發展出極端的覺知能力，這就是有些自閉症兒童能夠展現驚人記憶力或在複雜的圖畫中發現「隱藏圖像」等卓越天賦的原因。他們在生活中的每一刻，都像是正在飛行的新手飛行員。

想要看到存在於空間裡的眞正連結，我們必須像新手一樣飛行。在某種意義上，這需要減少我們的認知過程，並只以感覺來看待世界。雪梨大學教授施奈德（Allan Snyder）的心理實驗室已經證明了這一點，他先前的研究顯示，天生像動物一樣擁有較小額葉或額葉損傷的人會發展出超特異性的感知能力，並對大腦中保有的原始資料有較大的存取意識。當施奈德對正常人的額葉施加低度電流後，受試者的繪圖中會開始出現比實驗前更多的細節，校對工作也做的比之前更好，就好像他們突然之間越過事物的整體，察覺到了更細節之處。㉕

要學會看見事物彼此之間的連結，我們需要發展出一種技巧，用來關掉大腦中過度分析的新皮質，並強化天生的能力去發覺這個原始資料的流動。主要的練習之一是用言語進行思考，以產生「歸併器」。研究顯示，人類的語言通常會抑制視覺記憶，造成「語文迷障」。**原住民文化看到的比我們更多更廣，是因爲他們往往不用文字方式來蒐集及處理資訊**。

雖然我們未必能消除根深柢固的思考過程，但我們可以學習去注意到更多細節，就好像所經歷的每件事是這輩子第一次看見和第一次去做。古怪的是，要看見事物之間的連結，我們必須注意更多細節，而這麼做的最佳方式就像我家狗狗要去散步一樣。

搜尋新事物的欲望，不僅是為了滿足身體需求

我家的狗狗奧利是查理士王小獵犬，這是皇家下令培育的品種，生來就有一股貴氣，總是一臉不屑。奧利適合演出漫畫「史努比」——一隻壞脾氣的狗，心裡總想著要將怒氣發在一無所知的主人身上。牠從來不會到門口迎接我們，幾乎不曾想過玩耍的雜事；也拒絕按時吃東西，除非

是在不對的時間。我們難得睡個懶覺，牠會拍打著廚房門，要求進入房子的其他地方。牠在家時，幾乎都窩在樓梯最底層下面，就算有人喊牠，也不肯移動半步。不過我們只要走向放著奧利皮帶的抽屜，牠就突然活了過來，往空中一躍三尺。要出去散步的念頭突然讓牠生氣勃勃，帶著無法形容的喜悅。就算沒能真的出去散步，那也不錯——純粹的期待，滋味是如此美妙。

根據美國俄亥俄州博林格林州立大學（Bowling Green State University）科學家潘克沙普（Jaak Panksepp）的說法，奧利突然活力充沛與牠大腦中的「追索」（seeking）模式有關。潘克沙普確認人類與動物界的許多成員，擁有共通的五種核心情緒，追索（或稱好奇）就是其中之一。[26]動物尋找東西或偵查環境，就是處在追索模式中。這個衝動是由全部的基本需求來推動——食物、水、住所、性欲等動物生存的需求。然而，追索最情緒化的部分卻與目標本身無關，而是沿路的旅程。每當我們預期某件事情、熱切地從事某種活動或對新事物有無止盡的好奇時，動物和人類的追索迴路就會全面占線。

潘克沙普驚訝地發現，當動物或人類好奇時，會製造「自我感覺良好」的神經傳遞物多巴胺。動物研究也發現，追索會讓動物進入等同於冥想的狀態。[27]當我們察覺到新事物，就會本能地感覺良好，但是只限於在我們留心尋找的那段期間。一旦動物發現了目標物，大腦的追索部位就會停止活化。動物天生就享受追索及狩獵的快感，因此牠們會持續做下去，直到取得賴以生存的東西爲止。牠們發現好奇會讓身體產生快感，因此會處處留神，甚至不怕惹上麻煩。

一般來說，野生動物比普通家畜有更多的追索迴路被活化。這可能是由於野生動物必須保持自身能力並維持高度好奇心，才能靠狩獵和追索存活；而像奧利這種家犬的搜索及挖掘行爲，則是單純爲了好玩。不過就算不是攸關生死，任何動物都會爲新事物著迷。

人類狩獵及採集的本能對生存已不再重要，但我們仍然保有對狩獵的熱愛，不論我們是否正在研究謎題、繞著商店打量、研究新的想法或計畫，甚至解決難題。我們之所以沉迷偵探故事和推理小說，其背後可能就是這種衝動在作怪。事實上，從某種意義來說，好奇心對健康長壽可能是必要的。在一項針對七十歲以上長者所做的研究中，除了飲食和生活形態之外，好奇心被認爲是生存最重要的決定性因素。㉘**追求新事物的心態，似乎是健康老年生活的一大支柱**。㉙

我們無止盡的追索，那是生命的一種完全展現。㉚事實上，多巴胺或其他神經傳導物質的濃度越高，「潛在抑制」的程度就越低。這意味著，當你正處於對某些事物強烈好奇的狀態時，你可以看透事物之間的空間。而那似乎是我們理應採用的觀看方式，因爲當我們這麼做時會自然而然地感覺良好。**「追索」顯現的是我們的天生傾向，保持清醒並全面關照的一種狀態**。

潘克沙普還有個重大發現：大腦的追索模式，就位於下視丘。下視丘被稱爲「大腦的大腦」，是身體自主調節活動的樞紐，也是「身心」連結的中心，協助統合所有感覺訊息。它與松果體協調作用，是邊緣系統的一環，可能與我們常說的「第六感」有關。這也表示，追索不只在一個層面上運轉，還用上了情緒和直覺。當我們全面開火時，是從許多層面觀察這個世界。

構成我們所謂「直覺」的許多情緒是由兩種形態的訊息流造成，紐約大學神經科學家勒杜（Joseph LeDoux）將通往杏仁核無意識的訊息稱爲「低路徑」訊息，而通往新皮質有意識的訊息稱爲「高路徑」認知訊息。根據勒杜的說法，恐懼會緩慢向大腦的意識部分移動，但是到達無意識區塊（較原始的杏仁核）只需要幾毫秒的時間。如此一來，動物才會擁有明顯的生存優勢。在你的額葉還沒弄清楚是否眞有威脅之前，你早就逃離了潛在的危險。

看見隱形鍵結的另一種訓練方式：內觀法

想看到鍵結還有另一種方式：練習古老的內觀法，這是公元前五百年釋迦牟尼佛就已驗證過的方法。這種訓練要人時時刻刻覺知到內在與外在所發生的事情，不要讓情緒或雜念干擾了你的理解。

正念，要我們專注在當下。訓練自己能平伏心中喋喋不休的念頭而專注在一件事上，無論你在做的事情有多麼單調平凡，比如正在吃玉米片、聞著花香或彎腰綁鞋帶。

內觀法被視爲提升自我敏感度的古老方法，教你學會用全部的注意力來傾聽，看見什麼是眞實，從每日的經歷中除去影響覺知的看法、判斷及觀念。當你在練習內觀法時，會發現你的思考和感覺會逐漸擺脫既有想法的奴役。

古老的佛教經典聲稱，這種專注的每日練習會明顯改變覺知能力，而科學研究也證明了這一點：在內觀狀態下，大腦會以不同頻率運作。由受試者取得的腦電圖紀錄顯示，進行正念冥想時，大腦會產生不同的電頻率，增加大腦的傳輸頻寬。㉛

另一項研究測試的是受試者在三個月靜修前後的視覺敏銳度，對照組則是沒有參與禪修的工作人員。研究人員評估受試者是否能察覺閃光的持續時間，以及連續閃光之間的間隔。對照組看見的是一道連續的光；但參與禪修的人，卻能察覺瞬間閃過的單一閃光，並能正確區分連續閃光之間出現的間隔。這些結果，證實了內觀法確實能增加視力及覺知的敏銳度。[32]他們開始學會像莫肯人一樣的觀看方式。

持續修練內觀法，會在心理功能產生持久的變化，因此不經判斷，就能簡單地察覺到眼前的刺激源，並持續意識到細微差異和細節，注意力不會受限於單一形象或念頭。[33]

其他研究也證實，在三個月密集修練內觀法後，可以增加觀看的廣度，不會聚焦於特定的視覺目標上面，而會覺知到平常忽略的小型干擾流[34]；此外，內觀訓練也會讓你更能不帶個人好惡判斷地全面接受所有感覺及事物[35]，**你會全心全意去觀看整個生命，而不只是看你想要看的**。

內觀練習還能打開你對訊息的直覺本能，超越用語言及感覺的溝通方式。對人際關係的情緒湧動會更爲敏感，並增加自己的同理心。[36]

培養超越定見的「靈性視覺」

北德州大學前社會心理學教授貝克（Don Beck）相信如果他活在一八六〇年，並能與林肯見上一面，也許能阻止美國內戰。貝克最出名的是發展出螺旋動力學（Spiral Dynamics）系統，用以確認信仰系統的細微分級以及任何社會的複雜程度。他認爲他的研究工作是博士論文的延續，主題是研究內戰之前美國人的分化對立。貝克發現，從贊成無償奴役到渴望全面廢止，關於奴隸制度至少有八種政治立場。他表示，當溫和立場從兩端消失之後，國家就會走向分裂對立並開啓戰爭。「如果我們在一八六〇年做了些事情，將可結束奴隸制度且不會損失七十萬條人命，」貝克說：「而且我們現在也不會還在爲內戰爭論不休。」㊲

貝克身爲解決社會衝突的政治顧問，自稱是人類的「熱追蹤導彈」，身不由己地受到世界的熱點地區所吸引：南非、巴基斯坦、阿富汗、以色列。他目前的工作，是嘗試打破激起人類對立的偏激想法。在貝克的經驗中，造成人群對立或社會撕裂的源頭，往往只是對他種文化的不同信仰體系缺乏體諒。「我們的語言差異，讓我們傾向於刻板印象。」他說。

一九八〇年代，他前往南非六十三次，成爲該國黑白族群之間的調解人，也是南非從種族隔離平穩地過渡到民主國家的幕後推手。他在與企業界人士的交往中開始意識到，擁護種族隔離的荷蘭後裔斐人（Afrikaners），許多人無法區分不同的黑人部落，而由曼德拉領導的執政黨「非洲人國民大會」的黨員，同樣也難以分辨不同類型的斐人。貝克開始到南非各地演講，教育白人和黑人有關族群的細微差別。他表示：「我可以打破激起偏見的定義系統。」

你可以在自己的生活中開發這種「靈性視覺」（aerial vision），調整自己留意其他民族及文化細節的能力，避免一腳踩進區分「我們」和「他們」定見的思想陷阱。**學會質疑自己對於陌生鄰居的假設，瞭解不同種族或宗教信仰、國界以外的國家和民族。**

靈性視覺也讓你能跳脫自己的觀點與偏見，以多重觀點看待事物，並停止偏袒自己。身為美國國會及聯合國調解人的葛容（Mark Gerzon）曾經與新以色列基金會合作，這個組織的會員包括以色列人和巴勒斯坦人，他們為了共同目標募集資金。他詢問該團體的理事會如何能一同有效率的工作，一名會員回答：「我們能夠與矛盾共存。」㊳

為了解釋他們的論點，一名巴勒斯坦人和一名以色列人各自寫下自己對以色列建國的簡史。巴勒斯坦人的標題是「災難」，稱以色列建國是一場「大悲劇」：「整個村莊被摧毀，土地和財產被沒收，數十萬巴勒斯坦人淪為難民。一夜之間，巴勒斯坦人在他們的家鄉成為少數族群。」

另一邊的以色列人以「獨立」為標題，紀念猶太人履行「歷史權利」在應許之地建立國家。儘管聯合國的分治計畫宣布以色列為一個國家，但從「建國的黎明」開始，猶太人就遭受到四面八方的圍攻。「阿拉伯國家攻擊猶太人國家」，而「猶太人英勇地驅除英國託管的巴勒斯坦，自此猶太人為了生存而奮戰……」

可悲的是，這兩個故事基本上都是真實不虛，因此衝突不斷。㊴**而當你能全面觀照時，就會考慮並尊重到多種現實的存在**。

靈性視覺也讓我們能超越自我觀點，去尋求問題的解答。出於善意的美國軍隊在伊拉克造成極大不滿，其中包括他們在巴格達拆除幾座受人民喜愛且經常使用的足球場，以建造一百五十萬美元的底格里斯河公園作為「善意的禮物」。㊵

最近貝克參加在伯利恆舉行的一場大型投資會議，一些西方跨國公司建議在巴勒斯坦進行高科技投資。令他們驚訝的是，貝克堅決主張要他們投資水泥廠。投資者擔心投資這種基礎工業的未來性，直到貝克說服他們要透過巴勒斯坦人的眼光來看事情：難民沒有永久居所，他們最需要的不是電腦或行動電話，而是很明確的一份藍領工作，有固定市場的產業，以及在他們邊界內有足夠的建材。

一旦我們能夠全面觀照，就能看穿自己的假設並超越人性的差異，一起往將我們結合在一起的空間邁進。

本章摘要

結論：

1 原住民擁有不可思議的第六感，因為他們看待世界的方式與我們不同。

2 我們需要一套與現在截然不同的生存法則，才能重拾早已喪失的鏈結感。

3 我們需要換個方式認識世界，換個方式體恤他人，換個方式自我組織。不想遺世獨立，就要有所依怙且要有所作為。

4 不斷地尋求連結及統合，是我們自己最根本的需求。

5 我們的理性心智過濾了我們接收的所有訊息，關閉了我們看見鏈結的能力，虛心接納新經驗才能從中看到鏈結。

6 古老的內觀法是見到鏈結的一種練習方式。

7 唯有全面觀照才能消弭歧見，看穿自己的假設與定見，以及超越人性的差異、國界的限制。

第10章 傾聽「鍵結」的聲音

物以類聚的傾向只會強化個體的特徵，反而造成與他人的疏離。我們總認為自己的方式是最好的，總是期待在另一個人身上重新創造自己，因此我們會找上同質性高的朋友，但這與更深層關係的生命體驗完全背道而馳。

畢夏普（Orland Bishop）指導年輕黑人幫派份子溝通技巧，他的想法似乎太過天眞。他選擇的推廣地區是洛杉磯南部的瓦茲（Watts），貧窮和暴力在此已蔓延數十年，負面臭名遠揚。

拉幫結派，是尋求認同的一種需求

一九九〇年代中期，瓦茲的街頭幫派建立起美國古柯鹼的買賣中心。主要幫派「瘸子幫」和「血幫」之間的對峙衝突，奪走的人命是北愛爾蘭問題歷年傷亡人數的五倍之多。白人當局的解決方案是在洛杉磯警局成立一個特殊部門：打擊街道幫派行動組（Community Resources against Street Hoodlums, CRASH），卻導致歷來最大的內部調查，這是美國史上規模最大的警察不法行爲——無端開槍或毆打嫌犯、誣陷栽贓，甚至還有警察參與毒品交易及銀行搶劫。

瓦茲就此成了美國種族歧視的代名詞。一九六五年發生的瓦茲暴動，黑人群眾與軍警展開激戰，造成重大死傷。事件起因是警察誣告酒駕拘捕了一名黑人青年及其家人，引發黑人居民焚燒並搶劫一千多家由白人開設的商店。美國政府動用了一萬五千名國民警衛隊和裝甲部隊，以防瓦茲區燒成一片焦土。「動物園的猴子，」洛杉磯警局的局長帕克（William Parker）不堪的公開發言，又引發一連串的搶劫和縱火事件，直到警衛隊封鎖瓦茲區後，場面才獲得控制。

三十年後的一九九二年，瓦茲再度成爲美國司法不公的指標，遊客錄影意外捕捉到警察殘暴毆打黑人駕駛羅德尼．金（Rodney King）的畫面，後來涉案的四名警員被判無罪釋放。法庭判決引發了六天的暴動，縱火、傷害、謀殺，造成五十三人死亡、數千人受傷，以及超過十億美元的損失。

雖然從一九九〇年代以後瓦茲區的謀殺率已經下降，但都市更新的多次嘗試大都中途夭折。由於警員無罪釋放的暴亂發生在四大幫派簽署和平協議之後，因此這次黑人暴動的對象挑的是社區內地位逐漸往上爬的拉美裔及亞裔人士。該市唯一的一〇九街公共休閒中心，在二〇〇五年年輕人攻擊經理後就需要經常性的警力增援。美國種族之間正在進行對話，但沒人傾聽瓦茲地區發出的聲音。

然而就在這裡，在這片眞空地帶，我們可以學會如何回復人際關係中的鍵結。畢夏普的工作是教導敵對的幫派份子如何和平相處，如果他教導的對象是你和我，我們的差別頂多只是程度上的不同，絕對不會視彼此爲異類。然而，當我們的行爲違背天性並從自私、競爭的觀點來進行對話時，拔槍相向也不過是你我關係最極端的形式而已。

畢夏普，骨瘦如柴，四十四歲，舉止優雅，口才出眾，表現出他個人有趣的矛盾。他出生於南美洲，在蓋亞那長大，一家九個人擠在兩個房間的屋子裡；他在雨林中漫遊度過夏天。一九六六年蓋亞那剛剛脫離英國獨立，引發了新的集體願景。畢夏普經常和朋友一起長途跋涉、深度對談。在蓋亞那，每件事物都可分享。

一九八二年畢夏普全家移居到美國，和姑媽一起住在布魯克林區。蓋亞那的英國教育系統讓畢夏普領先紐約的課程兩年，卻因爲他來自第三世界國家而被降了兩個年級。在他看來，當時正處於毒品犯罪高峰的布魯克林區，才是不文明的地方。畢業後，他到大學繼續攻讀醫學，本能地理解到他跟新環境的連結，就在於治療他所目睹的一個個傷害。

在他學醫期間，一名藝術家友人要他幫忙戒除毒癮。朋友後來愛滋病發時，畢夏普負起主要的照顧責任。

「他跟我說的話，我至今還記得，」畢夏普說：「死前幾天，他看著我的臉，意志堅決地說服我：『你最好做你該做的事情，如果你不做，一定會後悔。』」①畢夏普意識到他命中注定要治療的不是人類的身體，而是美國社會內部的疏離。他離開醫學院，創立了「庇蔭樹基金會」（ShadeTree Foundation），教導幫派份子及危險的黑人年輕人放棄暴力，建立可能的新關係。

畢夏普認爲，**幫派只是人類歸屬需求受挫的一種表現**。「他們本能地朝向統合的路走，這是幫派形成的原因。」科拉（Nelsa Libertad Curbelo Cora）說，他是厄瓜多瓜亞基爾（Guayaquil）地區穿梭在年輕幫派份子中的和平工作者，瓜亞基爾形同瓦茲區的厄瓜多版本。畢夏普的工作主要是教導年輕黑幫份子超越你我的界線，這的確是治本之道，因爲**唯有回復鍵結，才能有效抑制自我主體意識**。

你的人際關係是親密的「我—你」，還是冷漠的「我—他」？

猶太籍宗教哲學家馬丁·布伯（Martin Buber）在他開創性的「我和你」基本理論中斷言，我們與他人的聯繫是當成「我—它」，他人是完全與我們分離的客體，也因此不如我們重要。②因爲不管在任何情況及任何關係中，我們都認爲「我」是獨立且最重要的。正如尼斯貝特在研究東西方的思考方式所發現的：**一個人的人際關係，大都取決於他如何看待自己和世界的關係**。被要求自我介紹時，北美和歐洲人往往會強調個人特質，誇大其獨特性；而東亞人則強調和所有社會團體的關係。③對西方人來說，走在郊區街道，房子順理成章地在「我們」的左邊，汽車和街道在「我們」右邊，所有事物都圍繞著我們打轉，好像我們是太陽，宇宙其他事物都是行星一樣。

在尼斯貝特的一項研究中，曾讓美國和韓國學生選擇不同顏色的筆留下做紀念。美國學生選擇的是最稀有的顏色，而韓國學生選的是最常見的顏色——一邊想要變成教室裡面最獨特的人；而另一邊只是想融入。④在西方世界中，想要在關係中獨立及尋求獨一無二的衝動，通常會轉化成對權力的追求。在多數情況下，我們被迫要證明自己擁有最閃亮的那支筆。

但是就算我們想要的是連結而非競爭，通常還是會專注在故事裡頭的「我」。如果我要你描述你跟朋友們的第一次見面，你可能會先敘述一開始你是如何找出你們之間的共同點：擁有相同的經濟水準、精神信仰、嗜好、家庭結構或個人品味。你最可能選擇的朋友，是那些跟你特質相近的人。這種淺薄的連結，提供我們一種分享感及認同感。⑤我們喜歡像我們一樣的人，有同樣的價值觀、態度、個性，甚至情緒傾向⑥，而且往往會和不像我們的人衝突最嚴重。我們加入的團體，從扶輪社、家長會乃至教師協會，都是因爲擁有一種相同的熱情，不論對象是社群、遊戲、信仰，還是孩子。我們連結的信念是不斷追尋相同點，這當然意味著我們用來測量他人的終極量尺就是我們自己。

這種物以類聚的傾向只是強化了個體特徵，反而造成與他人的疏離。我們總認爲自己的方式是最好的，總是期待在另一個人身上重新創造自己，這是一種強化自己是對的渴望。而這與更深層關係的生命體驗，完全背道而馳。

一個人唯有被看見，他才算真正存在

正如我們所見，當我們不再獨處的那一刻，我們短暫地離開自己並自動與其他人交融，不論他們有多麼不同。其他人的感覺、動作和想法會影響我們，他們同樣也受到我們的影響，就算我們沒有一點共通性。不論更好或更壞，不論想不想要，我們都正在與所接觸的每個人融合。

北美的拉科塔族（Lakota）將人際關係稱爲 tiyospaye，大致的意思是「我們沒有生活在一起，但也不全然分開」。不論多麼遙遠或多麼不友善，每次互動時，我們都在某個程度上感覺到鏈結。只要暫時停下來去傾聽，就能意識到這一點。

在友人死於愛滋病後，畢夏普前往西非和南非旅行，他向祖魯人長老學習，其中包括沙努西最後一位長老穆特瓦（Credo Mutwa）。當畢夏普返回美國時，帶回祖魯人表達關係的問候語Sawubona，意思是「你好啊，我看見你了」（因電影《阿凡達》的納美人而幾乎人盡皆知）；而正確的回答則是Yabo sawubona，意思是「是的，我們也看見你了」。

「這不是指個人的『我』。」畢夏普說。**在非洲文化中，個人被認爲是過去和現在的連結，是所有生物和意識整體的連結，一個人唯有被看見，他才算眞正存在**。因此，所謂的「關係」不被認爲是孤立的行爲。畢夏普表示，複數也很重要，因爲「看見是一種雙方對話」，一種見證和有參與義務的行爲，包括見證你自己和他人的存在。畢夏普話中的意思是指鍵結是不可少的：在我們與另一個人連結的每一刻，我們形同簽訂了合約，一起進入兩人之間純粹連結的空間。

「對我們來說，這是邀請參與彼此的生活，」他說：「以探討生命的共同潛能；同時也讓我們有義務幫助他人——在提升生命的那一刻給彼此所需要的東西。」這道理聽來類似祖魯人烏邦圖（ubuntu）的價值觀，意思是「你在故我在」（我的存在是因爲大家的存在），表示彼此共同創造，是觀察者，同時也被觀察，我們承諾在關鍵時刻提供他人所需，不論是食物、飲水或最深層的支持。

透過任何一種方式與他人建立關係，讓我們盡己所能地分享這個時刻，準確地提供協助他人成長茁壯所需要的東西。**鍵結改變你我之間的交易性質，從自私目的變成更廣泛性的關注，唯一目的是建立起兩人之間的連結**。

畢夏普告訴他那些年輕的朋友，要把遇見別人當成個人挑戰：「我要怎麼做才能讓那個人感覺自在，讓他們能眞正做自己？我要透過什麼方法，讓他們在這個關係裡充分感到自在？」在這種關係中，「我」和「你」一起成長，因爲你我的差異性已無關緊要。每個人都可以將自己當成工具，提供純粹的連結體驗，就只因爲兩個人都在呼吸。「透過 Sawubona，」畢夏普說：「我們可以感受到另一個人的本質，沒有個人想法形塑的判斷或偏見。Sawubona 是通往人性至善的道路。」

一旦我們將自己看成是整體的一部分，對待彼此的方式就會不同。從關係中去除自私自利的目的，停止對抗天性，順從朝向整體的本能，如此就能輕易地在連結中包容異己。

畢夏普還講了許多關於空間的概念：我們居住的物質空間、適當關係中的心理空間，以及深層交會的空間。他認爲「空間」就是「庇護所」的代名詞，而「庇護所」代表的是一種完美的連結。他說，Sawubona「帶我們進入關係的空間中，一個能和他人共享的空間。」

洛杉磯幫派經常爲了爭奪地盤而發生衝突，他們的共同空間是瓦茲地區，他們的經濟背景主要靠毒品買賣形式。畢夏普藉由去除獨占性，讓瓦茲區成爲庇護所而非收入來源，每個人在此都有機會共享物質空間及身分認同。畢夏普邀請年輕人參與「印達巴」（indaba），意思是「共同聆聽」或「深談」，焦點從交換服務、尋找共同點，轉移到彼此分享最深層的眞實面：你是誰？你的夢想爲何？

「要意見一致，人們必須更深入感知到自己的人性力量。」他說。如果能做到他所謂的「深刻分享」，就能順從合而爲一的人類本能，並進而發現你和空間的共同點，也就是人性。「分享的意義，」畢夏普說：「就是讓不同的感知或眞相共存。」

畢夏普在北加州舉辦五天的留宿靜修，讓年輕的幫派份子離開熟悉的地盤，透過典禮和儀式讓他們擺脫平日的行爲模式。在隨性的討論中，他問起團體煽動性的問題：「你何時開始覺得自己被排斥？」年輕人坦率地分享他們的過去。「創傷會驅使年輕人去混幫派，」畢夏普說：「讓他們認爲自己需要的是敵人。」

畢夏普引導年輕人開口，以及深入傾聽的技巧。在這段深刻分享的期間，群體的吸引力建立起了信賴感，鬆動了他們原來對幫派的頑固依附。這次體驗的強大力量，讓他們有了新盟友，對未來有更大的願景。「他們開始明白，如果他們能團結在一起，就有無限可能性。」他說。

這樣的深層連結，療效明顯。「一旦你產生了奉獻給正面關係的想法，」畢夏普說：「它就能讓形成的空間維持住，不論現況爲何。」

「瘸子幫」和「血幫」過了十二年的休戰太平日子，正在重新談判。過去八年，畢夏普繼續協助他們草擬雙方共享的未來。在「庇蔭樹」的大型網絡中，有許多敵對幫派的年輕人現在在一起工作。同樣的，在厄瓜多的瓜亞基爾，和平工作者科拉也教導年輕的幫派份子將這種連結的需求轉化成對窮困族群的「服務、生命和愛的動力」。幫派份子學會將血氣方剛的衝動，引導至遠離暴力的創意及需求，他們陸續進入印刷業、音樂工作室、披薩店工作。**人我之間存在的空間是如此強大，就連最冷酷的幫派份子都能放下刀械。**

「印達巴」類似量子物理學家波姆（David Bohm）最早提出的對話藝術：不帶任何目的、不需要有結論，這樣的溝通技巧讓團體能探索眞正的感覺和想法，以創造出更多的理解及更深的連結。波姆相信所有物質都具有看不見的一致性，他堅信思想也一樣，而且人類面臨的危機，必然與現代人思考的「普遍矛盾」有關。

我們所認爲的個人想法其實是一種集體現象，是文化影響大規模融合的結果。我們看見的現實不過是用我們的概念和記憶加以著色的構想，本身受到語言、文化和歷史的影響。然而波姆也說，每個人都相信自己解讀世界的方式是「唯一合理的」。⑦結果在嘗試談論最重要的議題時，我們憑著自己所見的眞相來講，最後總會不同意其他人的看法——即便雙方看法十分近似。

波姆提出一種論述方法，他認爲**思維會限制人與人之間的交流，因此對話時要減緩思維過程，才能探索個人和集體背後的想法、信仰和感覺**。藉由協助個人瞭解妨礙眞正溝通的過程，這種交流可以建立共識。波姆將對話比喻成一條四處流動的河，流經眾人，強化他們之間的鏈結，並產生一個「具有共通意義的和諧文化」。⑧

波姆對話的規則很簡單：對話者同意會談目的不是要做成結論或辯論；所有人輪流發言，不能獨占會談時間；對話者要同意隨時警覺自己的反應；每個人都要開誠布公；無論聽到的觀點多麼受爭議，絕對不用自己的觀點評論他人；所有人都要一心一意傾聽，不帶評判；每個成員努力在其他對話者的思想基礎上思考，理解差異，以產生更大的共識、連結和可能性。在想法自由流動與交互激盪之下，創造出「共通的意義」來對話。波姆指出：「全新的思維因此產生。」⑨

我們立場不同，但我們彼此相愛

一九八九年十二月，美國麻州劍橋市的家庭輔導員蘿拉．查辛（Laura Chasin）正在看一場針鋒相對的墮胎辯論，擁護選擇權和擁護生命權的雙方代表僵持不下。這場辯論讓她想起一些相似的行為模式，她在輔導破碎家庭時經常都要面對。她想知道有些在輔導中證明有效的技術，是否也能用在政治或社會觀點偏激的人身上。

查辛擬訂了一個「公開對話」計畫，召集墮胎議題雙方的女性友人和舊識，藉由改變溝通的方式加深彼此的瞭解。一開始，她先辦了一場自助式晚宴，讓與會的女性可以知道彼此的立場。晚宴後的會議中，與會者圍成圓圈而坐，輪流發表意見，透露出個人對於墮胎的見解、促成信念形成的重要事件，以及還在努力想解決的議題。查辛前後共主辦了十八次類似的會議，與會女性超過一百人。

然後到了一九九四年十二月三十日，反對墮胎的薩爾維（John Salvi）走入麻州布魯克林「計畫生育協會」與附近的早產兒健康服務中心開槍，造成兩人死亡、五人受傷。麻州贊成與反對墮胎的敵對雙方的六名領導人物，包括波士頓教區反墮胎運動的辦公室主任及麻州計畫生育聯盟主任甘柏（Nicki Nichols Gamble），認為雙方有必要展開對話，於是六位女士祕密會議進行了近六年。

慢慢的，她們學會了停止使用「謀殺」等煽動性語言，並學會「以愛、尊重及和平的態度發言」，不論雙方的認知差異有多麼大。[10]在哀悼薩爾維槍擊案的兩名受難者時，甘柏向「那些贊成我們祈禱及反對我們祈禱」的人表示感謝。雙方陣營聯手宣布，向媒體表示薩爾維行徑是「正當行爲」的「維吉尼亞擁護生命」（ProLife Virginia）的負責人是不受歡迎的人物。此外，反墮胎的領導人也建立熱線系統，一發現有暴力攻擊可能時，先行警告對方陣營。

在長達六年的對談後，雙方一起召開記者會，記者想知道的是這場辯論到底誰「贏」了。六人小組成員每人都宣稱，對話過程讓她們對自己的墮胎觀點更加堅定。

「所以，這算是失敗嗎？」記者問。

「哦，不是。」其中一位回答。雖然多年來她們爲南轅北轍的理念艱苦奮鬥，卻在對話過程中發現了她們之間的鍵結，並找出如何以尊嚴和敬意對待彼此。「**現在，你們看，我們聚在一起，看顧彼此的孩子。我們彼此相愛。**」[11]

畢夏普和劍橋市婦女的對話形式都強調交流，揭露出每個人對生命更深刻的描述——我們如何認定自己的信仰、又如何堅信「我們是誰」。而連結，總是存在於更深的生命層次。麻州劍橋市的婦女開會時，會刻意避開隔桌對坐的方式，因爲那會讓人聯想起談判或做決策，她們會圍成圓圈友善地並肩而坐，她們尋求的是更高的層次，一種創意的工作方式——大家一起提供給青少年更好的性教育，給懷孕的少女更多協助，並改良領養計畫。然而，對話最重要的層面，是順從整體的吸引力，找出「共通的意義」來進行對話。透過走入彼此之間的空間，你會發現共通點就在那裡，即使你們的世界觀大相逕庭。

我們必須敞開信任之門追求整體，在共同人性的空間裡一起回響共振。如果我們能夠碰觸到記憶深處——這並不難做到。事實上，許許多多的人在當父母的時候就體會了這種純粹的連結。

陌生人也可產生像親子間的連結

很久以前，我就認定自己不會是個好媽媽。我三十幾歲才懷孕，懷孕前我在職場投注了很多心力。因此，我對成爲一個無私的母親一直沒有把握。

我對付懷孕就像跑新聞，我參加自然分娩的產前班、看大量書籍、將身體彎扭成各種原始姿勢，甚至還抱著朋友的小嬰兒體會當媽媽的感覺。

我擔心懷孕會影響工作，擔心高齡才懷第一胎，而我的朋友們早早就當了母親。

我的大女兒出生給了我最重要的啓示，除了誕生的奇蹟（自己成爲另一個生命來到地球的交通工具，一種特別的原始體驗），還有自動自發照顧女兒的天生本能。雖然要花很多時間照顧新生兒，但也沒有什麼工作是特別困難的。令我驚訝的是，從凱特琳（我的大女兒）出生的第一天起，聽她的哭聲我立刻就知道發生了什麼事，也知道要怎麼做她才會不哭。

「喔，」看見她的小嘴巴抖動著，我馬上就知道：「她要換尿布了」、「她餓了」、「她要長出第一顆牙齒了」。

凱特琳緊張不安時，不管我先生再怎麼逗弄她、低語安慰、搖晃、輕唱，效果都不如直接把她遞給我來得好——她的哭聲馬上戛然而止。我經常覺得自己就像魔法師，念著咒語，讓我的孩子永遠聽我的魔法指揮。當時的我還不瞭解，從某種意義來說，其實我就是她的腦波節拍器，早已設定好了我們之間共振的節奏。我們的腦波協調成單一的波動，當她在我懷中時，她馬上變得如此安靜乖巧，是因爲我重新建立了我們正在進行中的共振，而且每次都在我們母女兩人之間的空間中交會。

放開自己，讓自己與另一個人純粹的連結，就像母子之間的關係，會在你們之間產生共振效應。這種深層共振可以跟任何人發生，不僅僅是自己的小孩。

我們的大腦隨時準備著要和他人產生共振，位於腦幹（負責我們的自律神經系統）和大腦新皮質（人類心智所在，被稱爲「感覺的大腦」）之間的邊緣系統，被認爲可以領略並解讀各種狀況下的情緒狀況，甚至包括別人的情緒在內。所有哺乳動物都擁有邊緣腦（limbic brain），可以產生像舊金山加州大學精神病學家劉易斯（Thomas Lewis）、阿米尼（Fair Amini）和蘭頓（Richard Lannon）所謂的「邊緣共振」現象，讓兩個生物體的內在情緒狀態達到協調。「邊緣共振」描述的情況已超出簡單的鏡像擬態，這是當兩個人交流時發現彼此完全同步，在瞬間融合成一體的現象。

關於這個過程最令人印象深刻的描述，是博物學家安妮．狄勒德（Annie Dillard），她在汀克溪（Tinker Creek）溪畔的住家附近碰到一頭黃鼠狼：

黃鼠狼嚇呆了，牠剛從四呎之外一叢蓬亂的野玫瑰底下鑽出來。我也嚇呆了，轉身躲在樹幹後面。我們的眼睛被鎖住了，而有人把鑰匙給扔掉了。我們就像兩個情人或死敵一樣對望著，在雜草叢生的小路上不期而遇，雙方都在想著別的事，這就像肚子挨了一拳。它同時也給大腦漂亮的一拳，大腦突然一振，帶著所有電荷和摩擦氣球的刺耳聲音。肺被掏空了、森林倒了、田野移走了、池水乾涸了；世界紛紛解體並塌陷到眼睛的黑洞之中。如果你和我這樣彼此對視，我們的頭顱會分離並掉落到肩上。⑫

狄勒德描寫的正是我們感覺到鍵結時的震驚，而讓她更驚愕的是，她與野生動物之間發生的深層連結。她的描述擴展了鍵結的範圍，不再局限於人與人之間。就像舊金山的精神病學家所說的，在幾秒鐘內「兩個神經系統達到可以察覺的親密接合」。⑬

想要激起尋求連結的自然衝動並不困難。如前所述，在許多科學研究中，都已經證明「意識會直接對生命系統產生作用」，當其中的「發送者」受到某種（閃光或電擊）刺激時，會試著傳送心智圖像給夥伴。當他這麼做時，兩人的生理系統開始同步。

此外，研究也表明特定條件可以放大這種效果。墨西哥大學神經生理學家格林貝格—濟爾布波姆（Jacobo Grinberg-Zylberbaum）發現，如果實驗之前，讓發送者和接收者冥想對方二十分鐘，就更可能透過閃爍的光線來誘發兩人一模一樣的大腦模式。⑭建立深層連結的其他方法，還包括交換物體或照片、握著彼此的手，一起冥想或指定搭檔。華盛頓大學的研究人員更證明，就算是陌生人，只要被配成一對，兩人就會發展出強大的腦波共振。⑮

要產生如此強大的連結，最重要的因素之一，可能是利他之愛的培養。在本書第四章，美國加州思維科學研究所發現，罹患癌症的受試者可以成功接收到夥伴發送出的治療意圖，其中最重要的組成似乎就是「同理心」的腦部指令。此外，該研究所的人員也灌輸給發送者佛教「施與受」的思想，讓他發展出對別人的深度同理心，去瞭解別人的痛苦，並藉由發送治療意圖的過程中轉換這種理解心。

這個稱爲「自他交換」（Tonglen）的慈悲法門是循序漸進的，先小規模地同情他人，再放寬到對一切眾生的愛。**此一禪修開始於觀想：「感謝眾生的善行與愛心。」然後想想那些你最親近的人並祈禱：「願他們平安健康且免於苦痛。」然後你繼續爲好友、舊識祈福，最後甚至包括你的仇敵。**

打破個人疆界的慈悲心

威斯康辛大學心理學家戴維森（Richard Davidson），畢生致力於找出大腦中誘發特定情緒的部位。戴維森發現負面情緒的人，其右前額葉皮質區有持續性的活動⑯；他想知道正面情緒是否也會在左額葉產生同樣的情形。他的大腦研究受到達賴喇嘛的重視，決定派一群西藏高僧到威斯康辛大學幫忙。戴維森測試其中一名僧侶時，發現他的左額葉活動超過他以往所記錄到的。從神經科學家的角度來看，這是他所見過最幸福的人。

這些結果對戴維森而言，還有更重要的意義。情緒的神經記錄似乎可塑性很高，會隨著時間與特定的思想發展。戴維森繼續對這批僧侶進行更多實驗，以確定禪修是否眞的會影響大腦的機制，使人變得更幸福且更慈悲。

戴維森及同事動員在「慈悲觀靜坐」修習方面經驗豐富的禪修人士，以及一群沒有禪修經驗、來自大學社區的志願受試者。他們讓這群禪修新手接受法籍佛教僧侶馬修．李卡德（Matthieu Ricard，他也是達賴喇嘛的翻譯）的教導，連續一個星期每天進行二十分鐘的「無緣慈悲」修習。李卡德教導他們想著他們所關心的人，比如父母、兄弟姊妹或伴侶，讓他們的心對所想的人湧入無私的愛（與樂）或慈悲（拔苦）等感情。李卡德預期在修習一段時間後，新學員將能夠對所有生物產生無分別的慈悲心。

接著，禪修老手和新手都使用核磁共振造影掃描儀來監測腦部活動，並接受指令採慈悲觀狀態或沒有正負面情緒的放鬆狀態。戴維森一面播放各種聲音——遇難的女人、嬰兒快樂的笑聲或單純的背景噪音——一面監測他們的腦波，並比較禪修、放鬆及中性狀態時的腦波活動。

正如戴維森所預測，播放嬰兒哭聲時，與慈悲觀有關的大腦活動量最大，不僅經驗豐富的禪修人士如此，就連那群禪修新手都顯示出比之前有更大的同情心。⑰

戴維森的研究，掌握了學習如何感覺隱形鍵結的關鍵。**經常修習慈悲觀，可以讓我們以更長**

的時間意識到他人，因此更能與其他人取得聯繫。在戴維森的實驗中，西藏高僧擁有的慈悲大腦線路比一般人更活躍，甚至連在休息期間都如此。然而，透過禪修新手的研究也顯示，這種能力可以相當迅速地開發。**佛教的慈悲觀修習，就像是我們無條件付出的一種本能衝動**。

戴維森的研究工作最迷人之處，在於大腦發生作用的部位：右半邊大腦的顱頂葉連結區。賓州大學神經科學家紐伯格（Andrew Newberg）發現，禪修期間頂葉的活動會降低。大腦這部分是負責處理各類感覺的中樞，掌管自我及方向感，可以幫助我們產生身體的三度空間圖像及自我定位，因而能夠從非我之中找出自我。紐伯格還發現，修持慈悲觀的人會喪失人我意識、沒有分別心，並進入一如的感知。⑱這種**無條件的樂於施予，有助於化解個人疆界，讓我們能走出去，進入個體與個體之間的空間**。

共同的傷口要如何療癒？

我們內心有股拉力，讓我們向整體性靠攏，在深度分歧或脫軌行爲發生之後幫我們回復和諧。社會療癒計畫的共同負責人、前任國際特赦組織華盛頓特區辦公室主任詹姆斯·歐迪（James O'Dea）爲了讓敵對的各方和解，投入了許多年的時間。十年來，他和湯普森博士（Judith Thompson）共同主持「同情與社會療癒」對話，參與的成員大致可劃分爲社會和政治兩種團體，包括共和黨人和忠誠的北愛爾蘭人、土耳其裔和希臘裔塞浦路斯人、以色列人和巴勒斯坦人，聚在一起嘗試治癒共同的傷口。

在對話中，歐迪和湯普森不裁判誰是誰非，而是著重於療癒心靈創傷，以協助各方人馬承認他人的痛苦或屈辱感，由此來解放彼此的傷害與內疚。

他們援引神學家米勒—法倫豪斯（Geiko Müller-Fahrenholz）著作《寬恕的藝術》（*The Art of Forgiveness*）的方法。⑲米勒—法倫豪斯生於一九四○年，由於當時年紀太小，對第三帝國沒有什麼記憶，但是就像許多戰後德國人一樣，他在成長期間也飽受國家恐怖後遺症的困擾，因而開始從受害者和加害者雙方的角度來思索寬恕。

米勒—法倫豪斯認為，惡行是雙方共同的束縛。任何這類行為（包括最輕微的越軌行為），會在雙方之間建立起扭曲的關係。加害者偷走權力，而受害者則對強加之事無能為力。米勒—法倫豪斯認為，對受害者而言，傷害是「人格核心受損」。⑳

雖然寬恕無法取代司法，但是能讓我們超越計算「懲罰夠不夠」的簡單概念。在西方文化中，主要採用刑罰和監禁來處理越軌行為，受害者和加害者雙方都不得解脫。受害者的尊嚴和人格（或財產）沒能恢復，而加害者也從來沒有真正瞭解並處理他的所作所為。

另一方面，寬恕的行為就如哲學家漢娜・鄂蘭（Hannah Arendt）所寫的，是一種「不斷的共同釋放」。**受害者和加害者都學會去認識對方的痛苦或屈辱，共同解放彼此的傷害和內疚。**

米勒—法倫豪斯提到了一群德國老人的故事，在第二次世界大戰期間他們都是希特勒陸軍的一員，一起長征白俄羅斯。五十年後的一九九四年，他們決定重返白俄羅斯，試著彌補年輕時的作爲。他們在車諾比核電廠災變後抵達，要爲災區孩童重新建造家園。在他們逗留的最後期限，造訪了位於查廷（Chatyn）的戰爭紀念公園。舊地重訪的那天晚上，這群德國人想要與白俄羅斯人分享他們的體驗。

一巡敬酒後，其中一名德國人明顯還受到造訪查廷的影響，他起身談到自己年輕時的當兵經歷，開始描述起自己在俄羅斯戰俘營的痛苦，接著喃喃自語地爲自己辯解，然後就突然崩潰。他流著淚說要爲個人對俄羅斯人的所作所爲致歉，也代表他的國家向大家謝罪。房內的每個人，就算沒有經歷過戰爭的年輕人，也都流下淚來。

幾分鐘後，年紀相仿的一名白俄羅斯婦女站起身來，走到房間的另一邊親吻了他。

在德國人眞心懺悔的時刻，曾經受到的所有傷害都因爲坦誠以對而被釋放，房內的每個人也都重拾尊嚴。對那位年長的白俄羅斯婦女來說，她因理解了他人的痛苦（即使對方是加害者）而打開寬恕的心門。

連結他人痛苦的這一刻，超越了任何關係，米勒—法倫豪斯表示：提供「勇氣的火花以暢所欲言，勇敢與信賴的那一刻讓人心跨越了藩籬」。[21]這種突然的融合，拆掉了區隔在我們之間的「圍牆」。

深刻的眞相以及坦率地披露事實，打斷了連串的否定，而且最重要的是，透過重建關係的平衡，我們重新接上了鍵結，結果更勝於簡單的說聲「對不起」或嘗試彌補。**德國士兵和俄羅斯婦女的故事顯示，寬恕是一種糾正扭曲關係的復原。透過寬恕，雙方再次平等。**

對加害者而言，毫無保留地據實以告是解除武裝的行爲，米勒—法倫豪斯表示，那使自己最後能夠願意去面對眞相，照亮難以啓齒的錯誤，爲贖罪做好準備。他人眞情流露的表白，似乎也能引發聽者的責任感，在情緒宣洩的同時也能往前邁進。

詹姆斯．歐迪認爲深度對話是最強大的藥方，解構了加害者及受害者，讓每個人都能認知到那段歷史的深刻眞相，以及彼此之間的鏈結。他發現深刻眞相的力量，可以消弭最大的裂痕，包括瑪麗．羅瑟查德（Mary Rothchild）及加特佛．里奇（Gottfried Leich），瑪麗是大屠殺倖存者的女兒㉒，而加特佛是第三帝國希特勒青年團的成員。加特佛很害怕往事曝光，特別是在猶太人及大屠殺倖存者女兒的面前。他說，他一輩子從沒有這麼害怕過。

對話一開始，瑪麗看著加特佛說：「我的家族有許多人都在大屠殺中遇害，你在其中扮演了什麼角色？」

加特佛承認他在一九三八年的碎玻璃之夜*打人和放火，當時納粹衝鋒隊蓄意搗毀數以千計的猶太家庭、店鋪和會堂。「但我當時才十六歲。」他說。

瑪麗並不滿意。「那麼，如果你大個十歲，就會把我的親人帶進毒氣室嗎？」

---

* Night of Broken Glass，一九三八年十月九日到十日的深夜，各地德國人有組織的突擊猶太教堂與商店，掀起了政府公開支持的反猶太暴力活動，街道隨處可見被砸毀的玻璃櫥窗，當日就有許多猶太人被重槌打死。

加特佛花了很長的時間才開口回答，他低頭看著地板。「我不知道。」他最後說道。

瑪麗因爲他的這個答案，而徹底改變了敵對的態度。她沒想到他會如此誠實，然後他們進入了一個關於眞相的全新領域——是的，我可能會是大屠殺的凶手。

加特佛因爲對自我的嫌惡而崩潰，不由自主地哭了起來。「如今我身爲祖父，而我的孫子是納粹的孫子，我陷在深淵中，一個歷史的牢籠。」

加特佛的坦誠釋放了某些東西，深刻地影響了瑪麗，她不知道自己一直在尋求的就是情緒補償。她起身走向加特佛，握住他的手。「我雖然行過死蔭的幽谷，」她低聲說：「也不怕遭害，因爲你與我同在。」㉓

這一刻，詹姆斯．歐迪和湯普森博士都感受到了兩人之間的空間裡充滿了神聖氛圍。㉔對加特佛來說，這種經驗是一種啓示：他交出恐懼，認眞面對過去，而奇蹟出現了。他說，瑪麗丟出了一道「跨越深淵的橋樑」，並請他一起上來與她會合。㉕透過共同的經歷，雙方都感覺到了明顯的鍵結。

湯普森說寬恕在希臘語的意思是「解開繩結」，因此加害者和受害者都從傷害或屈辱、過去的後遺症中解脫出來，繼續過他們的生活。這就是勇敢坦承及眞心懺悔的力量，雙方因爲對話而永遠改變了。

從這個角度來看，是分歧的意見或惡行中斷了連結，而寬恕和補償則重建了連結。正如米勒—法倫豪斯所說的，越軌的錯誤行爲是犯了「違抗整體的罪」，而深刻理解的眞相則結束了

「自己與世界的戰爭」。㉖

社群效應，連結的力量

我有個仍在進行中的念力實驗：在控制良好的科學實驗中檢驗集體思想的力量，並選擇非正式的講習班及念力社群進行。我們在至今二十三項的研究中得到具說服力的結果，證明思想的力量可以加快植物生長、淨化水質及減少暴力。㉗

至今最有趣的現象，是有些研究對受試者產生的影響。我們那些大型的線上實驗，產生了許多狂喜經驗的報告，特別是合而爲一的感覺更是勢不可擋。參與實驗的人分布世界各地，他們透過電腦連線到我們的網站，體驗與千里之外的其他人連結的感覺。我對這種連結的長期效應是否能像禪修一樣，一直都抱持著懷疑的態度。

二〇〇八年九月，我展開了一項實驗，透過六十個國家的一萬五千名受試者來檢查「團體心智」是否有降低暴力及恢復和平的力量。研究計畫是讓世界各地的讀者在我們的網站上聯手，傳送和平意圖到飽受戰火蹂躪的指定地區——這次的目標是斯里蘭卡。

然後我們開始調查，發現完成實驗的受試者中約有四六%表示，他們留意到在實驗後與他人的關係有長期的轉變。大體上來說，團體經驗顯然有助於他們感受到更多愛，不論是否認識接收者。二五%以上的受試者，則對他們喜愛的對象、討厭的人或經常發生爭執的人感受到更多愛，四一%對所有接觸到的人都感覺到更多愛，一九%發現他們與陌生人更能和睦相處。

當他們被問及與誰的關係改善最多時，三八%的受試者表示，他們發現與陌生人之間的關係改變最多。透過我們的網站活動，與數以千計的陌生人連結的經驗，賦予許多人更能接受陌生人的能力。

我後來稱這種現象是「八的力量」，而這種鍵結會在數分鐘之內發生。在週末講習班，我們將聽眾每八人分成一個小組，並請這些完全陌生的人傳送愛的想法給彼此。我們見證到發送者和接收者雙方都經歷了強大的情緒或身體治療。以瑪莎爲例，她有一個角膜混濁，嚴重影響了視力。第二天，在小組的念力治療後，她表示該眼的視力幾乎完全恢復了。她的小組中有人受到偏頭痛或背部問題的長期困擾，而他們也表示有所改善。

任何可能的治療效果，可能都與強大的社群效應有關。在這些講習會期間，陌生人開始共振成一體；例如在荷蘭的講習會，許多小組說在團體念力期間，同一組的成員有完全相同的幻覺。其中有個小組，用集體念力傳輸治療意圖給背痛的某個女性成員，她和小組其他成員的腦海裡全都出現了同一個畫面：她的脊椎脫離身體並注入亮光。

講習會和念力實驗所出現的合而爲一的強烈感覺，就是純粹連結的共振效應。同一組的陌生人所具有的單純歸屬感及自發性付出的行爲是如此強大，滿足了我們最深切的渴望，醫治者及接收者都同時受到治療。

付出是加法，而不是減法

最近，美國加州大學有一項針對巴西馬托格羅索（Mato Gross）蘇雅印第安人的研究，試著找出他們如何使用數字。這群亞馬遜印第安人以音樂知名；洛杉磯加州大學民族音樂學教授西格（Anthony Seeger）表示，他們透過歌聲建立社群、建立關係及社會認同，也用以表達時間和空間的概念。[28]對蘇雅人來說，歌唱是自然科學也是人文科學。

這群科學家研究不同文化的數字系統差異，他們得到的結論是，許多原住民文化並沒有用於描述事物數量的語言。例如，南美洲的皮拉哈人（Piraha）用同一個字 hoi 來表示「約一」和「約二」，僅有的差異是音調轉折的細微變動；而亞馬遜地區的蒙杜魯庫人（Mundurucu）的數字文字只到五。這讓許多科學家開始研究人類到底是天生就具有數字概念，或者是數字的理解也是文化條件的一環。

美國研究人員對蘇雅印第安人提出一個數字問題：如果你有十條魚並送出三條，還剩下幾條？蘇雅人會毫不遲疑地回答。在村子裡隨便找個人來問，他們都會告訴你：答案是十三條。

在蘇雅的傳統中，當你送東西給某人，接受的人要加倍回送。比如說，要是有人送了三條魚給兄弟，兄弟必須回送三條魚的兩倍，也就是六條魚。西方數學的算式是 $10-3=7$；而蘇雅人的算式是：$10+(2\times 3)-3=13$。

蘇雅人對美國版的算式感到十分驚訝。「爲什麼白種人總要把『給予』看成是『減法』？」

被提問的蘇美人問道。「我知道你要我用減號而不要用加號，但是我不知道原因。」

這整個故事讓《看看歐幾里德》（*Here's Looking at Euclid*）的作者貝洛斯（Alex Bellos）大吃一驚，他在書中研究數學的文化差異。[29]他以數字是通用語言的信念著手研究，也就是說，這是一種我們能和外星人溝通的方式，結果卻發現對算術關係的基本認識取決於文化背景。

這個故事給了我們非常深刻的啓發，不只是關於數學，也關於不同文化如何看待一般的關係，特別是我們如何看待自己和其他事物的關係。我們的數學意識，極度依賴我們用來定義世界的方式，以及我們到底如何看待自己和周圍萬物的關係：是彼此分離的個別實體，還是天生就交織在一起，無法切割？

西方以外的許多社會，包括沒有文字的文化（如澳洲原住民）、古代希臘人和埃及人、東方宗教（如佛教、禪宗和道教）的信眾，以及一些現存的原住民文化，他們所想像的宇宙是不可分割的，由一些宇宙能量或生命力連結起來。這樣的中心信仰孕育出截然不同的方式看待世界，以及自己與世界互動的方式。我們看見的是個別事物，他們看見的是整體——事物之間的關係。

對原住民而言，付出本來就是有益的行爲，是加法，而不是減法。「關係」最重要的方程式是加號，重點是建立連結。

本章摘要

結論：

1 正確的對話是化解對立、建立同理心及連結的最好方式。

2 波姆（David Bohm）對話藝術的五大原則：一、對話目的不是要做成結論或辯論；二、所有人輪流發言，不能獨占會談時間；三、對話者要隨時警覺自己的反應，無論聽到的觀點多麼受爭議，絕對不用自己的觀點評論他人；四、每個人都要開誠布公；五、每個成員努力在其他對話者的思想基礎上思考，理解差異，以產生更大的共識、連結和可能性。

3 在西方世界中，想在關係中獨立及尋求獨一無二的衝動，通常會轉化成對權力的追求。

4「物以類聚」的交友傾向只是強化了個體特徵，反而會造成與他人的疏離。

5 祖魯人給我們的啟示：一個人唯有被看見，他才算真正存在。這是對關係最好的詮釋。

6 要建立強大的連結，最重要的因素之一是利他之愛的培養。

7 慈悲心能夠打破個人疆界，走出自己，進入人與我之間的空間。

8 深度對話是最強大的藥方，解構了加害者及受害者，讓每個人都能從歷史的創傷中癒合，重建平衡的關係。

9 付出是加法，而不是減法：你付出越多，得到的越多。

第11章 里仁爲美，別把自己關在圍牆內

當人類以同步方式一起做事時，腦波必須有樣學樣。因此不論彼此的差異有多大，只要能擁有共同的目標就能和睦相處。我們要像蜜蜂一樣，建立一個充滿活力又開放的超個體社區，在這裡每個人都有共同的目標。

美國內華達州克拉克郡第二大城亨德森（Henderson），在甘迺迪總統任後就背負著沉重的期望，他在脫口而出的評論中稱這個離拉斯維加斯一箭之遙、新近由賭場金錢播種、人煙稀少的城市爲「命運之城」。在此之後的半個世紀，彷彿遵循著前總統的指示，亨德森擴大到明尼蘇達州聖保羅市的規模，成爲一座中等規模的美國城市，或如它的網站「亨德森之旅」所稱的「沙漠中的鑽石」。該城平日的口號是「賓至如歸」，呼應官方放在首頁上的市長歡迎詞。

禁止通行，一個門禁嚴格的社區

其實沒人會特別歡迎你，除非你剛好生活在它的城門裡頭。不過，如果你是亨德森的居民，情況也好不到哪裡去，你和所有近鄰之間可能有高牆阻擋著。亨德森是「綠谷」的所在地，這是美國爲數眾多的「總體規畫」門禁社區的第一個社區，供六萬人居住，可媲美一個中型城鎮的規

模，當初的建築概念是——以個人爲尊。後院尾端有一堵堵精密建造的圍牆，蓋在住宅之間，界定出一個個「社區裡的小社區」，還有最重要的：在社區與外界之間也立起了高牆。社區嚴格禁止居民從任何方面更改圍牆，就算是建在他們的物產之上。除了門禁入口之外，還有自己的安全警衛，不經安全檢查就不准進入。商店、公園、人行道、遊樂場、開放空間，甚至本地學校全都位於高牆圍繞起來的中央區，爲專屬的社區提供服務。

綠谷是世界成長最快的社區之一。到目前爲止，有八百萬美國人居住在門禁社區；新的城市建築計畫有八成採門禁管理，特別是美國西部和南部，以及大型城市往外擴張領土的郊區。這個國家光是加州就有五百萬的門禁社區居民，約四成的新房子蓋在大門裡頭或裝設著某種安全裝置。但，這種趨勢並非美國特有。門禁社區目前在南非也頗受歡迎，那裡的土地開發商首先用牆隔出一塊地區，然後再塡入道路和房舍；在中東地區，圍牆裡甚至還有武裝車輛巡邏以保護西方人的石油利益；在英國，碼頭區（倫敦新的金融中心）許多都市更新案正在如火如荼進行。就算是在開發中國家，比如墨西哥、中南美洲和中國，也發現圍牆城鎭和社區來勢洶洶。阿根廷的北德爾塔（Nordelta），是該國最大的封閉型私人社區，甚至提供居民專屬的醫院。

雖然居民將犯罪和安全當成是生活在大門內的主要原因，但對門禁社區影響力的研究顯示，這對預防犯罪來說具有邊際效應。由佛羅里達州勞德代堡警方進行的兩個研究，其中之一比較的是封閉型社區建立前後，對所有類型犯罪率的影響，結果發現在人身或財產等各級犯罪上並無顯著差異。偷車、闖空門和其他類型的犯罪最初會大幅下降，但是等罪犯習慣在大門四處走動後，上述案件很快就回到先前水準。①第二項研究，調查的是幾個緊鄰的社區犯罪率和勞德岱堡的總犯罪率，發現有沒有社區大門，在防止特定類型的犯罪上並沒有真正差別。雖然在大門內的侵害人身犯罪率較低，但闖空門或偷車的發生率在頭一年降低後，就上升到和門外相同的水準。②綠谷社區的圍牆內最近發生的事情，包括了連續性侵害、滅門血案、搶劫、販毒和吸毒、附近工廠的氯氣污染——總之，就是沒有門禁設施的普通郊區會發生的問題。③其實就連門禁最嚴密的社區保全設施，也沒有簡單的守望相助組織來得管用。根據佛羅里達國際大學的一項研究，證明這種守望相助組織分別降低了搶劫和闖空門案件發生率的二四%和三三%。④

門禁社區的居民將犯罪當成設立圍牆的表面理由，但是更高級的無門禁地區——多數門禁社區的所在地點，犯罪率早就微不足道了。門禁社區眞正的重點，在於讓居民與外人隔絕，美國學者布萊克利（Edward J. Blakely）和斯奈德（Mary Gail Snyder）在《美國堡壘：美國的門禁社區》（*Fortress America: Gated Communities in the United States*）一書中寫道：「人來人往卻與陌生人無異，陌生人有害，而有害意味著犯罪。」⑤

門禁社區的另一個重點，是殷切期望提升社經地位；正如布萊克利和斯奈德所說的：「他們滿足於排他的企望，以及不同於他人的渴望。」一名建商告訴布萊克利，買家想要的房子是能夠「爲他們和他們的生活方式發出明確聲明」。新建的社區，比如綠谷的「飛地」（The Enclave）*，

---

*飛地（Enclave）原意是位於某國境內的另一國領土。

精心打造的入口就強調排他性與地位。

許多人聲稱在深鎖大門之後的是一個舊式社區，他們的小孩可以在街道上盡情玩耍，公園和學校也安全無虞，鄰居隔著花園籬笆互相招手問候……。然而，住戶之間圍起的高牆又該怎麼解釋？門禁社區很像是從聯邦分割出去的一州，提供自己州民的服務和安全，對牆外世界極少或不負責任，鼓勵州民放棄身爲公民的責任。這也反映了我們社會內部不斷朝向原子化演進的趨勢，**目前的趨勢已經製造了越來越小的群體，彼此之間的同質性也越來越高**。

本質上，這意味著門禁社區已將我們原本的「鄰里」概念，轉變成「專屬的鄉村俱樂部」。**現在社區的目的，在於傾全力做出「我」的最大表述**。

大體上，我們的社區概念現在就跟人際關係差不多，都必須以相同的東西——一大群的「我」——來建構才能運作。政治學家普特南將社會資本區分爲兩種：一是「聚合型社會資本」（與相似的人互動），二是「聯外型社會資本」（與不同於我們的人互動）。他在研究現代美國種族差異對信賴和公民參與的影響時，發現周圍的人越跟我們不一樣，我們與他人（不管像不像我們）互動的可能性就越低；而如他所說，我們最有可能的做法是：跟自家人「蹲踞」在電視機前面。⑥重點是，如果剛好不是生活在同質性高的社區時，我們壓根就不要社區了。

沒有證據顯示，以門禁社區的形式，同質性高就能建立較佳的社區或較多的「社會資本」，這裡指稱的「社會資本」是指社區精神和團結的社會學術語。正如普特南指出的，現在的社會資本已來到美國史上的最低點。事實上，門禁森嚴的大門正好阻礙了社會資本的成長，因爲它會助長「內部團體」和「外圍團體」的劃化。

要建立一個充滿活力且開放的社區，最有力的方式是超越「物以類聚」的趨勢（比如結交與自己相似的人、加入性質相似的團體），以及找到一個所有人都能爲共同人性和共同目標攜手合作的依存空間。而達成這種鍵結，最快速的方法之一就是形成社區超個體。

戰亂頻起，不同團體要如何和解？

一九五四年，二十二位奧克拉荷馬市的十一歲新教男孩，登上兩部公車前往強盜洞州立公園附近、占地兩百英畝的童子軍夏令營地。他們都有相似的中等階級背景，彼此不相識，並曾做過心理穩定篩選。

這項研究的設計者是土耳其裔的哈佛研究生謝里夫（Muzafer Sherif），他是社會心理學的奠基者之一。在這次實驗中，他以身爲營地「看守人」的身分來進行觀察。這群男孩事前都不知道他們是實驗白老鼠，而此次的實驗也成爲有史以來最迷人的團體行爲心理研究之一。

男孩隨機分成了兩組，剛開始那幾天，營區輔導員（一組心理學家，包括謝里夫的妻子）鼓勵男孩一起活動，鞏固小組成員之間的鍵結。他們讓兩組男孩自己選隊名，一組選的是「響尾蛇」，一組選的是「老鷹」，並製作自己的團隊旗幟、指定團隊在營地的位置、編寫隊歌，以及自行制定隊規及特定的行爲模式。他們規定兩組成員有獨立的生活區塊，相隔甚遠，在初期這段期間絕不准和另一組的成員碰面。

研究進入下個階段，謝里夫和同事暗中策畫了一個競爭性高及受挫的情境，刻意引起兩組人馬衝突。他們宣布運動競賽和其他競賽性遊戲，都有獎杯、獎牌和十一支四刃瑞士刀做爲獲勝團隊的可觀獎賞。經過一天的練習後，最後兩組都敵視地瞪著對方。

在競賽的四天期間，工作人員操弄記分表，讓兩組的分數並駕齊驅，確保賽程維持緊繃狀態。慢慢的，男孩的運動精神消失了，取而代之的是互相攻訐謾罵；甚至當另一組的成員出現在同一間飯廳時，每個男孩都拒絕吃飯。

過了不久，研究人員再也不用刻意煽起敵意。有一天響尾蛇隊裝扮成突擊隊員，突襲老鷹隊的小屋，翻倒床鋪、撕裂蚊帳。老鷹隊則連本帶利報復，他們手持棍棒，將響尾蛇隊的所有物品丟成一堆。兩隊人馬都毀掉了對方的隊旗。在老鷹隊贏得競賽那天，響尾蛇隊偷走了瑞士刀等獎品。日益增長的敵意，引起了一場激烈的鬥毆，讓輔導員必須出面喊停。

偏見與日俱增，謝里夫接著進行下一輪的實驗，他設計一些活動，讓兩組男孩一起參與。但是，營地裡既沒有自我介紹、氣氛輕鬆的晚間活動，也沒有電影之夜或獨立紀念日的活動來減輕緊張局勢。

接下來，謝里夫在營區製造了一連串的危機，沒有兩組的資源及所有男孩的參與就無法解決。比如研究人員蓄意破壞供水系統，讓兩組人合力掃除障礙；一起去拉一條綁在斷樹上的繩索，讓進退不得被困住的卡車，能運送食物給雙方；以及讓兩組人湊錢一起去看電影。

在水來了之後，響尾蛇隊禮讓老鷹隊的男孩先喝水，因爲老鷹隊的人沒有帶水壺。而在兩組人湊錢看電影之後，男孩們開始在飯廳裡一起用餐，兩組的隊員隨意地混著坐在一起。在營地最後一天，男孩一致同意一起同坐一輛巴士回家，響尾蛇隊和老鷹隊的男孩勾肩搭背坐在一起。在途中的停靠站，響尾蛇隊的隊長還把他在丟豆子競賽中贏來的五美元，買麥芽牛奶送給全部二十二位男孩。⑦

英國作家高汀（William Golding）在他的代表作品《蒼蠅王》（*Lord of the Flies*）中描寫「人心天生的黑暗面」：去除文明的虛偽外表，就連小孩也會變得野蠻。謝里夫的研究卻證明剛好相反。如果讓孩子處於相對立的團體，並強迫他們去競爭稀少的資源時，他們的確能夠變得殘酷及欺凌他人。但是，當強盜洞營地的小孩有了大於自身和團隊的共同目標及意圖時，就會迅速放下爭執，攜手合作成爲超個體。

重複好幾次的謝里夫研究被認爲是接觸假設（contact hypothesis）*的經典試驗，這是由人格心理學家奧爾波特（Gordon Allport）所制定的。奧爾波特是心理學的傑出人物，也是人格心理學的創始人，他認爲不同團體成員之間的接觸是降低偏見的最佳方法。他的理論影響了最高法院的「布朗控訴托皮卡教育局案」**具有指標意義的判決，終結學校的種族隔離。然而，奧爾波

---

*接觸假設認為兩個團體接觸時，若採平等的地位便能降低衝突。

**「布朗控訴托皮卡教育局案」（Brown v. Board of Education of Topeka）是一九五四年、針對美國公立學校違反憲法的種族歧視案件，其實是發生於各地的多件訴訟共同組成的一個廣泛稱呼。

特的理論也導致了終結美國種族主義的幾起失敗案例，例如一九六〇年代美國黑人學童被運送進白人學校，強迫「黑白同校」。

普特南的證據，似乎反駁了奧爾波特的結論——團體間的接觸引出團結及信任。因爲普特南發現，美國人如果身邊的種族越多，偏見和不信任感就越高。然而，奧爾波特也詳列了四種特定情況，以確保不同團體之間的接觸能夠奏效：團體地位平等；團體之間的合作；權威人物的支持；最後也最重要的一點，是共同的目標。⑧

心理學家稱此爲「超然目標」，只有透過團隊合作才能達到的目標。具有分享及團隊合作的精神往往可以超越差異性，因爲它強調的是人性核心：我們同在一起。**如果我們同在一起，就不會再爲了稀少資源而競爭**。

「所有人根本上是相似的」，此一基礎假設在某些地區受到了質疑⑨，但是接觸假設在各種環境背景下進行試驗後，卻發現這是減少許多團體歧視的有力工具，從北愛爾蘭的新教徒和天主教徒，乃至大學的同性戀。有新成員加入的運動團隊、管理團隊、學校，甚至監獄，紛紛利用「超然目標」來緩解對峙及鼓勵團隊精神。二〇〇六年一篇回顧五一五個進行中的「接觸假設」研究，證實在不同團體之間的接觸，成功地降低彼此間的偏見並增進合作，特別是在符合奧爾波特四個條件的情況下。⑩

運動精神具有改變世界的力量

貝克（Don Beck）是謝里夫指導的研究生，他想要用強盜洞建立「超然目標」的經驗做爲結束政治衝突的方法。貝克首先想到的是以南非爲實驗對象，也就是電影《打不倒的勇者》（*Invictus*）所描寫的眞實故事。當時（一九九五年）南非橄欖球隊剛好打進了世界杯季後賽，或許可以因此凝聚南非民眾的向心力，解決黑白人種問題。

貝克對超級聯賽的比賽心理學特別感興趣，透過在美式足球達拉斯牛仔隊及紐奧良聖徒隊的工作經歷，他發展出了一個信念：運動具有解決紛爭的力量。對南非橄欖球隊「跳羚隊」來說，這是相當大膽的想法。橄欖球一向被認爲是白人的運動，跳羚隊的所有球員幾乎都是荷裔白人，教練甚至用南非荷蘭語叫喊戰術。講英語的球員和黑人球員很少能入選球隊，因此導致了南非黑人族群強烈抵制橄欖球運動。

一九九五年，貝克提交了一篇論文給跳羚隊教練克里斯蒂（Kitch Christie），題目是〈通往榮耀的六場比賽〉，詳述一系列的心理策略，將有助於球隊在通往世界杯的比賽中從弱隊轉爲世界級的競爭者。除了贏得比賽的策略之外，貝克的文章還包括跳羚隊可以成爲這個新興國家榮耀的焦點，將黑人社區的黑人和荷裔白人連結起來。

貝克論文提供的許多策略，都可用在其他地區建立超然目標。他建議跳羚隊採行合作或國家認同的做法：綠色和金色的球衫、搭配傳統祖魯鼓的隊歌，以帶領球隊並激勵群眾。他建議克里斯蒂讓隊員坐在一起看《火爆教頭草地兵》（*Hoosiers*）和《火戰車》（*Chariots of Fire*）等影片，以建立「神祕的兄弟情誼」，感覺球隊就像個大家庭一樣，有比個人忠誠更大的鍵結及奮戰的理由。貝克安排球隊參觀總統曼德拉以前被關在羅本島（Robben Island）的小牢房，強調他們對國家命運有更重要的角色。總之，他的訓練主要是在發展一種感覺：面對此一關鍵時刻，每位隊員都要齊心協力成爲一體。

隨著球賽進行，貝克的超然目標開始感染了南非全國。來自黑人社區的年輕黑人拆掉反橄欖球的標語，掛上跳羚隊偶像的照片。在世界杯期間，跳羚隊持續贏球，曼德拉穿上跳羚隊的綠金色球衫出現，成爲團結及寬恕的有形象徵。

對貝克來說，建立超然目標是在政治衝突地區實現和平的最好方式之一。他的工作經常要會見紛爭地區的敵對雙方，並向他們展現積極可行的未來願景，但是這需要雙方共同努力，並利用共有資源來爲當地所有人找出解決方案。

最近，貝克向阿拉伯和以色列提出一項計畫，建議將被占領的巴勒斯坦當成「中東的香港」，一個雙邊都能共享教育和醫療保健等資源服務的富裕社會。他現在正與雙邊協商，擬定一個在三十年之內實現這個願景的細節和時間表。⑪

對智利礦工來說，建立共同的認同並爲超然目標合作，更是性命攸關的事。二〇一〇年八月科皮亞波（Copiapo）礦場坍塌後，他們受困在阿塔卡馬沙漠底下七十天。工頭鄂蘇亞（Luis Urzúa）用盡各種方式想建立集體認同：嚴格的資源共享；一人一票民主決策過程；團體統一名稱（三十三），這些措施全都有助於建立我為人人的意識，齊心協力克服重重困難。在此同時，鄂蘇亞不斷強化一個事實：活下來，不只是為了個人或團體的好處。他掛起智利國旗，並經常帶領著礦工唱國歌。他在工人中灌輸歷史地位的意義：他們的生存，攸關國家利益。⑫

合作時的大腦同步作用

從科學觀點來看，離開我們小小的個人空間聚合成團體以完成超然目標，真正的力量源自於集體的共振效應。正如腦波挾帶會在兩個人之間產生，同樣也會在合作的團體成員之間建立起來。團體中每個人的電活動開始以共同波長共振——一個聲調完美和諧的合唱團。就像一群電子會慢慢開始像單一的大型電子一般振動，團體也會產生放大個人效應的共振。

柏林普朗克人類發展研究院（Max Planck Institute for Human Development）及薩爾茲堡大學（University of Salzburg）的心理學家，希望能透過科技儀器檢驗一件事：當我們致力於一個共同目標時，大腦是否會與其他人「唱雙簧」。雖然有不少研究都曾使用功能性磁振造影儀，但從來沒有人檢查這種合作情形下的腦波活動。在最近的研究中，德國科學家檢視互動中的兩個人各自的腦波節律，證明有一種腦波與獨立行為有關，而在行為協同一致時，雙方則共享另一種腦波。

德國和奧地利的科學家決定進一步研究，他們找來吉他手兩兩配對，一起彈奏短曲，看看在所謂的「協調擺動」時，兩人的大腦皮質層活動會同步到什麼程度。科學家在兩名樂手的頭上戴上了一個腦電圖帽蓋來記錄腦波活動。

科學家採用特殊演算法分析兩人個別及搭檔時的相關腦波活動，他們發現每一對樂手腦波高度同步且「同相」；也就是說，腦波在特定關鍵時刻到達波峰及波谷，分別在他們用節拍器設定速度練習時，以及稍後開始一起合奏時。

事實上，大腦整個區域都有同步模式，又以額葉和中央區最強，但是也有至少一半的配對吉他手，出現顳葉和頂葉區的高同步作用。⑬由於頂葉區處理的是自我的空間感，樂手的同步意味著兩人朝向一體。換句話說，一**起合力創作時，會超越自我**。

這樣的研究有極大的含意，因為人生在世，我們需要與他人同步或目標導向行為等互動機會是如此之多。研究人員的結論是：**每當人類以同步方式一起做事時，他們的腦波必須有樣學樣**。腦波同步甚至還有助於維持人際關係，已知在早期社會發展中就已發揮了重要作用。爵士樂團演奏時就像是一個超個體，一起發出一個共同的聲音；同樣的，我們合作時也可透過腦波波長的同步化來產生一個共同的結果，而這似乎是所有團體關係能夠成功的基礎。

結論是，不論彼此的差異有多大，我們都能和睦相處，只要能擁有共同的目標（超然目標）或一起進行活動。

透過成為超個體的一員，還能提升體力。最具說服力的研究之一是英國大學的偉大傳統：划船比賽，尤其是牛津大學對上主要敵手劍橋大學時更是出了名的競爭激烈。牛津大學認知與進化人類學研究所的人類學家，請牛津大學的一組划船選手利用體育館「虛擬船」練習，做為平常的正規訓練。每次試驗會連續划上四十五分鐘，一開始是全隊練習，然後是個人。

每一場練習之後，科學家都會測量划船選手的疼痛臨界值，用的方法是測量他們能夠讓充氣血壓腕帶在手臂上停留多久。我們早就知道練習會增加人體忍受疼痛的能力，划船選手也證明了這一點，特別之處在於：**團隊訓練後的疼痛耐受度顯然大於個別練習**。

科學家因此推斷，雖然所有體力活動都會釋放腦內啡（一種能提振心情的化學物質），但一**起從事體力活動似乎會讓腦內啡的釋放呈直線上升，而這可能與共同鍵結有關**。此研究的主要作者艾瑪．科恩（Emma Cohen）指出，這個現象的「原因可能是同步協調的體力活動」。划船選手們一起建立一個「場域」來放大個人氣力，因而超越了個人的體能限制。⑭在場域裡面，整體大於各個組成部分的總和。

團結真的力量大

當我們以團體方式做事時會情緒高漲，感覺眞的可以迎戰困境，包括疼痛。這證明一句古老的格言：團結力量大；也說明我們爲了共同目標工作的感覺就像變魔術。我們走出自己的個體，進入鍵結的空間。

科學家現在已經瞭解，當神經元一直不斷重複刺激時，會變得更有效率並以一個單元來運作：一起發射的神經元會聚在一起；而可能一起發射的人也連結在一起。當我們與他人爲了共同目標而工作時，很快的，腦波的波長就會一致。這一切都表明，以超然目標結合的小團體，其凝聚力遠遠超過金錢、工作或財富。我們最快樂的時候，可能是與鄰居一起爲某個目標通力合作時，比如一起蓋穀倉。

蓋穀倉有很多種不同說法。北美原住民切諾基人（Cherokees）稱爲gadugi，芬蘭人稱爲talkoot，有些美國人則稱之爲蜜蜂（bee）。爲同一件事情而一起投入的想法，不論是做棉被、剝玉米或蓋穀倉，都是因爲如果只靠自己完成，不是太過困難，就是很乏味無趣。在挪威，人們加入互助會，在共同的綠地上種植花木或協助建造房舍，有些組織還會安排年度聚會。其他地方的社群也會一起合作，建造對整個社區有用的東西，比如美國奧克拉荷馬州的泰霍爾特（Tailholt）小鎮。

奧克拉荷馬州是美洲原住民切諾基人居住的十四個郡之一，而泰霍爾特則是一個被遺忘的美國小鄉鎮。小鎮坐落在該州東南部的偏遠角落，鎮名意思是「爲了生存而抓緊的地方」，是爲了紀念先人抓住馬尾巴、横渡湍急溪流到此開拓的艱辛。四萬兩千名人口有三分之一是由美洲原住民家庭組成，年平均收入兩萬七千美元，房屋價值約六萬美元。鎮上現存的產業大都以最低工資雇請工人。方圓十二英里內，每英里就有一座墓地，在泰霍爾特鎮上，最熱絡的活動就是讓居民安息。

從一九九九年起，泰霍爾特的居民每年都試著取得淡水，但每年都徒勞無功。社區的水源一直都有問題：水井乾涸、水龍頭的水壓不足、水受到污染，或是氣味、味道不對。美國環境保護署對大腸桿菌有嚴格的把關條件，以之當作水中有害微生物總量的指標，適合飲用的水每毫升含菌量都訂有上限。泰霍爾特鎮上有高達五八％的家庭用水，大腸桿菌檢驗都不合格。然而，全國印第安人健康照護機構在年度申請補助時，又因爲管線鋪設工程資金過高而過不了關，意思就是聯邦政府給的錢不夠分配。

此外，泰霍爾特鎮居民也希望有一棟大型社區中心作爲會議場地，但同樣因爲成本過高，聯邦政府不想買單。

二〇〇四年，切諾基人自行創立了「切諾基族工作計畫」（Cherokee National Community Work Projects），提供小額資金協助像泰霍爾特這種得不到聯邦經費補助的美洲原住民社區，同時還成立切諾基族社區組織訓練及技術援助體系（Cherokee Nation's Community Organization Training and Technical Assistance, COTTA），教導社區如何團結起來，把所能爭取到的小錢做最大的運用。

泰霍爾特鎮民在拿不到聯邦經費後，就去見了COTTA的部門主任希克斯（Billy Hix），他說服大家要更主動參與輸水管線的建造。由於申請幫助需要具備幾個重要資格，其中的一個重要評估，就是泰霍爾特鎮民想爲這個計畫投入多少心力。

泰霍爾特鎮民開始定期舉行會議，多達兩百人出席，包括一個三十人的核心小組。他們一致通過了兩個工作目標：一是建立城鎮活動中心，二是鋪設淡水管線。他們同意由鎮民提供大部分的人力，挖掘及掩埋十英里的管線，作業時間預估要四至六個月，同時由郡自來水公司監督計畫並提供技術協助。

鋪設管線原本的預估經費是五十七萬九千美元，但因爲居民自行挖掘並自備工具，大量節省了勞力成本，使得所需經費大幅降至一半。希克斯希望總經費能再調降一些，以便拿到聯邦的補助經費。

由於鎮民也願意爲建造社區中心奉獻汗水，因此COTTA提供了七萬兩千美元的基本材料費。泰霍爾特鎮民再次申請少得可憐的聯邦經費，盼能通過嚴苛的審核。

鎮民開始物色會議中心的地點，但是再次面臨經費問題——他們沒有資金買土地。然後，在一次的例行夜間會議時，八十歲的桑德斯老太太挺身而出，她願意捐出近五英畝的自有土地，附帶條件是活動中心要提出兒童識字計畫及老人營養方案。

活動中心和供水管線都在二〇〇六年開始運作。現在，泰霍爾特鎮有乾淨的飲水，還有一座附帶圖書館的社區中心，可以免費使用電腦，讓大家一起在此聚會。更大的回報則是：鎮民一起參與共同目標所帶動的效應。在建築工作開始之前，鎮民常感覺自己孤零零的，但是在施工期間，有大批帶著鍾子、丁字尺和水準儀的男人現身工地，而桑德斯老太太則帶著一群婦女待在她家裡準備午餐。「拿到建築許可的整個過程，把我們的鎮民團結在一起。」泰霍爾特鎮的社區組織會主席馬歇爾（Jeremy Marshall）說。⑮

活動中心正式開放後，更成了整個小鎮的精神支柱。進一步的計畫是幫兒童們準備遊樂場、切諾基語課程、課後活動，以及設計老人小孩的其他活動。「這可以爲社區孩子帶來光明的前途。」桑德斯老太太說。社區參與在泰霍爾特鎮有很強的感染力，鎮民開始義務去農村消防隊幫忙及募資籌款。

許多鎮民相信，這個案子的自助特質是成功的關鍵。「它激勵人們並讓他們意識要做點事情，而不只是伸手等著施捨。」泰霍爾特鎮的募款委員會會長史都迪（Lynette Studie）說。「有越來越多人自願加入，而這是成功做事的唯一方法。」⑯

強盜洞夏令營及泰霍爾特鎮的經驗給我們的啓示是：**不只要減少偏見，重點也不在建造社區活動中心；而是拆除人與人之間的那道圍牆，就像一切都是爲自己做的一樣。**

你能做的，不只是單純的抗拒而已

我住在倫敦郊區，我的鄰居們除了一次敷衍了事的聚會之外，前後只有兩次碰面機會。兩次的情況都是迫不得已。在毫無預警的情況下，英國行動電話公司橘子通訊（Orange）就宣布要在我們的社區安裝八座基地台，其中一座就位於我們那條街區，就在我家小女兒臥室窗戶的正對面。一時間人心惶惶，我的左鄰右舍很擔心基地台會對健康不利，特別是小孩，當然還包括房價會下跌、影響美觀等等因素。

不出幾天，我們就召開了一個最特別的「社會改革」會議，地點就在我家。在茶和餅乾的助陣下，我們集思廣益想出了一個全面計畫，決定組成「主婦」聯盟迎戰橘子通訊。由於時間不多，我們沒有推派誰來發號施令，但我們本能地知道如何發揮資源和力量，大家自動分工。

其中有個生意人自告奮勇地去研究法律條文，看看可用什麼理由來拒絕基地台入侵。一般反對基地台的理由是會影響健康，卻缺乏相關的可靠研究，因此我們最大的挑戰是要定調：我們究竟爲什麼要反對。我們必須靠其他因素來證明我們師出有名，比如美感議題，對坐輪椅或推嬰兒車的母親有安全危害等等。幾個鄰居四處查訪，最後終於找出這個街區人口稀少的地點來安置基地台，當成合理的替代方案。

有鄰居跑去街上的天主教學校及地方教會，尋求校長及牧師出面支持。住在我隔壁的鄰居，則自己動手繪製一比一的大型基地台草圖，還塗上鮮豔的橘色，擺放在原計畫用地上，讓大家實際感受到基地台究竟有多礙眼，放在人行道上是多麼地大而無當。我和丈夫經營一家小出版社，就自告奮勇地製作海報、說明資料、請願書及信件樣本，分送給地方議會及國會。

我們切分責任區，輪流散發傳單。有些家庭主婦站在校門口或到公寓大樓挨家挨戶敲門，傳達我們的抗議心聲，有些人則聯繫國會的地方代表。與橘子通訊有遠親關係的一戶人家，安排我們、國會代表和公司經理開會，討論我們的反對意見並提出合理的替代方案。我們在會中清楚表達，如果不認眞考慮我們的憂慮，我們會說到做到。

幾個星期後，橘子通訊就撤回了設置基地台的申請。

幾年後，橘子通訊捲土重來。諷刺的是，這次他們選擇在夏天申辦，那時多數人都度假去了。當我丈夫留意到了一張從樹上掉下來的小海報後，我們才警覺到這件事。沒幾天，我們就挖出了當地電子郵件的清單，更新並重印請願書和說明資料，這次還徵召了幾位青少年在街區分發這些資料。一個月內，數以百計的抗議信件送到地方議會，他們再次駁回橘子通訊的申請。

這是小蝦米對抗大鯨魚的一次勝利，一小群堅定公民發揮了行動的力量，不過我最感興趣的，還是這個危機事件對我們社區關係的影響。我所住的社區人口混雜，一九三〇年代建造的私人住宅，對面是一九六〇年代興建、提供給勞工階級的公共計畫住宅區。從柴契爾夫人執政時期後，這些地方的出租公寓已經私有化，居民可以出錢購買自己的樓層。因此我們這條街區的人，幾乎都是「住者有其屋」。我們這裡有辛勤經營小店面的南非及印度移民；有整天工作，供孩子完成私校學業的印度籍寡婦；當然還有許多富裕的鄰居，在他們眼中，上述的小店面和簡陋的公寓形同禁區，「就像貝魯特」，我的一位鄰居曾經半開玩笑地說。

但是面對共同危機時，這些鄰居都拋開了分歧，跨界到「貝魯特」來，在更深層次上取得聯繫。在緊急狀況下，我們發現了從未想過的「社區靈魂」。

為了超然目標一起努力

爲了實現「超然目標」，同社區的人也可以一起存錢，那就是沖繩人的例子。

正弘洋子是一名五十八歲的寡婦，丈夫在二〇〇〇年過世，她在家鄉沖繩最大的城市那霸開了一家健康食品店。店名是Ichariba，日文的意思大約是「我們相聚，即成姐妹兄弟」。Ichariba

也代表洋子處理財務的方式，她有一位值得信賴的朋友每個月都會來家裡收錢，她會交付五萬日圓給對方，滿懷期待等著拿下一年的本息金。⑰

這個小島深受美國影響，從二次大戰以來一直有數千名美軍駐紮，但沖繩仍舊維持古老的習俗，包括獨特的互助會系統「模合」*，由幾個朋友合資湊錢給有急用的人，每隔一段時間（如每週或每個月）開會。在這裡，貨幣既是友誼，也是一種存錢方式：在「模合」情況下，參加的人要在規定期限內分期拿出一筆錢。總期限則看參加的人數而定，比如十個人，那麼模合就持續十個月。

洋子加入的模合每個月每人要收五萬日圓，這筆錢會輪流分配給某位成員，條件是拿到錢的人要在約定剩下的月份裡，每個月支付兩千日圓的利息；有些情況，利息也可以象徵性給就好，沒有硬性規定。其實模合的主要目的，只是每個月和朋友聚會的藉口，當洋子還是年輕已婚婦女的時候，就與大學友人組成了一個不斷循環的模合，以便暫時抽離忙碌的家庭生活，與朋友共處一個晚上。

沖繩人會熱中模合，還有一個原因：他們對銀行非常不信任，而且借放款手續繁複。因此至今在鄉下仍有許多日本人寧可靠著模合方式存錢買車或買房，而不是銀行貸款。洋子就認為模合是比銀行更好的金融系統，特別是利息很低：當別人需要錢的時候，你能幫助他們，等你需要時，他們也會這麼做。

模合有點像公共財賽局，依靠的完全是信賴，尤其是會頭的誠信問題（萬一出問題，要由他負責）。在日本本土，還有一種與模合類似的民間互助會，叫做「賴母子講」或「無盡講」，意思大致是「可靠的團體」。

另一個打造強大社區的方法，就是建立集體榮耀感。例如我們在第五章提到的美國賓州長壽村——羅塞托鎮，身心醫學醫生沃爾夫研究這個小鎮的長壽祕密時，發現鎮民的某些具體做法，讓這個小鎮成爲凝聚力強的文化社區。除了榮譽感外，居民也共有相同的未來必然性；年輕人知道他們日後會在礦場工作，而女孩則清楚她們會在當地成衣廠工作。多數家庭都是三代同堂，幾乎沒有人靠社會救濟度日；鎮民都很確定他們沒有疏忽任何一個人。另一方面，鎮上的集體照護也做得特別突出，沒有人會以鄰爲壑。這種團結一心的感覺，讓炫耀及嫉妒心理都減至最低。雖然難免有貧有富，但大家比鄰而居，富人不會招搖，窮人不會自卑。羅塞托小鎮，因爲有共同目的而充滿活力。⑱

減少偏見，也會讓你停止比較

類似的情況，在敘利亞經常可見。諾兒．哈吉（Nour Hakki）是大馬士革一名三十歲的翻譯人員，她記得聽過老祖母說起以往鄰里間發生的事。每棟房子都以石頭和磚塊建造，外觀刻意簡

＊即台灣盛行一時的「合會」、民間俗稱的「跟會」或「互助會」。

單。走廊裡留下空間給奢侈的大花園，有樹木、噴泉，四周種著鮮花。珠寶只能穿戴在衣服裡面，避免在外炫耀，而傷了鄰居的心。如果有人沒有足夠的錢買房子，鄰里會集資捐助。如果你煮東西時，香味飄到了鄰居家，就有必要分一些給他。哈吉說，她痛惜這些舊觀念已經流逝。信奉阿拉的伊斯蘭國家逐漸西化，現在的女人想穿香奈兒和古馳。「炫耀，」她說：「是上帝給的祝福。」⑲

社會心理學家杜瓦斯（Willem Doise）發現人們天生就有加入次群體的傾向，他認爲我們可以藉由「交錯分類」結合在一起，不要只加入一個團體。這種做法不僅可以減少對外圍團體的偏見，往往也可以讓人停止比較。它降低了我們必須專注於單一因素（比如宗教、性別認同、政治，甚或是社會經濟背景），才能獲得歸屬感的需要。**加入許多團體的人可以創造出「超然」認同，而「超然」認同本身就已證明能減少偏見及恐懼**。⑳

事實上，最健康的身心狀況，並不是與單一團體的強烈連結，而是要多樣化。艾斯特大學社會心理學家傑騰（Jolanda Jetten）檢視許多社會網絡，他發現適應得最好的大學新生及最不常沮喪的人，就是那些加入最多團體的人。㉑當我們依據最大的保護傘來定義自己的時候最幸福，就像羅塞托的鎮民不是因爲收入、宗教或政治歸屬而聚在一起，他們會開心自豪，因爲他們都是羅塞托鎮民。

人們對自己群體偏袒的傾向，也會引發歧視。在美國心理學家塔傑菲爾（Henri Tajfel）的一項研究中，當一群男孩得知有些人跟他們取得同樣的電腦學習分數後，他們會開始聯合起來歧視那些達不到同樣分數的人。**強調任何形式的差異，都足以製造出「少數團體」，而區分出內部團體及外圍團體**。[22]這一切只要一道牆，不論它是多麼不堪一擊。

要在社區及社會中建立鍵結，最重要的方式或許是擴大「我們是誰」的眞正定義。哈佛大學教授普特南在其宗教多樣性研究的《美國的恩典》（*American Grace*）一書中，就發現美國人越來越能包容宗教的多樣性，也更能接受家人與其他教派的人通婚。就宗教而言，不同團體互相接觸及親近，確實能培養接納及認同心理；但是對種族多樣化的態度，卻不是這麼一回事——即使是現在。這表示我們對種族的認同更爲堅固，且比精神認同更排外。然而，接納和合作都能培養及修復。

一旦我們去除掉爲人類分組的競爭特質，我們的身心就能開始富足。就像重疊的分子，我們學會再度連結，並重新喚回最自然的存在方式，建立一個能包容一切的身分——關於「我們」是誰的定義。當你身上貼了更多團體的標籤，你就能包容越多的人。

本章摘要

1 門禁社區越來越多，不僅有門禁入口，鄰居之間也立起了高牆。而這都是因為一個概念而起——以個人為尊。

2 接觸假設：人格心理學家奧爾波特（Gordon Allport）認為不同團體成員之間相互接觸，是降低偏見的最佳方法。

3 建立一個「超然目標」，才能有效消弭偏見，促進跨團體的合作。

4 每當人類以同步方式一起做事時，他們的腦波也會同步，而這似乎是所有團體關係能夠成功的基礎。

5 泰霍爾特鎮鋪設供水管道的經驗帶給我們的啟示是：不只要減少偏見，而是要拆除人與人之間的那道圍牆，就像一切都是為自己做的一樣。

6 人們對自己群體偏袒的傾向（認為自己的群體優於其他群體），也會引發歧視。強調任何形式的差異，都足以製造出「少數團體」，而區分出內部團體及外圍團體。

7 參加更多不同屬性的團體，能讓你包容更多的人。

第12章　讓愛傳出去

我們每個人手上都握有資源，只要心念一改就能造福他人。因此，我們要改變的是自己，而不是改變世界。當慷慨成為基本的社會資本，我們就能從更寬廣的角度、更多元的觀點來看待事情。

時間是一九九八年，對柏克萊大學攻讀電腦科學的學生而言，這是不錯的一年。矽谷的公司正處於網路泡沫中期，求才若渴的網路行銷業者特地派招聘人員到校園大舉徵才。美國前五大會計師事務所，打算從柏克萊工程及電腦科學學院、哈斯商學院吸收新血。主修電腦科學、副修哲學的梅塔（Nipun Mehta）顯然是個優先目標。

梅塔是個相當活躍的奇才，十四歲開始設計電腦程式，十六歲進入柏克萊，到大三時已經把握機會在昇陽微系統（Sun Microsystems）兼差，用來負擔大學學費。畢業後沒幾年，他就拿到六位數的年薪，還有股票選擇權和額外附加的簽約金。就像灣區許多成功年輕的急進分子，他也搭上網際網路巨大潛力的浪潮。在柏克萊修程式設計的朋友，幾乎每個人都一夜致富，在企業初次公開發行股票時取得大量股份。有些人辭去程式設計師的工作，變成瘋狂投機市場的商人。朋友談話的話題不是要如何才能把這筆巨大的意外之財花掉（再買一棟房子、或買一輛最新式的

BMW），就是哪家公司初次發行的選擇權比其他家更好。

那個像天使一樣，骯髒瘦弱的老人

某種意義上，梅塔本人也「捲入」了這場泡沫。先撇開年紀不說，他高中以第一名的優異成績畢業，還是當地網球錦標賽閃亮的球星。當他覺得錦標賽不再能滿足他時，他索性越級跑到社區大學註冊成爲全職學生，以爭取參加巡迴賽打球。除了本身的科技天分之外，梅塔的動力也來自本身的資產累積，他滿懷熱情地尋找股票市場致勝之道。還在柏克萊讀書時，他就已經在網路上買賣股票，每天出入數萬美元，除非虧損轉成獲利，否則拒絕退出。

一九九九年中，梅塔開始對當時快速致富的文化感到惶恐不安，特別是對自己的影響，他覺得自己已快在貪婪之海中溺斃。有時，他會想起青少年時對他影響深遠的一次特殊經歷。在從日本飛到印度的長途航程中，他和兄弟正好坐在一位日本男子旁邊。那個日本人叫阿新。一開始只是友善的問候，但一聊開後就欲罷不能，在飛機上的十幾個小時幾乎都在聊天。阿新是物理學家，個性與梅塔很像，是一天工作二十個小時、用十五杯咖啡維持體力的工作狂。他在前一年被診斷出罹患了末期攝護腺癌，只剩兩個月可活。阿新意識到這是他自己造成的果，而源頭是他口中所說的日本男子氣概：戰勝壓力及離譜的超時工作。他開始參加轉變內外在身心狀態的密集課程，最後領他進入自癒力的開發療法。更重要的一點，是他改變了對人生意義的基本觀點。

當梅塔開始一天工作十八個小時，就會不時想起阿新所說的話。他不想要等到六十歲才來後悔：努力了一輩子，最值得誇耀的竟然是一本銀行帳戶。

另一個深刻體會，則在印度等著他。在造訪老同學後，他和朋友騎著機車高速奔馳在孟買街頭坑坑洞洞的路面，梅塔受不了顛簸，停在路邊吐了起來，接著一個骯髒瘦弱的老攤販騎著自行車經過。他看見梅塔的樣子，從口袋裡拿出一顆檸檬，切成兩半後，一半遞給梅塔，比手畫腳要他吸吮以舒緩反胃。這可能是他僅剩的一顆檸檬，而他很樂於分享。老人什麼話都沒說，就轉過身騎著自行車走了。

他在別人有需要時，不知從什麼地方冒出來，而做了善行後就這麼悄悄走掉了，連一聲道謝都不用。這讓梅塔深切反省：如果角色對換，他不敢肯定自己會做同樣的事情。此外，這也跟矽谷老家所進行的慈善工作大爲不同，他們拿施予來炫耀，如同他們生活的其他層面。

梅塔回到矽谷後，慎重地審視了自己的生活。他聯繫一起工作的朋友們創立了「捐獻社」，每個月從他們豐厚的收入撥出一小部分當成慈善基金，也在星期六聚在一起做一堆三明治，分送給無家可歸的人。

一九九九年初有一天，梅塔和朋友出現在聖荷西（San Jose）「無家可歸行動」義務幫忙。這群年輕的矽谷工程師抵達時，看了一眼收容所，有了另一個想法。收容所眞正需要的援手是架設一個網站，而當時這種專門技術得花一萬美元——遠遠超出收容所的預算。梅塔告訴負責人，如果他們有個網站，可以讓世人廣爲知道，還可列出他們的服務項目。此外，網站還可快速吸引灣區各地的捐款，比梅塔及朋友打算捐出的東西更有貢獻得多。這群人很快爲收容所架了一個網站，而正如他們所想的，不僅爲收容所增加了能見度，同時也引發了一個偉大的創意。

傳遞友善和慷慨的活動

有天晚上，梅塔邀請年輕又專業的一群友人在他家聚會。他告訴大家，他想要做的是轉變矽谷貪婪和唯物主義文化，雖然這看似個不可能的任務。然而，他們可以先從改變自己做起。梅塔邀請這群朋友在加州的西海岸地區進行「施予之樂」的實驗，這裡聚集了全美國最自私的人：矽谷擁有法拉利跑車的人口比率全國第一，慈善捐款的百分比卻最低。

梅塔有意創辦一個慈善機構，讓志工把他們的技術以網站方式傳授給其他慈善機構及非營利機構。後來他們設計了一個巧妙的程式設計，可將非營利機構轉成精通科技的組織，就能有效地深入該社群。

梅塔很清楚他的目的爲何。「我們不是來這裡娛樂自己，」他說：「我們不是來這裡上網。」表面上看來，他甚至不是爲了公益才這麼做。但是，當時的想法，最後卻產生了「施予」的強烈感染性，首先就在他們內部引發。沙阿（Trishna Shah）是梅塔兄弟的朋友，當時是她在柏克萊哈斯商學院的第一個夏天，她清楚地記得第一次會議。「話題全都是施予，比如施予的行爲如何改變我們，」沙阿說：「我們想要創造出一個改變內在的機會。」梅塔的個人觀點在網路引起很大的迴響，他們的努力就像病毒一樣傳染開來，施予的觀念緩慢而穩定地滲透進了社群之中。

梅塔在一九九九年正式成立一個叫「慈善焦點」（CharityFocus）的公益團體。最初的計畫，是免費提供服務給任何需要網際網路技術協助的非營利組織。「慈善焦點」完全由志工運作，沒有全職人員，因此每位成員都是無條件奉獻出他們的私人時間。沒有薪水、大家一律平等，沒有職位高低，也沒有誰的貢獻比較重要。他們只接受自願捐贈，從來不主動募集基金。如果缺乏基金運作，就利用手上資源來賺錢。他們眞正的目標是小我——改變自己，而不是改變世界。

雷薩（Mike Reza）所擁有的「牙齒行動」（Toothmobile），是「慈善焦點」提供免費服務的對象之一。他在聖荷西擁擠的小辦公室提供窮人牙齒保健服務，對工作充滿了熱誠，他開著拖車到不同地點，提供平價的牙齒保健服務。雷薩面臨的最大問題不是志工，而是客戶。沒有人知道「牙齒行動」的存在，他需要增加能見度，但是不知道怎麼做，而架設網站完全超出他的能力範圍。梅塔和幾位在網景（Netscape）工作的「慈善焦點」會員，免費幫雷薩架設網站，然後觀察網站對雷薩的慈善事業有何影響。

他們小小的貢獻，大約花了幾個小時客製化網頁模板，爲雷薩的公益計畫創造出全然不同的景觀。從施粥站到國際救援組織「航空大使基金會」（Airline Ambassadors），「慈善焦點」陸續爲各類型的慈善機構架設了五千六百個以上的網站。

二〇〇一年，梅塔辭掉了昇陽的工作，成爲全職志工，轉往網路傳播他的訊息。他的團隊在部落格撰寫「日行一善」（Daily Good）網誌，在網站上張貼激勵人心的故事和語錄，並建立

helpothers.org的入口網站。如果你對某人做了一件好事，就可以在網站上留下一張微笑卡，要求對方把愛傳出去，用另一個善行來報答這次善行。梅塔還創立了KarmaTube，有如好人好事版的YouTube，可將個人的小小作爲上傳，以突顯「變革推手」和小群志工的工作。此外，還有一個稱爲「週三計畫」的活動，讓個別社群可以定期一起靜坐、討論及吃晚餐。

梅塔將「週三計畫」當成一個檢驗善心人士之間內在信賴的實驗。每個星期三，梅塔的父母會開放聖塔克拉拉的家，提供給陌生人使用。我寫這本書的時候，他們已經接待過兩萬五千人，每個星期約有四十至六十位新加入的人，而現在類似的集會全球已有二十四個據點。與會人士各行各業都有，百萬富翁的旁邊可能坐著一個失業人士。然而，所有人都有機會拿到麥克風，在每個星期的讀書會後開始討論。在這種氣氛下，大家都一視同仁。

「當慷慨成爲基本的社會資本時，你就能從更寬廣的角度、更多元的觀點來看待事情，」梅塔說。「這能加深彼此的信任。感謝的杯子滿溢，並以眾多不同方式化爲行動。」

十三年來，每星期一次的聖塔克拉拉「週三計畫」一直都進行得很順利，沒有東西不見了，沒有爭吵，也沒有出現解決不了的問題。唯一的爭論是，今晚誰來做菜。屋裡沒有放捐款箱，因此不時會出現充滿創意的回饋方式，比如有人留下了一個大鞋架，足夠放上一百雙鞋子。梅塔不斷調整他的實驗。最近，他在父母客廳的書架上放了一些鼓舞人心的書，成立一個「開放」圖書館，讓大家隨時都可拿走書本。這個體系完全靠信賴運作，沒有借書登記簿可以記錄。上千本書一直轉手，但現在書架上塞滿了比當初成立時更多的書。

梅塔總是不時拋出新的挑戰給參與「週三計畫」的團體，他會要你聯繫曾經讓你不愉快或不理會你的鄰居：給他們寫張卡片、送盤甜點過去、幫他們把垃圾拖去垃圾場，或是讓你家的孩子去跟他們家的孩子一起玩。**不需要大手筆送禮物，只要不吝於在此時此地做些小小的事，不論你做了什麼，都能加深人我之間的連結。**

一張微笑卡，連結著一顆心

我寫這本書時，已經送出去了一百萬張以上的微笑卡。「慈善焦點」由世界各地數以千計的志工齊心運作，三十萬名訂戶成爲固定會員，而其他各類網站一年也有數以百萬次的點擊紀錄。梅塔以不同的方式激勵世界各地的人：灣區的一個家庭決定送給他們兒子一個很棒的生日禮物，在小孩生日時讓他和朋友們免費幫人洗車，然後帶孩子們一起去冰淇淋店，幫他們買冰淇淋送給排隊的每個人。

沙阿的父親是個企業家，他早年隨著家人從肯亞來到美國，小孩都受了高等教育。他起初很訝異女兒會到「慈善焦點」實習，當時她的一群朋友都在營利企業正式實習。不久之後，他就對女兒的轉變感到印象深刻，最後他選擇離開房地產買賣，到癌症醫院工作。

瑪麗是一家大型軟體公司的職員①，她也受到梅塔的訊息感動，有一天她在公司的自動販賣機前突然間領悟了一件事。她決定每天下午去買可樂時，在販賣機裡頭留錢給下個人，並附帶一張微笑卡及一張便條紙，上面寫著：「這罐可樂我已經幫你付過錢了，請拿走這張微笑卡並傳遞下去。」

接著，瑪麗開始展開行動，她發狂地寄送電子郵件給辦公室的所有同事，要大家試著找出誰是公司的神祕聖誕老人。這個監視計畫由兩三名職員持續著，然後瑪麗決定要擴大運作。她每天都溜到其他樓層，偷偷留下一個甜甜圈。「好幾個月人人都在談論，」梅塔說：「甜甜圈事件成了大家茶餘飯後的新話題。」

還有一個三年級的老師，他分發微笑卡給班上學生，告訴他們放學後要記得隨緣行善，把它當成家庭作業。一名小男孩茫然不知所措，他在住家附近遊蕩，直到碰到一隻迷路的狗狗。他在項圈上找到狗主人的地址，把狗狗安全帶回家，狗主人一直跟他道謝。「嘿，這沒什麼啦，」八歲小孩一面說，一面拿出一張微笑卡。「這給你，把愛傳出去。」

沙阿是住在倫敦的美國僑民，她一直對「Taco Bell」牌的辣醬念念不忘，但是住家附近買不到。不久前，她住進了醫院做些小型療程。梅塔上網呼籲美國志工幫忙，不久後，小包裝的「Taco Bell」辣醬天天在她的信箱裡頭報到。

梅塔和志工隊手持微笑旗幟出現在繁忙的舊金山十字路口，停紅燈的駕駛都能看見他們。在紀念九一一「為希望而走」的集會中，支持和反對美國進行軍事制裁的人群彼此對峙，他的志工接到指示，要讓敵對雙方互相擁抱。「**我們要告訴他們的是，意見不同沒什麼大不了的，**」他說。「**首先，我們的感情和理智必須停止對立。**」

現在，我們就站在演化的關鍵點上

梅塔是在世界潮流中逆流而上。當前的主流思想是原子化——將事物分解爲一個個組成部分，再將組成部分當成個別主體來研究。此外，幾乎所有的先進國家都建立在個人主義文化和個人利益之上。**數百年來，我們走錯路線，將個人滿足當成主要動機，因此付出巨大的代價**。隨著個人主義興起，生活滿意度的各主要層面指標一直往下降，從醫療保健和教育到平均壽命和城市安全，無一例外。

我們某種程度地忽視了自己的天生衝動，違背回應整體的天性。**隨著一步步遠離鏈結，我們一步步朝向疏離的方向前進，遠離自己的至善與至眞**。經濟危機層出不窮，政治鬥爭永無止息，還有更多的衝突、更多的生態災難。我們和世界之間，矗立起越來越高的牆。對於眞實社會的「公共財」賽局，我們全都拒絕參加。

我們站在演化的關鍵點上，必須在此做出抉擇。**我們是人類史上最重要的世代之一，發生在我們身上的所有災難，還有我們如何抉擇，都會影響到子子孫孫**，而實際上的影響更遍及全世界，也持續到永遠。我們可以繼續執迷於尋找宇宙越來越小的碎片，根據更加嚴格定義的差異畫地自限，我們持續與天性對抗，與我們之外的連結越來越少。然而，或許我們有更好的選擇——擁抱與此相反的衝動，一種尋求整體性和連結的自然驅動力。

到處都出現了細微的跡象，賽局正在轉變。梅塔是賽局理論學家所說的「激勵者」，經濟賽局中的革新者。麻州大學的名譽教授金迪斯（Herbert Gintis）與瑞士經濟學家菲爾就賽局理論和強勢互惠的發展進行廣泛研究，他們發現模擬「公共財」賽局時，特定族群的文化並非堅如磐石。倘若輪換文化因爲太多搭便車的人而分崩離析時，只需要一小群人致力於強勢互惠來「入侵」自私的人群，就可讓形勢逆轉。「就算強勢互惠者只占人口的極小部分，但至少偶爾能在團體形成足夠的比例，在艱難時刻維持合作。」金迪斯說。「然後這樣的團體會取代其他自私的團體，而強勢互惠的人數比例將會成長。這會持續下去，直到強勢互惠的人數達到平衡比例。」[2]

金迪斯的意思是說自私和利他都很容易傳播，但是利他是更具感染性的衝動。如同菲爾的發現而布朗寧以賽局理論證明，好人策略更樂於建立，而且更容易侵入社會結構。這種感染在小團體散播得更快，等到一個團體出現小規模的穩定合作或無私行爲後就會傳播開來。**回歸「追求鍵結」的人類天性，就連「慈善焦點」這樣的小團體也能讓施予發揮強大的感染力**。

梅塔這一類的激勵者，本能地瞭解鍵結的力量——在他們心中，人類最想要的是屬於彼此。如同社會學家艾瑟羅德在「囚徒困境競賽」的發現：玩家們瞭解善意是最強大的策略，而且總是優於自私。**無私才是最自利的行爲，因爲對所有人都有好處，包括自己在內**。我們每日的生活就像納許均衡，同時要考慮什麼有利於世界，而什麼有利於自己。

梅塔最近建立了另一個跟慷慨有關的在地實驗「卡瑪廚房」（Karma Kitchen）活動，想看看企業能否完全以顧客的慷慨付出來運作。他找上了位於柏克萊主街道的傳統印度餐廳「喜馬拉雅風味」，說服餐廳的老闆塔帕（Rajen Thappa），在每個星期天上午十一點到下午三點由「慈善焦點」的人員來接手餐廳。「慈善焦點」支付廚師工資及材料成本，而服務生、洗碗工和清潔人員等則由志工出任。

星期天早午餐的菜單上沒有價錢，帳單上的數字是零元。但是上面貼了一張紙條寫著：「您的餐點是在你之前來的客人送你的禮物。請讓這份禮物傳遞下去，我們請您幫後面進來用餐的人代付款項。」用餐的人想付多少都可以，數目都會予以保密。每個星期的所得會用來支付「喜馬拉雅風味」的材料費及廚師薪資，若有盈餘則用來支付下個星期的餐廳費用或「慈善焦點」的其他活動。到目前爲止，每個星期天所收到的錢都超過他們所要支付的。

為了超然目標一起努力

社會學家古樂朋最近在網路上發現了一個把愛傳出去的現象。受試者被隨機分配到一組不同的團體，和陌生人進行一系列的一次性「公共財」賽局。

這讓古樂朋及搭檔福勒擬定了一個互動網路計畫，讓他們得以找出人跟人之間順著網路行爲的傳播方式。他們從中找出了一個科學論證，而這正是梅塔希望達到的：施予會自動擴散，這是一種「讓愛傳出去」的利他主義。受試者的行爲會在網路上傳染開來，進而影響其他人的互動。「如果湯姆對哈利好，哈利會對蘇珊好，蘇珊會對珍妮好，而且珍妮會對彼得好，」古樂朋寫道。「所以，在珍妮對彼得的好之中，我們看見了湯姆對哈利的好，儘管珍和彼得、湯姆和哈利這兩組人不相干，而且從未互動過。」③

善心與慷慨的行為，會透過多期賽局傳播，也會在網路上以多達三度的關係（即朋友的朋友的朋友）散播開來。「在賽局的第一期對公共財的每個額外貢獻，在實驗過程中增加三倍，這個結果是因為其他人受到直接或間接影響而貢獻更多。」古樂朋和福勒寫道。④你為朋友而做的每個善行義舉，他會傳給他的朋友、他朋友的朋友，以及朋友的朋友的朋友。古樂朋證明梅塔的直覺是正確的：**善心義舉產生了合作行為的串連，就連鐵石心腸的人也不例外**。

一代又一代，在現代社會中，人與人的距離逐漸拉大，一些有遠見的個人主義者成了推動整體觀的改革者。一九二九年的大蕭條金融危機期間，劉易斯（John Spedan Lewis）在父親驟逝後成為英國百貨公司負責人，他認為所謂的外部股東分散資本供給的「目前情勢」，是「資本主義正常運作的反常行為」。

「資本主義帶來巨大的好處，」他寫道。「但是反常讓社會太不穩定……**在貧民窟消失之前，出現百萬富翁是徹底的錯誤**。」⑤

劉易斯天生是一位強勢互惠、講求公平的人。這份在當時非比尋常的聲明中，他說的是太多人擁有公司的股票卻遠離公司運作，都是一些搭便車的人。他不相信社會主義，但他認為資本主義的特徵是個人的報酬應與其實際貢獻相稱。他也明白，社會欠缺公平性對每個人都是劇毒，不論你是貧是富。「報酬差異必須要夠大，才能誘使人們盡其所能，」他寫道：「但是現在的差異是大得過分了。」

劉易斯突然有了一個主意：他要爲自己的企業建立一個超然目標。他將百貨公司的經營權轉變成夥伴關係，每個員工都是股東。不論一個人的貢獻多麼微不足道，都能獲得一些津貼，包括優秀的退休金制度及供週末出遊的鄉村俱樂部會員。但是他最不同凡響的想法，是讓員工一起分享獲利。雖然勞工根據貢獻度會收到不同薪資，但到了這一天，從最低層的貨架整理人員到董事長，所有員工都會收到一筆與薪水呈比例的額外獎金。

二〇一〇年三月初，英國主要零售商瑪莎百貨的利潤只有五%。當時劉易斯拿出利潤的九·七%，相當於一億五千一百萬英鎊分配給員工，連鎖百貨業的七萬名員工每個人收到基本薪資一五%的分紅獎金，相當於八個星期的薪水。「日子不好過，」一名員工提到二〇〇九年的經濟衰退：「但是我們團結一致。」劉易斯知道當他的員工一起爲整體利益的超然目標打拚時，在他們之間出現了共振效應。就像牛津划船隊的槳手一樣，合作的力量提升每個人的比賽技巧。

巴勒姆（Dave Barham）則是這個成功故事的美國版。一九四六年，他在加州聖塔莫尼卡碼頭邊的肌肉海灘（Muscle Beach）設置熱狗攤。除了提供優質熱狗和新鮮檸檬汁，巴勒姆相信如果能讓員工高興，那麼他們和顧客的關係會更好。他的策略奏效了。多年下來，「棒棒熱狗」（Hot Dog on a Stick）已成爲規模可觀的熱狗連鎖店，在美國各處的購物商場有一〇五間分店。巴勒姆持續以創新方式增強顧客和員工的快樂因素：他在很多店面加設大型的充氣滑梯，並在一九六〇年代中期，設計出原色粗條紋熱褲和騎師帽的員工制服，爲了強調每個員工的重要性，每個人的帽子都是純手工量身訂做。

一九九一年去世之前，巴勒姆決定與多年來的顧問團隊分享他的財富，他將財產信託，讓員工能出資購買股份。目前，棒棒熱狗是世界上僅有的一家股權、品牌百分之百由員工擁有的速食連鎖店。正如劉易斯所說，所有權激發了員工的忠誠，員工流動率出奇得低，這是速食連鎖店前所未見的情況。資深員工阿夫頓已在公司待了十年，他說：「我每次異動，都知道自己將會有一番作爲，我的所有作爲都會影響我的參股計畫。然而，最重要的一點是……我和感覺相同的人一起工作。」⑥巴勒姆的訓示是把快樂當成超然目標——「棒棒熱狗」的歡樂氣氛持續在櫃台兩邊散播著。

一九六九年，俄勒岡州波特蘭的一群居民徹底扭轉了城市擴張的浪潮，他們在家鄉組織「河邊爲民」（Riverfront for People）活動，抗議拓寬河邊的道路。他們的訴求是減少高速公路，增加河流兩邊的行人步道。在兩年的討論之後，「河邊爲民」獲得勝利。港口大道不見了，原址改建成湯姆麥科爾河濱公園（Tom McColl Waterfront Park），波特蘭成了一個友善生活的城市典範。⑦更重要的是，當美國的社會資本逐漸流失時，波特蘭的居民仍維持著最活躍的生活方式。他們見識到成爲超個體的力量。

在英國，由當地居民組成的「考恩街社區建設」（Coin Street Community Builders），聯手保衛家園，成功抵抗了地產商的一起大型開發計畫案——在泰晤士河南岸興建一整排昂貴的住宅大廈。在成爲新興產業中心之後，這個社區組織更有本錢考慮到對整個社區的義務，他們以協助創立的企業獲利捐款，建立了最先進的公共住宅和兒童中心，還有位於歐克索塔（Oxo Tower）頂樓豪華的哈維尼科爾斯（Harvey Nichols）餐廳。以這種方式，考恩街全體居民利用社區的私人資本作爲良性循環：資助弱勢群體，無須政府撥款。

超然目標的強大力量，每天都有新例子。例如美國各地的創新型組織，利用鍵結的力量以集體方式提供公共服務。「南馬里蘭電力」（Southern Maryland Electric）是由消費者擁有的合作社，提供該州部分電力；而總部設於西雅圖的「團體健康合作社」（Group Health Cooperative），讓會員得以管理非營利醫療系統。意識到全球共同努力的需求，有些宗教領袖甚至勇敢地跨越藩籬。二〇〇七年，一群穆斯林宗教領袖發表了一封公開信：「你我之間的共同語言」，透過強調大家之間的共同連結（兩個宗教都有愛上帝及鄰居的相同戒律），促進基督教和伊斯蘭教對彼此的理解及包容。

然而，在現今生活方式持續不斷的危機之中，我們需要採取的是比良性資本主義或回復公民意識更激進的措施。**我們現在需要的，正是思想的革命。我們必須放棄原子化的路線，不再以這種方式與人交往，不再以這種方式創造社區，最重要的是，不再以這種方式來看世界**。對我們所有人而言，已到了認真接納跨學科領域的新發現的時候了，它們證明我們一直以來都維持著錯誤且危險的自我觀點。現在，我們要開啓新的啓蒙時代，承認及尊重整體性，並摒棄人群、宗教及政黨之間的對立。就像梅塔一樣，我們全都必須努力爲我們的超然目標建立鍵結。

今天，我兒子教會我慷慨

二〇〇九年，卡瑪廚房在華盛頓特區的印度馬球俱樂部開了第二家餐廳，二〇一〇年在芝加哥的克萊歐凡（Klay Oven）印度餐館新增第三家。在華盛頓的餐廳開幕後不久，從墨西哥來的一家人帶著疑慮走進餐廳。父親是一名經濟學家，他強烈質疑這種預付概念，他原先的想法是如果你信任人，他們就會利用你。用餐結束後，他正在考慮要不要一分錢都不給，身旁十一歲的兒子卻馬上抽出一張二十元的鈔票，那是他這整個月的零用錢。

「這是什麼？」父親問他。「我的捐款。」他用西班牙語說。不顧父親的反對，男孩堅持留下那筆錢。父親轉頭看向別處，好一陣子後伸手拿出錢包，開始把他所有的二十元鈔票塞進帳單夾裡。離開前，他匆忙寫了一張紙條：「今天，我兒子教會我慷慨。」在施予的行動中，一位可能貪小便宜的人會變成「公共財」賽局裡最慷慨的玩家。

「慈善焦點」，是創造超然目標當成人生目的範例，其目的在於與客戶達到深度共振。迄今為止，兩家餐廳收到的捐款都超過他們的餐點收費。來自世界各地的人自願擔任餐廳員工，只爲了能體驗不求回報的服務。在享用完無條件的禮物之後，許多用餐的人都感動得流下淚水。他們彼此擁抱，並留下隨筆及詩篇，還有錢。幾乎所有人都向志工問道：「我能做些什麼？我能幫上什麼忙？」他們臉上的表情，更甚於言語，就好像剛剛想起了最喜歡而已經忘了大半的曲子。

沒錯，就是這個，他們似乎在說：這就是人之所以爲人的意義。

本章摘要

1 由梅塔（Nipun Mehta）發起的一連串傳遞友善和慷慨的活動，在網路上引起很大的迴響。他們這群年輕的志工，為了社會所做的努力就像病毒一樣傳染開來，施予的觀念緩慢而穩定地滲透進了社群之中。

2 當慷慨成為基本的社會資本時，你就能從更寬廣的角度、更多元的觀點來看待事情。

3 我們某種程度地忽視了自己回應整體的天性，隨著一步步遠離鍵結，我們一步步朝向疏離的方向前進，遠離自己的至善與至真。

4 我們正站在演化的關鍵點上，必須做出抉擇。我們是人類史上最重要的世代之一，發生在我們身上的災難以及我們所做的抉擇，都會影響到後代及全世界。

5 雖然自私很容易傳播，但利他是更具感染性的衝動。因此，即使是一個小規模的公益團體也能讓施予（付出）的觀念發揮強大的感染力。

6 我們正要開啟新的啟蒙時代，承認及尊重整體性，並摒棄人群、宗教及政黨之間的對立；我們全都必須努力為我們的超然目標建立鍵結。

PART 4 鍵結練習手冊

我們稱之為宗教的那種情感……
其實大部分是這樣的體悟及說出這件事的欲望：
每個人都與全體事物相關，與所有已知或未知的現實有著難分難解的關係……
同時也是這樣的認知：萬物為一體，個體即萬物……
不妨從這潮池仰望繁星，再回看這潮池，你將有所收穫。

——約翰・史坦貝克（John Steinbeck），
《科特斯海航行日誌》（*The Log from the Sea of Cortez*）

第13章　雙贏策略，穩固正在崩毀的世界

你在本章中將會學到一套簡單的練習系統，可以提升你的鍵結意識，並讓你學會在一對一關係和群體關係中如何運用它，擺脫「你輸我贏」觀念箝制。

本書前面三部，目的是改變我們的人生意義——顯示所有生命本質上是相連的，而非相互競爭，並探討我們這個新的人生意義如何改變我們彼此的相處方式，不管是在我們的個人關係、各個社群，或是學校和工作場所等各種機構中。

第四部要提供給讀者的是做法，讓你將這些原則帶入生活裡。我希望你能因此改掉操控我們生活的競爭觀念與個人主義，同時我也期望透過本書，讓你能滋養壯大對全體、合作、公平、無私、互助及群體的深層渴望。

想達到這種重生目標、增進人際關係、改善居住的社區或城鎮，甚至應付現在世界面臨的許多問題，關鍵就在於改造支撐著我們社會各層面的核心信念——不是我贏，就是你輸。

我希望這本書已經說服你，這個錯誤的信念——贏過他人才是贏——是我們這個時代最大的毒瘤，它能解釋西方世界遭逢的每一種危機。在運動場之外，不管從哪方面來說，競爭都已經被

證明是個危險又過時的做法，在商場上、教育上、解決問題方面、人際關係或甚至社群建立，都是如此。我們甚至可以說，競爭的觀念可能是阻礙進步的最大一顆石頭。晚近的研究顯示，當學生、職員、管理幹部、企業老闆、夫妻和鄰居以合作方式共事時，他們會更快樂、更健康，生產力更是大幅提高。

採用合作學習、讓A段學生跟C段學生一起做作業的學校，跟那些照能力分組、讓學生爭逐高分或不斷力求超越個人成績的學校比起來，前者的成績是更好的①。當不同種族與政治團體放棄在妥協或輸贏中角力，並聚在一起各自自由表述自身的價值觀時，彼此溝通會更順暢，各種關聯性及解決辦法自然會出現②。在工作中，透過合作產生的解決方案，往往比針對個人績效做評比而產生的方案更有效率。

暢銷書《心靈雞湯》（*Chicken Soup*）的共同作者傑克．坎菲爾（Jack Canfield），曾被微軟請去做成功學訓練師，他說微軟在公司內部建立了競爭性的「孤島」，員工彼此之間爲了績效爭鋒相對，並依照個人的成敗來接受獎懲，這樣的做法營造了凝重的恐懼氛圍，事實上這也扼殺了創意，導致這家公司的市占率節節衰退。相反的，微軟的主要競爭對手——谷歌的氣氛則完全不同，在這家公司裡，每一份子都被鼓勵以團隊精神工作，員工皆有充裕的時間與空間來進行集體腦力激盪，並依據整體團隊的付出受到獎賞。谷歌排除掉惡鬥文化，成功運用了鏈結——不只營造出更快樂的員工，最終還取得比競爭對手更好的成績。③

思想革命，從「我」改成「我們」做起

自從《鏈結效應》上市以來，許多美國讀者問：但個人的權利要怎麼辦呢？商業、教育、運動——甚至可以說每件事情——最重要的推動力不是合乎人情的自私自利嗎？創新者要達成目標，追尋個人夢想不是更好的誘因嗎？假如我們不重視「第一名」，我們要如何成就非凡，或取得任何勝利呢？

將我們的人際關係與社會焦點從「我」改成「我們」，無論如何都不會損害到個人的利益、能力、成就、表現或私有財產。它也不會要求我們放棄辛苦賺來的錢財，不會排斥我們的經濟體系，或顛覆我們的民主生活方式。我們唯一要改掉的作爲是——犧牲他人來爭取個人成就。這種觀念，本身就是頑劣的反個人及不民主的，因爲在「我贏你輸」的劇本中，總會有某個人的權利遭到踐踏。

此外，考慮群體利益還可幫助我們在各種領域上有更好的個人表現。密西根大學人體運動學系的維若妮卡．孫（Veronica Son）和黛博拉．菲爾茲（Deborah Feltz），兩人的運動效能研究也證明了這一點。她們針對「自言自語」設計了一套巧妙的研究方法，這裡所謂的「自言自語」，就是人們上場表現前用來激勵自己的內心獨白。

各類運動選手都會用這種方式幫自己打氣，加上心靈作家露易絲．賀（Louise Hay）等有心人士的努力，她的暢銷書《創造生命的奇蹟》（Heal Your Body）已經教導過數百萬人在許多生活

領域中運用自我的「肯定語」來增強信心或提升效率。這方法眞的有效（關於這現象已經有大量的研究資料，在拙著《念力的科學》一書中有詳細介紹），這是因爲我們平常很精明的大腦無法分辨行動與意念這兩者的不同。

大部分關於自言自語和心智演練（mental rehearsal）的研究，都將重點放在內心獨白的激勵話語，以便幫「我」建立個人信心。但維若妮卡和黛博拉的做法不同，她們讓受測者專注在以團隊整體表現爲訴求的自言自語上，看看會發生什麼結果。她們將八十名受測者隨機分成三組，進行射飛鏢比賽。第一組採用強調個人能力與表現的自言自語；第二組採用強調團隊能力與表現的內心對話；第三組是對照組，只是單純想著沒有特殊訴求的念頭。維若妮卡和黛博拉計算結果時發現，專注於團隊肯定語的那組人不管是個人信心或個人表現都是最好的。也就是說，採用團隊導向的自言自語，團員會對團隊展現出更強的信心，而且以個人而論也表現得比另外兩組好。

這項研究不只對運動有重大意義，對於我們生活中的種種面向也是如此，因爲它證明了專注於團隊合作會自然提升每一份子的能力。只要想著「我們」，就能幫助「我」做得更好。

然而，就算你相信本書的每句話，要改變你的信念體系可能還是很困難，原因很簡單：你的內在硬碟早已設定好的是以個人主義和競爭爲主的思考模式。不是把別人踩在腳下，就是別人把你踩在腳下；不聽我的就滾蛋……這類的觀念不斷滲透進你的世界觀，也埋伏在你跟他人的相處方式之中，它所施加的制約反應是你想都想不到的，更別說要揪出根源了。就算我們企圖爲人生定出新的規則，許多新規則還是會在不知不覺中與變相的「我贏你輸」的習性連成一氣。愛因斯坦說過，你要擺脫一個結構，卻沿用構成那個結構的觀念，模式幾乎是不可能改變的。

目前，我們的生活模式大抵如以下所述：

- 人生是一場零和比賽（你輸，我才會贏）。
- 我能從中獲得什麼？
- 我一定要贏、占上風或拔得頭籌才能滿足自我。
- 人不爲己，天誅地滅，我顧好自己就好。
- 我們是我們，他們是他們。
- 我追求第一，對社會的貢獻最大。

人類要能富足，不管是在個人意義上或是在群體意義上，我們每個人都必須把我們目前被設定的不足感、匱乏、競爭與極端的個人主義，從我們的心靈硬碟刪除。要做到這點，我們必須挑戰根植在那些觀念與成見之下的各種偏見與思考方式。

有個好方法可以幫你建立新的鍵結模式，那就是將經濟學家亞當．史密斯的「我們追求第一，對社會貢獻最大」的原則，替換爲納許均衡，這個理論在第八章已討論過。不管遇到什麼情況，我們最好的面對方式是：不只爲自己，也爲群體的其他人做最好的選擇。

下列爲鍵結模式的幾個主要原則：

- 只有當你我雙贏的時候，我才算贏。
- 跟其他人同舟共濟時我最能感到滿足，不管付出什麼代價。
- 我能爲你做什麼？
- 我們所有人同在一條船上，禍福與共。
- 我們聯合他們。
- 我們爲自己，同時也爲群體的其他人尋求利益，對社會的貢獻最大。

將納許均衡的這些特點用在你跟其他人的關係之中，將會幫你克服「我贏你輸」的內在設定，讓你在日常生活與職場上都能成爲一個思想改革的行動者。

四個練習提升你的鍵結意識

1 全面觀照，拓展你的視野

2 改變我們跟其他人的關係

3 擴展我們的共同體經驗，學習為共同的目標攜手努力

4 透過日常的無私行為與合作，成為思想改革的行動者

這些簡單的練習將會訓練你從更全面的視角來看這個世界，享受更具合作精神的關係——甚至跨越鴻溝——培養更緊密的社群團體，在你切身的工作場所和社區藉著合作與連結，成爲具有感染力的精神實踐家，並且利用群體的支持，成爲當地與世界改革的一股強力動能。每天踐行這些活動，你很快就能學會辨認你何時是依照孤立、恐懼、匱乏與競爭的舊模式在操作。這些練習

將促使你擁抱更有包容性的生活方式。

你將會發現如何善用全體共同目標所激起的力量，來幫助有分歧或爭執的一群人將個人差異擱在一邊，轉而一起合作。這些方法能將眾多的小團體變成一個超個體，迅速將社群裡的一群陌生人變成一個效能良好的治療圈。

在第十四章，我會提供如何將群體變成「鍵結圈」的方法，所謂的「鍵結圈」是指爲工作場所或社區的改革共同努力的一群人，而這個方法對任何群體都適用。我所謂的「群體」是指除了你自己與你的核心家庭之外，任何一群聚集在一起的人，比如鄰居、朋友、同事、團體（像是你教會的會眾），或甚至涵蓋範圍更大的成員。我還會提供一些討論要點、每周練習及團體挑戰，最後一項將有助於重建如一盤散沙的社區。透過這樣的方式，個別的團體就能充當親善大使，爲整個社區聯繫情感，並帶來新氣象。

一旦你開始做這些練習並形成你的「鍵結圈」之後，你將會體認到你有能力幫忙解決當前人類的種種問題。只要簡單轉換一下視野，並做這些個人和集體的練習，我們每個人都能改變我們的文化並脫離危機，於公於私都有好處。

1 全面觀照，拓展你的視野

這個章節主要是在幫你培養「靈性視覺」，藉此改善你跟其他人的關係。這其中包含觀察他人細部特徵的能力，尤其是跟你迥異的人。經過一段時間之後，你將學會質疑你習以為常的成見，包容跟自己抵觸的思想而不輕易論斷他人，遠離偏見，並免於陷入「我們是我們，他們是他們」的思考模式。此外，每天做這些練習，也會使你對人際關係之間的深層情緒波動更為敏感，並增進你的同理心。

全面觀照的第一步很簡單，就是學會注意更多現象。就如本書第九章所討論的，科學證據顯示，我們高度發展的前腦會阻礙我們獲取資訊的能力。前腦看見事物（一個人、觀念或行為）的一角，將它標上名稱，然後在某種意義上填入概念性的細節以產生整體。研究顯示，語言常常引起「語文迷障」效應，壓抑視覺感應或記憶。就跟動物一樣，我們需要學習怎樣成為認知的「分離者」，而不是「歸併者」，還要對最微小的細節變得敏銳。要達到這個目標的最好方法，是開發你接收當下感官經驗的能力，並培養語言之外的意識領域。不要只用大腦專司語言能力的部位，而是做一些需要用到其他大腦部位的事情，這樣能讓你注意到更多事物之間的關聯。練習過這種「靈性」感知能力之後，不論任何場所你都能認知到一點，那就是——「真理」總是有多種版本。

Step 1 注意更多細節

在做這個練習和本章的其他練習時，你需要準備一本日誌專門來寫下練習內容，並用來追蹤學習進度。

☑ 練習做非語言活動：拼圖、聽音樂或畫畫。

☑ 每天花十分鐘觀察一樣東西：一棟建築物、一棵樹、一頭動物、一顆水果——不放過最微小的細節，一部分一部分觀察而非整體。

☑ 以「拆開」方式審視東西：各個成分的氣味、聲音、外觀、觸感和味道。

☑ 觀察特殊之處：在任何情況下，想像你是個偵探，你必須將眼前的房間記在腦中。檢視每個細節，包括環境、景物或家具的特點；如果在室內，就檢視人或動物。記住，你的心會想要填入由經驗得來的細節，你要抗拒這股欲望。注意特殊的物品——房裡的一只花瓶、牆上的一幅畫——觀察它的每個環節。細細感受這些組成部分。

☑ 用你的五感「聆聽」：體察某個情境的氣味、味道，以及觸摸等感覺，不要只注意視覺和聽覺的訊息。

☑ 在日常情境中練習：一天做四或五次這種感官訓練，比方說在準備晚餐或刷牙時，停止思考事情，敞開你的五官來接收訊息。你目前身處的環境聞起來、嘗起來與感覺起來是怎樣，看起來、聽起來又是怎樣？就像在第九章曾說到的，每天多次練習這種「內觀」的專注力，在幾個星期內你將能注意到比以往更多細節。

☑ 觀察你的伴侶和孩子、寵物、朋友和同事：在他們從事各種活動時，仔細觀察他們，但不要對他們下負面或正面的評判。

☑ 花時間研究你往返工作地點或學校途中的地標：從各個角度觀察它們，注意它們之間的關係。部落原住民為了穿越複雜的地形與水域，培養出對周遭環境的敏銳洞察力，第九章提到的那些原住民即為一例。

☑ 研究居住地的天氣與水文（如果附近有水域的話）：觀察風向的細微變化，以及風吹在水上引起的不同波紋。

☑ 觀察鳥類與其他動物對天氣的反應：如果牠們看似有不尋常的行為，注意你自己是否也有感覺到什麼，像是頭痛或其他身體症狀。

Step 2

觀察自己的思考方式

☑ 把你的主要想法寫在日誌上：每天都要做，持續幾個星期。

☑ 留意你大多數時間在想什麼：成為心靈記錄者，承認它但不要下評判。

☑ 維持中立，觀察時不要帶有成見：下雨不是壞天氣，除非你覺得它是。

☑ 接受一切發生的事：這意味著對於事情的意見和詮釋都要放下，停止堅持某些看法、思想、立場與偏好，不要抱有排斥心理。接受你自己的感覺和經驗，即便是不愉快的。

☑ 每當你發覺自己在評判眼前現象時，心裡要想著「我又在想東想西了」，然後回到單純觀察的狀態。

☑ 當你對你所愛的人做負面評判時，要有所警覺，請隨時將負面評判轉化爲正面的關愛念頭或同情心。

☑ 意識到你對敵人的感覺和對朋友的感覺：當你遇見不喜歡的人時，要警覺到你內心正在對那個人做負面評判。抽離這樣的你，回到當下的相遇。

☑ 一旦察覺到自己對任何事物抱持負面態度，請將心思導回到你曾經歷過的正面情況，或者直接停止思考並專注在呼吸上。

☑ 開始看出模式：你在什麼時候會產生最消極的念頭，是在工作中、與人往來時，或是跟某些人共處時？

☑ 從你愛的人或在日常生活中遇到的人，試著用他們的角度來看生活。

☑ 你改變對其他人的看法後，你的日子有什麼變化，請觀察這些變化。

☑ 當你開始檢視你的想法並寫在日誌裡後，看看你心裡的中立想法或正面想法是否開始壓倒負面想法。

☑ 順其自然，不要強求：盡量停止你對某些結果的期望或追求。

一開始，這種新的思考方式或許像是要全盤分析你的每個行爲，但採行一段時日之後，你將會習慣以這種更寬廣的眼光來看待生活與你的行爲。

Step 3

看到肉眼看不到的東西

要看到全貌，你要讓自己變得更爲敏銳，這包括感覺、感官的感覺能力，以及不是透過有意識的心智接收到的訊息。這意味著，你也要察覺五感之外的訊息，只要我們對自己的感覺變得敏銳並相信直覺，每個人都辦得到。下列練習將會有所幫助：

☑ 檢查你在各種情境下的感覺。某種情境會讓你心情特別好或特別糟？輕鬆或不安？是因爲在場的某些人，還是這情境本身？爲了弄清楚什麼對你影響最大，請在心中把這個情境拆解開來，檢查你對各個組成部分的感覺。每一次都問自己：X給我的感覺是什麼？

☑ 開發你對他人天生的感受性。靜下心來，學著傾聽他人，感同身受。

☑ 判讀肢體語言。談話時，注意別人在話語之外想要傳達的意思，尤其是他們的姿態所透露的訊息。

☑ 請再次觀察你的伴侶、朋友、孩子和同事，但是這次不要透過言語，看你能接收到什麼想法。

☑ 留意直覺溝通。當你有預感或腦子裡有個訊息突然冒出時，重視它並遵照它的指示。

☑ 練習以直覺感應出答案。一個能增進你直覺的方法是猜牌，這方法已被證明是有效的。將一副牌朝下蓋著，每次猜牌時要將注意力集中在你要猜的那張牌上，說出第一個浮現腦中的牌。剛練習時，可以先選十張牌猜起，縮小你的選擇範圍。

☑ 培養聆聽的技巧，聆聽你生活中的所有聲音：卡車駛過的轟轟聲、狗叫聲、天上飛機飛過的聲音。

☑ 畫出你夢中的畫面，盡量不要分析或猜想它們的「意義」。

Step 4

加強你的直覺

培養你的直覺可以說是一個學習過程。重視來自內心那寂靜、微弱的聲音，它會告訴你「不要做那件事」或「去碰碰運氣」。你可以練習下列項目來教導自己跟著直覺走：

☑ 靜下心來：我們總是匆匆忙忙，讓理性認知來操縱我們的方向，以至於通常沒有時間傾聽自己的內在聲音。當你做決定時，在心中仔細思量，等著看有什麼靈感出現。

☑ 注意「低路徑」的反射性訊息：我們在第九章談過，我們太常排除掉即時（而且通常是正確的）訊息，而我們分析性的「高路徑」大腦則是努力將這個習慣合理化。我們對某件事物或某人的第一直覺，通常都八九不離十。

☑ 先透過你的感覺來接收訊息：在任何特定情形下，注意第一個在你腦中蹦出的影像（或聲音、感覺）。英古．斯旺（Ingo Swann）是一位善於遙視——在普通人類視覺範圍外感知物體或事件的能力——的知名靈媒，他告訴他的學生，直覺感應過程有幾個階段：首先，你察覺到簡單的形體輪廓，過一段時間之後你能感知到更多細節。如果有必要的話，在你確定訊息是什麼之前可以先將它畫出來。然後再慢慢添補細節：過一會後，重畫一遍你接收到的訊息，就算在心裡畫也好（這時候你應該已經接收到更多訊息了）。等待幾秒之後，再畫一遍。接下來，你甚至可以試著用黏土將它塑造成立體的。

☑ 抗拒分析：當你得到關於某事的直覺感應時，不要企圖弄清楚它的「意義」，要抗拒這樣的欲望。這種「認知覆蓋」（cognitive overlay）經常扭曲眞相。我有一次參加研討會時，主講者邀請在場所有人用遙視觀看被藏在禮物盒中的物品。我腦中第一個閃現的東西是「candy」（糖果）這個字，但我立刻排除這想法，以爲它不合理，因爲我住在英國，英國人稱糖果爲「sweets」。接著我透過心眼清楚看見一個卵形的影像，而我當時佩戴一個卵形胸針，因此我分析性的心智下了結論：禮物盒中的物品一定是別針。事實上，我的直覺從頭到尾都是對的，它擺脫「認知覆蓋」的約束。謎底揭曉，盒裡裝著多顆卵形的巧克力。

☑ 順從你的直覺，不管直覺多麼不合理：如果你強烈地感受到你或某人不應該做某件事，你就要聽從這樣的感覺。

☑ 在日記裡寫下你對氣候惡化可能產生的任何預感。

☑ 到了下一年，把你的預感紀錄與眞實的氣候情形做對照，注意兩者的符合之處。

Step 5 尋找新鮮事

理查·大衛森（Richard Davidson）是威斯康辛大學的神經科學家，他主持的大腦研究證實大腦具有高度可塑性，腦部的各區塊會隨著它們被啟動的頻率而改變或成長。舉例來說，花大量時間專注於持咒或呼吸的靈修者，能擴展大腦職司深沉專注力的部位。

假如你勤加運用專門提升好奇心的大腦區塊，將能活化與增強神經的「追索」迴路，就如潘克沙普所闡明的，我在第九章有介紹過這位任教於博林格林州立大學的心理學家。這套方法將幫助你對周遭環境的細節保持敏銳，也會增進你的直覺能力。

以下是擴展你天生好奇心（及大腦相關部位）的方法：

☑ 經常從事「搜奇獵異」。去跳蚤市場、舊物特賣會、拍賣會和展銷會，在這些場合，購物活動會刺激你到處「窺探」。

☑ 單純爲了好玩而去解決疑難。填字遊戲、拼圖、數獨和類似的遊戲，都會用到大腦職司解決疑難的部位。

☑ 閱讀偵探小說或驚悚小說，或觀賞同類電影。驚悚小說（電影）可能比其他任何的故事形式更著重在「接下來會發生什麼事」或誰是始作俑者。

☑ 跟上最新資訊。好奇心基本上是對各種新奇事物的著迷，甚至是老故事的新版本，針對的未必是全新的劇情或資訊。請持續追蹤政治與文化的最新局勢。

☑ 避免墨守成規。研究新課題，參加新課程，嘗試新食譜，觀賞新表演，改走新路線去上班，跟新朋友一起吃飯，或替你家的客廳換上新窗簾。

☑ 調查你所住城鎮的新區域。注意細節，積極探索相關歷史、建築物、居民和產業。

☑ 尋找答案。給自己設下一個新的知識性問題，找出它的答案。

☑ 追根究柢。如果你對某件事物感到好奇，不要輕視或忽視它，要去追查相關資訊或更深入尋找答案。

☑ 學會傾聽。發自內心地對同事和朋友感到好奇，問問他們生活上不涉及隱私的相關問題，用心聽他們的回答。

☑ 關於大哉問，你要抱持好奇心。針對生命的意義與其他哲學議題，進行科學性或哲學性的深入探索。

☑ 爲好預兆歡欣鼓舞。如果有某件好事發生，回想你在它發生之前是多麼興奮。爬梳清楚你當時是什麼感覺，以及你對什麼最感興奮。當那種感覺又浮現時，你要有自覺。在這些時刻，你的天線最敏銳，對周遭事物的意識最清晰。

☑ 注意自己什麼時候警覺性最高。學會辨認警覺心頓起的那種時刻。它感覺起來是怎樣？確認你的不祥預感是否眞如所料？當那種感覺又襲來時，用心傾聽。

Step 6 看穿全部真相

你已經練習過如何在生活中注意更多細節，現在你可以開始將這些新技巧運用於對其他人的認知上，尤其是那些與你不同的人。當你跟他人交往時，你要做的事，恰恰與你在批判思考或辯論課上學到的東西相反。聽別人說話時，要把注意力放在正面、可信與有理的部分，而不是他們論點的缺陷。尋找你們的共通點。

☑ 對於「我們是我們，他們是他們」的想法、語言和行爲，要保持警覺心。當你開始概括而論某個種族或族群時——不管是共和黨、穆斯林或甚至銀行家——你已將一個群體界定爲「他們」。將這種語彙從你的字典裡刪掉吧。

☑ 尊重不同的看法，你我對世界的認知沒有對錯之分。

☑ 你自以爲自己與他人之間有歧異，請質疑這樣的想法。這包括你不知不覺中對不認識的鄰居、不同種族或宗教的朋友，以及其他國家與人民，所產生的成見。

☑ 區分出信念的層次。擁有相同觀點的人都持有同樣的立場，這是一種刻板印象。我在第九章介紹過貝克的論點，他說表面上觀點一致的人之間仍存在著信念的細微層次，而不屬於某個信念系統的人，大都很難正確評價某個既定立場下的廣大信念光譜。舉例來說，支持婦女墮胎權利的人彼此之間存在著許多不同的看法，有些人認爲墮胎不管在什麼情況下都是正當的，另一些人認爲墮胎只有在強姦情況下才是正當的，在這兩種看法之間還可以繼續細分下去。試著在各種信念或行業中辨認出這些細微差異，這樣你才不會錯失找到共通點的機會。

☑ 將每個局內人視爲潛在的合作夥伴，並確實與他們打好關係。

☑ 在任何一個敵對的立場中找出核心眞理，而不是聚焦於你跟別人有不同觀點。

☑ 在心裡跟某人互換角色。從跟你對立的立場來設想某個議題，並盡力提出支持那個立場的有力論點，越多越好。這能幫你以更寬宏的視野來看問題。同樣的，試著想像別人如何看待你的想法。你覺得他們看到的是什麼？

☑ 不要怕跟別人意見不同。剖析你跟別人有何共通的價値觀，並尋找創造性的解決方案。

☑ 試試看幫你的異己做正面評述。與其抱怨：「那些無神論異端是不上教堂的」，不如換個想法與講法：「眞有意思，無神論者相信智慧是天生的。」

☑ 弄清楚自己的感覺，然後回頭思考你認爲別人是什麼感覺。

☑ 懂得變通，如果你固守的立場不再合宜，就放棄它吧。

實際練習：創造你自己的關係網

仔細觀察你所屬的任何團體（包括職場）裡的各種人。選一個有爭議性的題目，例如墮胎、槍枝管制、稅制，或者是有關家庭、工作的一個議題。將跟這個主題有關的所有不同意見和觀點，畫成一幅心智圖，接著找出這些立場之間的關聯。這些不同的立場之間，有什麼共同的關注點或價值觀？在價值觀相通的立場之間畫一條線連接。注意你的心智圖，如何形成一個交錯連接的整體。

2 改變我們跟其他人的關係

現在大部分的關係是以這種錯誤的觀念構成：同類才能處得來，我們之間的差異必須盡可能泯除。事實上，對人類經驗來說，衝突意味著敵對，因而當別人跟我們意見不合時，我們就會判定他們是愚蠢或沒有知識。為了捍衛立場，我們覺得有必要辯倒他們，將他們妖魔化，並對世人宣布他們的無知。在我們的想法中，衝突的結果只能以「不是你贏，就是我輸」來收場。

不論跟誰往來，要讓關係更健全的訣竅，就是單純化彼此之間的關係，同時要將注意力放在「中間地帶」——將關係接合在一起的黏著劑——特別是在兩方彼此不合的情況下。建議你將衝突或差異視為共同創造新局的契機，假使雙方看法一致，你們永遠也遇不到這樣的機會。同時，這也是個塑造新關係的機會。

一旦你將自己視為更大整體的一部分，你將會開始以不同的態度對待其他人。只需簡單改變一下觀點，把自己當成建立連結的媒介，你會輕鬆發現始終都存在的鍵結，並在更大的連結經驗中擁抱差異。

接下來的練習，我們要一起來探索建立關係的技巧，這些技巧能幫你跟任何人建立深刻的情誼，甚至是一個跟你處處不合的人，並且讓你以充滿創意的方式來應付衝突，進而締造更多的共識與可能性。你也將會學到如何透過誠意與真心話讓關係更親近，而不是據理力爭。在這種深入交流的過程中，共同體的引力往往能建立信任，並鬆解既定立場的執著。

Step 1 改變你對人際關係的看法

第一步是要改變你對何謂人際關係的看法，並立下幾個新的交往規則：

☑ 把自己視爲你和其他人（不管跟你的差別有多大）之間連結的媒介，並把這當成你的目標，而不是以滿足自我爲目的，像是要證明自己是對的或從其他人那裡獲得好處。走出你的舒適圈，有意識地跟不同於你的人建立關係。

☑ 敞開心胸，去發現其他人最可貴的優點，並憑著第一眼印象發誓要信任對方。

☑ 積極傾聽——用你的心、腦與靈魂傾聽。在聽對方說話之外，也要留意其他地方：他如何描述事物，他強調什麼，或他在哪方面投入最多精力，他的肢體語言如何，他看起來心情如何等等。

☑ 當你在評判某人時，你要有所自覺；碰到這種情況時，請檢視自己的情緒。

☑ 誰跟你對立最嚴重，用最大的心力跟那個人創造新關係。

☑ 發現你跟其他人之間的隱密連結，包括信仰、籍貫、國籍、性別，以及居住地或國家的共同利益。就算共和黨和民主黨這兩個不同黨派，也有不少相同的關注點，比如家庭、上帝、孩子、家園和國家；所有人都希望整頓好經濟、交通、政府、高油價和教育體系。想辦法讓大家一起努力，可以帶給我們一個爲集體大目標團結起來的機會，到那時表面上的歧異也就不再那麼重要了。

☑ 將那些持相反意見的人視爲「我們」，「我們」是一群企圖以「第三條路」共同解決問題的人。

☑ 當你跟他人互動時，要誠實地分享看法並表露你自己最深層的一面，不要虛應故事。鼓勵其他人也這麼做。

☑ 當你跟另一個人做深入交流時，會對人性產生不同的感受，請觀察這是怎麼發生的。

☑ 允許不同的現實共存，不加以干涉——同樣的，不要做價值判斷。

☑ 以富有創意的方式協調歧見，求得更大的可能性。

☑ 出現歧異時，請試著轉化你們的「中間地帶」。改變你的節奏、態度或臉部表情，藉此改變你們雙方之間流動的能量。用你的肢體語言和言語以外的溝通方式，來傳遞你想要連結的渴望。

Step 2 學習慈悲觀法門

要跨越分隔狀態的界線，最重要的方法是練習我們在第十章討論過的慈悲觀法門，藉此拓展我們的無私大愛。

每天練習去想：「我感謝所有生靈的慈悲與博愛，希望他們平安，遠離苦難。」先以你最親密的家人或親戚為此一心念的對象，然後是你的朋友，然後是你認識的人，最後是你的敵人。只要持續幾個星期每天做這個冥想，就能增進你心中對全人類的慈悲心。

Step 3 運用「我們」的肯定語

許多人現在已經了解我們大部分時間的所思所想，會構成了我們的現實，我們也會用正面的自言自語做為自己的定心丸，比如「今天一定會是積極的一天，所有好事都會向我湧來，每件該發生的事情都會發生。」

試著為你親近的團體和你自己發想類似的心念，而不要只是為了你自己。假設你想要實現跟工作表現有關的肯定語，不要以「我」為重心，而是要想著跟你一起工作的團隊，並放聲說出或在心裡默念：「我們今天都會有好表現。」假如你先前是為了自己健康而使用肯定語，現在要換成是為了全家人的健康，對自己說：「我的家人會一直健健康康的。」想著「我們」，會幫助

「我」做得更好。

以下是其他幾個常用的肯定語，以及將這些肯定語改成「我們」的例子。

我能得到一切需要的東西。
我們能得到一切需要的東西。

我是受到呵護與關愛的。
我們是受到呵護與關愛的。

情況越來越好。
我們社區/我們所有人/我們的工作小組/我們公司的情況越來越好。

我的目標明確。
我們的目標明確。

我一定會成功。
我們一定會成功。

我身體健康，活力充沛。
我們身體健康，活力充沛。

我相信宇宙心智會給我答案。
我們相信宇宙心智會給我們答案。

在你的日誌裡，一一列出你對未來的想法，並在每一項下面寫下一個新的正面版本，說明你希望得到什麼結果。然後再重複寫一次你想要的結果，但這次要納入所有相關的人，比如家人、朋友、社區、工作夥伴。

Step 4 培養心連心的對話技巧

☑ 努力去深入理解，回想你認為你聽到了什麼。
☑ 專注於觀察，而非自己的感覺或意見。
☑ 透過提問來釐清你確實理解了，而不是證明你有多懂，並使用支持性的語言來鼓勵對方。與其說：「你要怎麼處理某事？」這聽起來有責備之意（好像他們還做得不夠），不如說：「你希望怎麼處理某事？」
☑ 絕對不要用質問的方式。
☑ 表達你對某事的感覺。發自肺腑地表達心聲，務必要避免批評對方或給對方下評價。忠於你的感受而不是你的判斷。（比如：「當你做這件事時，讓我感到……。」）
☑ 懇切表達出你的需求。
☑ 什麼事情發生最能滿足你的需求，傳達你對此事的願望。
☑ 談話時，當對方跟你做同樣的表示時，你要用心傾聽。

克服對話分歧的十個訣竅

創造一個安全的環境，跟對方（可能不只一位）議定可以輕鬆討論的主題和輕鬆對談的條件。然後設下基本規則來履行這些條件。

1 提出任何一個議題時，從一開始就要徵求同意。

2 傾聽對方是爲了加深理解，而不是爲了同意或不同意他的觀點。不要爭論對錯，也不要說服對方承認你的「正確性」，更不要嘗試改變他們的觀點。

3 全程都要專心，這種修養你在練習內觀法時就已經學過了。不要讓你的心飄到其他地方，也不要在對方說話時就開始想著你要怎麼回應。

4 找出並了解對方的核心價值與關心的事物，比如基本願望、需求、價值觀、憂慮、動機、恐懼與理想。找出彼此的共同利益。

5 不要把對方爲滿足核心利益所提出的解決辦法，跟他們本身的利益混爲一談。

6 說出你的想法、觀念或信念爲何並解釋其中緣由，深入的交流能帶來更深的了解與關係。

7 回應前先緩和下來。

8 發生分歧時，要更用心傾聽。你常常會發現問題就出在你認知上的漏洞，你沒能了解到對方人生中的某些事件導致了他採取現在的立場。

9 一起進行富創意的腦力激盪，想出解決問題的所有可能方法。想像一個正面的結果。

10 一起研擬出一個協議，越能同時滿足雙方的利益越好。

3 擴展共同體經驗，學習為共同目標攜手努力

現在，你可以將鏈結的法則應用在工作場合與社區裡了。從這些練習和接下來要建議的活動，你將會看到一個集體（超然）目標的力量，這股力量能扭轉社區或辦公室的氣氛，從「我對抗他們」變成「我們大家攜手同心」。如同我們在本書第十一章探討的，科學證據顯示，就像腦神經元一樣，一起啓動發射的人會連結在一起，只要一群人一起爲共同目標努力，他們每個人的大腦就會開始調整到相同的波長，加強團體內的鏈結。透過一個超然目標來聚合一個小群體，可以帶來超越金錢、職業及地位的社會凝聚力。一個更大的共同目的，能在任何社會環境中產生立即的親近感，對於維持工作單位或社區合作也是個絕佳的方法。

此外，許多研究衝突解決的專家也觀察到，爲共同目標努力能幫助在其他議題上對立的雙方團結一致。舉例來說，「尋找共識」（Search for Common Ground）計畫鼓勵馬其頓斯拉夫人和阿爾巴尼亞人一起合作清理當地環境，成功連結了這兩個不共戴天的仇敵。

溝通是對話，不是辯論

最好的起點是制定群體溝通的新方式。不同於討論，在對話裡，團體是以一種非系統性的方式來探究情感與想法，以創造更大的理解、更深的關係與新的共同思考。

當我們一起談論某些對我們最重要的議題時，我們經常根據自己個人版本的眞理發言，結果往往會跟不同版本的人產生不合。對話是一種能緩和談話過程的溝通方式，它能讓你自己的偏見現形，並揭開新的可能性。

當你跟一組人一起工作，特別是跟意見不同的人討論任何關於要改變的事情時，請依循以下的做法。

Step 1 掌握對話的法則

如果你是跟兩位以上的人會談，在開始之前，先將椅子排成一圈。選一個人當協調者常常會有幫助，他可以提醒與會者——他們大都受過辯論技巧與搶分爭勝的訓練——哪種談話方式有助於維持建設性的對話。協調者應該要對可能發生的爭吵、中傷、帶有偏見的舉止、不公正或溝通過程的分裂保持警覺，同時也應該控制時間，並確保談話不失焦。

- 透過分享彼此的目的與參與的理由來建立互信。
- 對話要建立在一連串的問題上，而不是辯論或討論的主題。請事先擬好問題。
- 以一個問題作爲切入點，讓每個人都有回答的機會。
- 深入交流，但切勿辯論。溝通的目的並非要做出決定或辯出勝負，而是探討與分享。
- 不要自說自話，每個人都應該有發言時間上限，在這個時間內提出看法。
- 注意自己的情緒反應，尤其是對於跟你意見相左的人。深自內省，這股情緒透露了你本身的哪種看法或偏見？
- 眞心誠意地說明什麼對你是眞正重要的，不管是關於你的社區或你的國家。
- 要全神貫注，用你的心與腦傾聽。
- 不要評判別人，不管那人的世界觀或行爲跟你是多麼不同。只要描述那個行爲或觀點，以及你對它的反應就好，比如：「當她做某某事時，我會覺得……」。只談你的所思所感，而不是你對對方想法和感覺的假設。
- 在溝通過程中，要根除你對他人的誤解與刻板印象。
- 避免一概而論（比如說「永遠」或「絕不」的用語），只針對事實來談：在某個情況下發生了什麼事。
- 從個人角度出發，述說你過去的經驗。這樣做，有助於呈現你個人觀點的脈絡。一律以第一人稱發言，而非捍衛某個特定立場。就如美國麻州劍橋市婦女所發現的（見第十章），述說我們個人的故事能讓議題增添些人味，並有助於建立關係。請描述你人生的轉捩點、你崇拜的對象、榜樣、父母或地位如父母的長輩。表明你最大的夢想是什麼。

- 問無涉爭議的開放性問題，以了解跟你觀點不同的人。這有助於建立互信。
- 回想你原本以爲對方會說的話。
- 用中性語言表述涉及爭議的問題，不要隱含評判。不要問：「你的醫療衛生政策有考慮到未納入健保的幾百萬名美國孩童嗎？」而是換成這個說法：「對於未納入健保的孩子們，你覺得應該怎麼照顧到他們？」
- 在談話中尋找共同的利益、情感、價值觀或經驗。請協調者指出這些共同點。隨著這個過程的進展，你將會驚訝地發現你的核心價值與關注點，跟你所認爲的敵對者是差不多的。

Step 2

十三個點子，用來維繫群體的超然目標

使用或轉化以下這些點子來讓你的團體、社區或社群變成一個共有的儲蓄銀行，它們能消解個人憂慮、改善社區的各個層面，並在這過程中聯繫感情。

1 園藝造景隊：社區成員一起幫忙布置某個鄰居的院子，每家輪流。

2 建造農舍小組：一起爲某個鄰居建造籬笆、圍牆、書架或地基等。

3 在公共區域一起種植植物。

4 在艱苦時期共患難，把食物或其他形式的支持帶給失業或無家可歸的當地人。

5 將你的鄰居組織成一個抗議團體，反對會給社區帶來負面影響的提案。

6 建立一支社區巡守隊以減少犯罪，盡可能讓同個街區的每個人輪流值守。

7 發起廢棄物清理、改善公園、改善醫療服務、減少虐童事件等社區運動。

8 輪流到公園、醫院、安養院和收容所擔任志工。

9 成立社區「儲蓄銀行」（見第十一章）：召集十二個人設立社區儲金和貸款，如同沖繩的模合互助會形式。每人每月提供一筆固定的金額，支付固定的利息，並輪流點收每個月的款項。這個方法也可以用食物、春節大掃除、園藝、種植蔬果、閣樓大掃除或其他類似方案來代替，不然也可以交換勞務或產品來取代金錢。

10 煮東西或甜點時多做一點，讓左鄰右舍分享。

11 支援當地學校，輪流教導學生各種技藝。

12 輪流替鄰居遛狗或載送社區孩童去上學。

13 在當地合夥創立社區的健康中心、公共事業，或任何其他由社區經營的設施或服務。或在社區發起節省能源與資源回收的環保計畫。

4 透過日常的無私行為，成為思想改革的行動者

許多人害怕我們今日面對的許多危機，並爲我們領導者對這些危機的束手無策感到失望。當生活中各種層面的問題如排山倒海般撲向我們時，你是否覺得無能爲力？

這樣的恐懼源自於一個錯誤的觀念，就是：我們所面對的危機只能由上往下解決。然而，我希望這本書已經說服你們，必要的改變——也就是能確實解決我們個人生活、社會，甚至國家大部分問題的改變——不只是政策的改變、新法律或某種更嚴格的管制，同時也是一場根本的心靈改革。

這樣的改變必須由下往上——從一般人的改變開始做起，最終在社區或工作場合中帶動起革新的風氣。這場變革要從你我開始做起，從我們處事的基本態度開始著手。

我們每個人都可以成爲一個「精神公民」，並將我們的生活目的，從「獨善其身」轉變爲「兼善天下」，這是可能實現的。日常生活中簡單的無私作爲，就能使你成爲一個改革的動力源，一勞永逸地改變你周遭貪婪和物質主義的文化習氣、創造信任，並散播合作行爲的感染力。

Step 1 發揮正面的影響力

我在第十章曾說明，你的想法和情緒具有高度的傳染力，甚至你的人生態度也會對周遭的人

產生深刻的影響，影響所及不只是他們的情緒，還有他們的身體和行動能力。爭吵或小衝突會深深打擊我們的免疫系統、自然殺手細胞的數量、腎上腺皮質醇的分泌速度、甚至下視丘—腦下垂體—腎上腺縱軸的功能——這些全是身體抗病機能的調節者。

要成為一個思想改革的行動者，你必須先對身邊的人產生正面的影響力。在你的日誌裡闢一個「人際關係日記」，用以追蹤你對伴侶、父母、孩子、朋友與同事的影響，並且要更留意你的情緒感染力。寫下你跟其他人互動的詳細情形，以便檢驗你的行為有多大的感染力，並讓你成為一個良善的力量。

☑ 時常參與能促進正面心態的活動。研究顯示，我們參加越多能引發正向思考的活動，生活就會變得越正面。如果你對你的家庭或工作現狀深感不滿，就專心全力地去進行改變。

☑ 「激活」你的大腦，使它正面看待你跟你周遭世界的關係。神經科學家現在已了解到，大腦會順著我們的思考自我形塑，一個沒受到開導的憂鬱患者會抗拒改善，因為憂鬱和負面思考已經深植在他的大腦裡。

☑ 檢查你所有行動的通盤後果。你的想法和行動會影響到誰或什麼事物？你的行動或想法引起的漣漪效應是什麼？有人受到傷害嗎？這些作為對誰幫助最大？從整體來看待你所有的思想或行動——它們如何影響世界？

☑ 想想你心情不好時，可能會影響到誰。請留意這件事：你的憤怒或憂傷會影響你身邊的每件事物。開始思考在你所處的環境裡，你怎麼談論人事物。

☑ 詳細記錄下情緒高低起伏的時間，並注意不同情緒對你的伴侶、朋友、孩子或同事起了什麼效應，包括他們的健康、心情、心靈、情緒狀態及待人處世的方式。

☑ 注意任何有趣的關聯。當你爲某件事生氣時，你的伴侶、朋友、孩子或同事是否變得比平常更笨拙，無法應付稀鬆平常的簡單工作？同時也注意你的好心情如何影響他們，他們是否變得更快樂，或在爲人做事方面變得更能發揮影響力？

☑ 監測你的行動。當你做出負面的肢體語言時，注意它對你所愛的人或夥伴所造成的任何影響，包括身體、心靈或情緒。

☑ 找出你的正面與負面表情的相關性。當你微笑時，伴侶、朋友、孩子或同事發生什麼事？你皺眉頭時又有什麼影響？

☑ 檢查你在人際關係受到傷害時的情緒狀態，不管那個傷害多麼小。你或你的伴侶、朋友、孩子或同事恢復得快或慢？記下你對療傷速度的觀察。

☑ 練習跟你愛的人互換角色。想像你變成你的伴侶或配偶、父母、孩子、同事，那會是什麼感覺。設身處地，透過他們的眼睛，懷抱著他們的心願、恐懼與夢想來看世界，體會那是什麼感覺。設想你會怎麼反應。

☑ 當你認識的某個人正在受苦，想像如果你身在他的處境與面臨他眼前的危機會是什麼感覺。試著感同身受，用同理心來體會他的痛苦。問問自己，萬一你遭受到同樣的苦難，你會有什麼感覺，最想要如何療傷。

☑ 問問你所愛的人，他們對你的好情緒或壞情緒有何看法與感受。

Step 2

思想行動家的十個作爲

1 爲你討厭的鄰居做一件事，比如幫他倒垃圾、割草、照顧小孩。

2 寫「每日好消息」網誌，透過電子郵件將它寄給你辦公室的每個人。

3 烤一爐「本周甜點」，每星期一帶去工作地點讓大家分享。

4 避免用裝潢炫富。一項新研究顯示，任何社區裡最有錢的人往往最不信任自己的鄰居，導致他的健康狀況也是最差的。④如果擁有最豪華的住宅只會引起鄰里的反感又會令你生病，那何苦來哉？

5 每天給一位鄰居或同事一個讚美。

6 工作績效好時，要記得跟老闆說是你們整體團隊的功勞，而不是往自己臉上貼金。建議把績效優良的獎勵發給全組的人。

7 當你想要描述自己的孩子表現如何優異時，千萬不要拿別人的孩子當對照組。避免做任何比較，尤其是孩子。

8 定期邀請鄰居到家裡作客，特別是新搬來或背景不同的鄰居。

9 把愛傳送出去，找機會爲別人付停車費、過路費、漢堡錢、飲料錢、電影票——任何你想得到的東西。

10 今天就去擁抱一個不同黨派的支持者。

不僅是生而平等，也要社會正義

在家裡和工作場所採用公平做法，之所以能快速團結眾人並建立信任，主要原因是人們對於公平的看法似乎普世皆同。在最近的一項研究中，哈佛商學院的研究者請共和黨員和民主黨員構思財富分配最理想的社會，結果顯示，雙方所設想的公正社會願景很相似。雙方所描繪的藍圖，不同於美國、加拿大或英國的現行制度，反而最接近實行社會主義的瑞典，瑞典的貧富差距遠遠小於上述國家。

由此可見，雖然我們或許在許多方面的立場是對立的，但不管是富人或窮人，民主黨員或共和黨員——對於公平的大致看法是相同的。

遵循下列十個簡單的公平原則，你就能在生活中、在工作場所和在你的國家重新建立公平性；你也可以在鍵結網站（www.thebond.net）找到這份資料，提供免費下載，請盡量傳給你的每個朋友。

十項公平原則

1 請把這個金科玉律奉爲你每日待人處事的圭臬：你希望別人怎麼對你，你就要怎麼對別人。當你行事公平時，其他人就會有善意回應。

2 不要吝於公開表明你對品德、誠實、信任與互惠的支持。以你的行動而不只是以你的言論，來實際表明你對公平的渴望。

3 盡可能採用將整個群體納入考量的解決途徑，不管是在家裡、在職場上或是在社區裡。

4 選擇既對你有利也對你所屬團體有利的解決辦法，不管是在家裡、在職場上，或在社區與社群裡。

5 當你跟某人意見不合時，要找出合作機會，而不是採用競爭或對抗的手段。

6 只支持重視透明性和公平消費更甚於獲利的企業、組織和政策，拒絕支持任何涉及企業舞弊或故意傷害其競爭者的公司或政策。

7 只支持所作所爲不會對世上任何地方造成不公的組織或機構。同樣的，支持提供平等機會給各族群公民的法律和政策。

8 拒絕參與任何損害到他人的活動，並停止贊助明顯不公平或鼓勵取得不當利益的做法，不管是在家裡或是在你的社區或社群裡。

9 鼓勵公平競爭和團隊合作，而非不擇手段求勝，不管遇到什麼情況，都要把這個道理教給你的孩子們。鼓勵他們選擇同時利於自己也利於周遭人群的言論和行動——就算那些人不是他們的朋友。

10 即便人生有時看起來不公平，你也沒必要做不公平的人。每天將你的所作所爲列成一張公平檢核表，戒除其中不公平或不正當的競爭行爲。

唇齒相依，職場上的鏈結關係

現在企業界正開始認知到它與這個世界是相互依存的關係：它倚賴著哪些人，以及它的作爲對誰會造成影響。想法最進步的企業，將一般在商言商的議題（比如產品開發和研發），視爲「價值創造」——既是全球問題的解決途徑，也能創造企業財富。這類組織還會省察自己的企業社會責任：他們生產的東西或所做的事會傷害哪些人或幫助哪些人。檢驗你公司引起的漣漪效應，你便能確認它是否有負起「全球管事」（global steward）的責任，不只賺取利益，也促進世界團結。

☑ 認眞審視你公司的使命和產品。它影響哪些人，影響了多少人？那些人受到的影響是好是壞？

☑ 製作一份可綜覽你公司所有行爲的流程圖，從研發和原料取得，到產品的生產、運送和銷售。注意哪些人事物受到影響，你們正在幫助誰？正在傷害誰？

☑ 你工作的長期願景是什麼？你的價值觀是什麼？你公司的願景和價值觀跟你的符合嗎？如果不符合，那就考慮轉變這間公司的重心，如果你對此無能爲力，那就另謀高就吧。

☑ 問問自己，你的公司能做什麼事來促進世界團結。如果這間公司的產品無法爲地球帶來幫助，它可以如何改變重心來做到這一點？比方說，假設你的公司專門處理公共關係，何不試著將重心放在那些企圖爲世界做出正面貢獻的客戶上？

☑ 你能採取什麼做法來改善情況，停止傷害？

☑ 如果你公司的營運正在引起傷害與分裂，你要如何改變公司的使命以增進世界團結？

☑ 你們能跟哪些公司建立關係，一起討論與世界連結的方法，並增進全球的生活品質？

☑ 如果你們的產品是在國外製造，你們要怎麼依據公平原則來雇用當地居民投入生產？

☑ 彌補你們已經對地球造成的傷害。如果你的公司已經做出損害環境的事，可以採用什麼補償方案？有沒有方法可以重建你們已經破壞的環境？

☑ 關注公司產品實際的安全問題（不是新聞稿的那種官方說法），盡可能保持客觀，不要盲從企業規範。假如你的公司在第三世界進行藥物測試，離開吧。

☑ 降低公司產品的健康與安全風險，對公司生產所用的科技及操作程序進行健康影響評估。有哪些應變計畫可以應付突發狀況？

☑ 誠實對待普羅大眾和你們的消費者，假如你的公司已經生產了對人們或環境有危害的產品，你們有沒有及時將眞實情形告知大眾？住在你們工廠附近的人有受到影響嗎？你們的工業排放物是否正破壞他們的環境？大多數公司都會企圖以「控制損害程度」來處理這類問題，以爲萬一這樣的過失外洩，公司將會一敗塗地。其實不然，當麥克奈爾藥廠（McNeil）因爲六瓶出問題的止痛藥而回收市面上多達三千一百萬瓶的產品時，商譽馬上就提升了不少。

懂得分享，你才有成長空間

大多數組織都會隱藏他們的營運方式。在西方世界，幾乎每家企業的管理階層都認爲，想在企業競爭中保持領先，必須把一切未來的商業計畫、創新發明和客戶群藏在保險箱裡才能達到目標。然而，許多獲利最高的公司開始認知到，當我們在自己的企業裡採用納許均衡，並以同樣方式對待我們的競爭者時，所有相關人等都會同蒙其惠，獲得更好的成果。這裡提供幾個值得一試的點子：

☑ 定期跟你團隊的所有成員開會，經常提醒彼此不要忘了公司的服務使命宣言、長期願景和價值觀。

☑ 一起努力實現企業的超然目標。如本書第十一章所述，一起爲共同目標努力能促進人與人之間的關係。

☑ 追隨「b」（benefit）企業的領導，這類公司的企業價值是以能爲全人類帶來利益爲衡量標準，而不只是獲利。

☑ 爲全體員工制定獎勵辦法，而不只是獎勵個人。假如有創新點子締造出更高利潤，不妨考慮把獎金發給整個團隊。

☑ 研究你的公司可以用什麼方式與其他公司形成企業夥伴。

☑ 與競爭者坐下來談，找出他們需要什麼來促進營運，想想你們公司有什麼特點能滿足這一點，也反過來想想他們有什麼特點能滿足你們要達到的任務。雙方能一起做什麼事，來加強彼此的營運？

☑ 讓自己習慣於去思考競爭者的需求。當你嘗試解決他的問題時，常常也能同時創造一個讓你獲益的機會。

☑ 交換客戶名單，這是增進業績最好又最快速的方法之一。輪流寄送資訊給彼此的客戶，你們雙方業績的成長速度將會快得令你吃驚。

☑ 在彼此的網站上設置連結或廣告，互相提供一小部分的新商機。

☑ 設法創造跟相關產業公司一起合作的機會。相聚共商，一起腦力激盪。

☑ 捐出部分盈餘做公益，可以藉此向世人及員工，發出一個強而有力的訊息：公司不只是爲了賺錢。

☑ 建議公司撥出幾個上班日集體做善事，選一個對你公司別具意義的慈善工作，讓每個人定期參與協助，比如到救濟廚房（soup kitchen）服務，或耶誕節時去探訪安養院、唱耶誕歌曲。安排一個企業活動日，讓公司每位成員都能爲人類家園貢獻自己的心力；或是擬定一份陪弱勢青少年做功課的輪值表。記住，你的時間就是你最寶貴的資源。

☑ 衷心相信鍵結的力量。

第14章　如何建立你的鍵結圈

鍵結將我們所有人結合起來，加強我們跟其他個體的關係。在本章中，你會看到各種必要的鍵結訣竅，能使個別的團體成為強而有力的心靈改革媒介。

這份學習指南是以最根本的鍵結爲重點——鍵結將我們所有人結合起來——並可作爲一種方法，用來加強我們跟其他個體的關係。這份指南的目的，是讓你學會各種必要的訣竅，使個別團體成爲強而有力的改革媒介，增進當地與全球的團結。

建立鍵結圈的方法

開始

1 請所有成員取得這本書。

2 從 www.thebond.net 網站下載「公平運動」（The Fairness Campaign）和「十項公平原則」

（The 10 Fairness Principles）。

3 在重要據點張貼啓事及連署單，比如新思想（New Thought）教會、精神生活中心（Centers for Spiritual Living）、瑜伽或靈修團體、全食主義商店和其他類似的機構，內容載明你想要發起一個團體來促進你的社區及世界其他社區的團結。並說明這個團體的目的，是要討論如何增進當地與全球的社群關係，學習以一種更富合作精神的方式來生活。然後附上電子信箱，請有意參加者以電子郵件聯絡。如果你是召集人，千萬不要透露你家的地址或電話，除非你們已經很熟悉彼此。你也可以將訊息發布在鍵結網站（www.thebond.net）或念力實驗社群（www.theintentionexperiment.com），表明你想要在你居住地組織這樣一個團體。

4 控制人數，以便管理。在《引爆趨勢》（*The Tipping Point*）這本書裡，作者葛拉威爾（Malcolm Gladwell）提出證據證明人類有一種固有的特性，即人類團體的運作在一百五十人以下是最理想的。如果你的團體超過這個人數，就將它分成幾個小團體。

5 挑一個公共場所作爲你們一開始的聚會地點，直到你們眞正認識其他成員以後再換地點。幾個可能的選擇是：租金便宜的禮堂（每個人可以出點錢）、當地的咖啡館、社區或教會活動中心，甚至也可以考慮不貴但安靜的餐廳。

6 如果家務不會讓你分身乏術的話，盡量排定每周聚會一次。擬好時間表，方便大家在行事曆上記下日期，並鼓勵他們定期與會。

7 根據「每周學習指南」，建立一份架構分明的議程表，讓大家先知道要討論的題目是什麼，參加時便能貢獻想法。請參閱下文的每周學習指南，以此準備討論題目和練習。

8 與其他團體進行交流，可透過鍵結網站與其他的鍵結圈交流，你會驚訝地發現，原來你這麼快就能跟志同道合的人發展成一個遍及全球的虛擬社群。

團體目標

- 從社區團結的宗旨開始著手——建立一個所有成員一致爲良善目標努力的社團。一旦你們眞正了解到你們所有人是一體的，你們所做的種種決定必然會以全體利益爲依歸，而不只是迎合帶頭的人或你們喜歡的人，或想法跟你們一致的人。
- 在做每個決定時，要考量它對你們的社區或環境的整體衝擊。比如說，這個社區新計畫是否能讓社區裡的人人都受益？你們從事的工作會改善或損害你們的社區？你們教導孩子要懂得回饋，或任由他們予取予求？
- 製作一份清單，詳列團體的資源和需求。你們這個團體有哪些才能、日用品或資源可以提供給社區？你們的社區有哪些確切的需求？你們能否判斷哪種才能和資源最有用？哪種才能或資源可以跟其他成員互通有無，以取代金錢？
- 邀請其他團體——醫生、當地員警、教育界人士來參訪你們的團體，一起探討如何加強鍵結的方法。

- 每周撥出團體的部分時間從事改善社區的工作，比如到學校做志工，或參觀設於你們社區內的公司，看看這些機構可以如何落實或採用你們的想法。
- 審視你自己眞正的需求，讓團體成員一起做。問問自己，你眞正需要的是多少？多少電子產品？多少部新車？你還可以用你的錢做什麼事？
- 全體成員宣誓戒絕個人炫富行爲。以賓州羅塞托長壽村爲榜樣，這裡是美國心臟病發作率最低的地方之一，居民有高度的凝聚力，炫富是會受到譴責的，因此忌妒心降到了最小。雖然富人和窮人比鄰而居，但富人不會炫耀自己多有錢。羅塞托長壽村充滿了鮮明的同心同德的氣氛。
- 宣誓避免跟同社區的人競爭，除非是在運動場或保齡球道上。某人賺的錢比你多，有什麼關係嗎？很可能你們還是面對著相同的挑戰。此外，也要杜絕幸災樂禍的心理，不以他人的不幸爲樂，而對他人的好運則要用佛教四無量心的「喜」來應對，眞心爲他人感到高興。
- 採用「公平運動」守則及「十項公平原則」，目的是將更多更廣泛的公平帶進你的社區和社會中。你越是公平待人，人們就越可能公平地待你。
- 以對談方式讓新人融入你們的團體。「尋找共識」計畫——將對立的馬其頓斯拉夫人和阿爾巴尼亞人結合起來的那項計畫，建議定期爲新成員舉行爲時一天的對談，資深成員在最後才加入談話，或舉行客廳夜談，讓新、舊成員共聚一堂一起對話。

第一周　超個體：改變我們的人生意義

閱讀功課

《鏈結效應》的序、前言，以及第一到第四章

這一周的課題要介紹的是鍵結的基本原則：宇宙最根本的原動力是合作與團結，而非競爭。《鏈結效應》揭示宇宙萬物在任何意義上都不是單獨存在的「個體」，在我們生活的各個層面，從生命的最小粒子到我們的人際關係與社群，都存在著鍵結——那是一種全面又深厚的連結，以至於某個事物的結束與另一事物的開始之間不再有明顯界限。

我們天生的設計就是成爲一個互相聯屬的巨大超個體，賦予我們分享、關懷與公平的本性，而不是讓我們競爭。從次原子微粒到單細胞生物，以至於最遙遠星系的星球，一切都涵蓋在這不可分割的鍵結之中。這一周，我們將探討本書的基本要旨：

- 所有的生命是如何爲結合而存在，而非爲競爭

- 爲什麼眞正重要的不是「物」本身，而是它們之間的空間

本周目標

改變我們的人生意義：了解所有生命的存在都是爲了連結而非競爭，並且探討我們存在的新意義將會如何改變我們跟其他人的互動，包括個人的人際關係及社群。

討論主題

- 物理學研究顯示，不存在所謂的個體，事物彼此之間都有連帶關係。請討論這個新發現的意義。

挑戰：將世上萬物理解爲一個互相聯屬的大整體，這個想法會如何改變你的世界觀，試著討論。

- 探討這個觀念：我們是「由外而內」被創造出來的——我們的身體是在許多複雜的交互作用之下，受到環境影響而被創造出來，因此身體不能被看作是獨立存在。

挑戰：跟你父母相較之下，你跟環境的鍵結如何改變了你的身體和健康狀況的各方各面？

- 討論這個觀念：我們是「跨星系超個體」的一部分，我們的健康、心靈平衡，甚至可能還有許多我們認爲是個人獨有的行爲或動機，其實在某種程度上是受到太陽活動的影響。

挑戰：這個理論會如何改變我們對人類動機和個人主義的看法？

- 我們現在知道，我們是透過鏡像神經元在大腦中模擬整個經驗過程來理解他人的行爲，彷彿我們正經歷相同的事情。

挑戰：這樣的認知，對我們認爲思考是全然獨立的過程這種觀念有何影響？

- 個人主義與物競天擇的觀念如何影響我們的社會結構？達爾文的理論如何滲透到我們的日常生活中？你在生活的哪個領域最強烈地感受到競爭？

挑戰：你要如何改變社會結構，使其變得更具有合作精神？

第二周：出自本性的歸屬渴望

閱讀功課

《鏈結效應》第五、六、七章

人性具有根深柢固的族群性，在我們所歸屬的小群體裡，我們感到最自在。對於人類來說，跨越個人界限並與團體結合，這種需求是既根本又必要的，因此這種需求依然是決定我們健康與否，甚至是決定我們生死的關鍵因素。

本周目標

探討爲何分享與關懷對於我們的健康至關重要，並想想有什麼新方法能讓我們在不只爲自己說話、不只顧自己和不只替自己經營關係的前提下，達到個人的成功。

討論主題

- 為什麼獨來獨往的美國英雄人物是心臟病的高風險者？

挑戰：不是所有美國文化中的英雄角色都代表個人目標的奮戰，其中還有許多角色彰顯的是全人類之間最根本的連結力量，比如電影《風雲人物》（*It's a Wonderful Life*）裡詹姆斯．史都華（James Stewart）所飾演的喬治．貝里（George Bailey）即為一例。你還可以想到其他例子嗎？

- 為什麼歸屬感對我們這麼重要，而「過度個別化」會這麼危險？

挑戰：回想你過去感到落單或被排擠，或你的團體裡某個成員被開除時的情形。為什麼會發生那種事？它在身心上對你造成什麼影響？你當時可以採取什麼不同的做法，來促使團體更有凝聚力？

- 在家裡或在工作場所，其他人的情緒對你造成了什麼影響？

挑戰：在這個禮拜中，請觀察你在心情不好的人身邊時，自己的心情和肢體語言會發生什麼狀況。如實記錄下來，下周跟大家討論。

- 社群是我們最好的解藥，甚至在艱困時期也是，有什麼例子可以說明這一點？

挑戰：這個月你可以參加哪些新團體？或更積極參與你已經加入的團體來強化關係？

- 大家都說自私是人類的天性，有哪些新證據可以顯示事實恰好相反：我們的天性是分享、關懷和公平？

挑戰：這個禮拜爲某個人做某件善事或利他之舉。觀察你做這件事時，你的身體和情緒起了什麼變化。

團體活動 **擬定三個可以增進團體情誼，並讓團體中的每個人都能採用的方法。**

第三周：公平原則

閱讀功課 **《鏈結效應》第八章，加上「十項公平原則」及 www.thebond.net 上的「公平運動」守則（The Fairness Campaign）。**

公平深植於我們每個人的心中，神經學家甚至在人類大腦中發現一個「抗議不公」的區塊。這麼看來，公平的觀念似乎是普世一致的。絕大多數社會中的人及各種政治派別的公民，對於公平都有極爲相似的想法。我們大多數人對公平的定義，是指付出會得到合理回報，而且每個人機會均等。何謂公平，人人了然於胸。

我們的生存，有賴於我們營造「賞罰分明」環境的能力，亦即我們因自己的努力獲得應得的回報（或因犯錯受到應得的懲罰），每個人也都被賦予同樣的機會。一個社區或國家群體之所以會崩解離析，跟其互惠與公平性的功能不彰脫離不了關係。

如第八章所述，公平是一種能在任何社群中加強凝聚力的方法，而且重建公平絕非難事。科學研究顯示，在任何社會中，若有一個文化因爲太多人獨占太多利益而導致分裂，其實只需要一小群人致力營造緊密的互惠關係，就能重建公平並創造一個高度凝聚力的社群。

本周目標

探討如何在你們的生活、社區、工作場所和國家裡重建公平性。

討論主題

- 何謂公平？它跟齊頭式的平等或社會主義有什麼不同？

挑戰：根據你們對公平的定義，判斷當地或國家現行的政策哪些是公平的，哪些是不公平的。你們希望怎麼改變？

- 爲什麼公平在各個群體中如此重要，爲什麼它能讓人們團結？

挑戰：你能否看出你們社區裡的哪些困難與問題，是跟公平與否有關？

- 在人民普遍感到不公平的國家裡，它的社會結構會發生什麼變化？

挑戰：你自己國家的某些不公平政策如何導致富人與窮人皆蒙其害？

- 你覺得自己的生活中有什麼是不公平的？

挑戰：你可以靠什麼方法成爲一個扭轉局勢者，如何在你的工作場所或社區裡推動公平及合乎公平的做法？

本周目標

學習「十項公平原則」，然後思考如何將它們應用在家庭、社區和職場上，用它們來強化社群關係，列出你想到的應用方法。

第四周：從「我」到「我們」：小小的認知就能改變關係

閱讀功課

《鏈結效應》第九、十章

我們喜歡志同道合的人——有共同的價値觀、立場、性格、甚至性情相仿的人——卻容易跟異於自己的人起衝突。這種親近同類的傾向只會把我們跟其他人分開，加強我們的個體性，讓我們自以爲自己的處世方式是最好的。

一旦我們將自己視爲更大整體中的一份子，就會開始以不同的態度對待他人。當我們能學會改變自己的觀點，把自己當成是連結人與人的工具，我們就能輕鬆發現更深層、始終存在著的鏈結，並在更大的人際關係定義下擁抱差異。

這周你將會學到一些待人處世的技巧，並運用這些技巧讓自己成爲一個打造純粹情誼的工具，而不帶任何批判性或偏見。

本周目標

哪些交往技巧能讓你跟任何人，甚至跟那些與你全然不合的人建立深刻關係，請深入探討這些技巧。另外，請練習以真心與坦率不隱瞞的態度，來拉近人我之間的關係及強化凝聚力。在這種深刻分享的過程中，整體的凝聚力自然會建立起互信基礎，並鬆解對堅定立場的執著。

討論主題

- 西方世界鼓勵個人主義，這種傳統是如何妨礙我們看見另一種版本的現實？二〇〇四年南亞大海嘯的生還者帶給我們什麼啓示，教導我們要對自身的行動採取更全面的觀點？

挑戰：思考你的某些行爲如何影響你的社區。

- 討論祖魯人的傳統問候語 Sawubona（你好啊，我看見你了）的深刻含意。

挑戰：分成兩組，一方說「我們看見你了」，另一方則回答「是的，我們也看見你了」。同時，允諾你會盡其所能讓你的同伴有更好的發展。這個練習，如何改變了你對這份關係的看法？

- 什麼是「靈性視覺」？

挑戰：回想你跟某人在某件事上產生激烈爭執的經驗。他或她所理解的現實是什麼？你所理解的現實又是什麼？哪裡可以找到兩方共通的眞理？

● 探討對話這件事，它跟一般的討論有何不同，以及它如何解決麻州劍橋市擁護選擇權和擁護生命權人士之間的對立。

挑戰：探討你界定「眞實」所依據的某些預設條件，這些條件有多少是根植於文化背景和信仰？

● 爲什麼深刻的分享在人際關係中有這麼強大的力量？它如何讓我們懂得寬恕並重建情誼，就像第十章提到的那位前希特勒青年團成員和猶太人大屠殺倖存者之女的例子？

挑戰：分成兩兩一組，練習深刻分享你眞正在乎的事物。你對另一個人的感覺，產生了什麼値得注意的現象？

本周練習

在你的團體裡，針對一個有爭議性的主題（墮胎、茶黨*、槍枝管制等等）進行對話。請牢記下列規則：

☑ 不要下結論或進行辯論。

☑ 每個人要輪流發言。

☑ 當有人說了你不同意的論點時，請留意你本身的反應。

☑ 全神貫注。

☑ 不要下評判。

第五周：擁有共同目標就能連結在一起

閱讀功課

《鏈結效應》第十一章

本周我們將透過強盜洞營地的實驗，觀察一個集體（超然）的大目標如何發揮它的力量，將你們的社區或辦公室的氣氛從「我對抗他們」轉變成「大家攜手同心」。我們也會認識到，集體大目標能爲任何社會情境重新注入活力，不管是在你的辦公室或是在社區裡，還能打造出一個緊密交織、充滿合作精神的群體。共同活動也會刺激腦內啡的分泌，提高我們的疼痛閾值**，增進個人效率，最終提升我們的成就。你也可以探究如何將你的社區轉變成一個共有的儲蓄銀行，以這種合作方式來幫助個人度過難關。

討論主題

- 強盜洞營地的實驗給了我們這時代什麼啓示？

*Tea Party，是美國一股新興的政治力量，反對高稅率，主張政府越小越好，政治色彩比較接近共和黨。
**引起疼痛最低的刺激量，是一個刺激強度的臨界點，當刺激強度超過此臨界點時，就會產生疼痛感。

挑戰：想出一個你們團體能在社區裡追求的超然目標，用它來團結目前處於對立的人們。

- 超然目標爲何能這麼有效地把人們團結起來？

挑戰：你有什麼方法來扭轉辦公室氣氛，從「我們對抗他們」轉變爲「大家攜手同心」？

- 從南非橄欖球隊和牛津划船隊、智利礦工、泰霍爾特鎮民建造社區供水管線的經驗和敘利亞翻譯員諾兒·哈吉的例子，你能學到什麼訣竅來締造一個更團結的社群？

挑戰：你能否想出三個可以應用在你居住社區的集體活動，藉由這個方式讓你的社區更安全也更有活力，同時拉近鄰居間的距離？

- 沖繩的日本人喜歡透過「模合」的民間互助會來處理資金，結合一群互相信任的朋友或鄰居組成儲蓄銀行。我們可以如何套用這個想法應用在我們的社區？

挑戰：想出三個方案來創立一間社區儲蓄銀行，以便協助彼此度過難關。這間銀行不一定要保管錢，鄰居們可以透過耙落葉、修籬笆，甚至以物易物來幫助彼此，用交換工作或物品來取代金錢。

本周練習

大家一起擬定一個可在社區執行的計畫，前提是：要讓不同宗教信仰、文化背景和政治派別的人都能對這件事抱持著同樣的熱忱。設置一個委員會來推動這項計畫，等到計畫有了初步基礎後，再組成另一個委員會，負責邀請各種不同信仰或文化的人加入。你要觀察的是，大家一起爲共同目標努力能否拉近你們的距離。

第六周：慷慨與公平：全球局勢的扭轉者

閱讀功課

《鏈結效應》第十二章

這周是探討如何讓你的團體或集會裡的每個人都能成爲「精神公民」，並將你們的人生目的從「獨善其身」轉變爲「兼善天下」。這門課會探討我們每個人如何透過「做些什麼」這種小小的舉動，成爲一個強而有力的行動改革者，並深入探討慷慨之舉這種充滿感染力的非凡力量，如何改變一家企業或一個社區。簡單、平常的慷慨行爲，就能讓你成爲一個改革的動力源，一勞永逸地改變你周遭貪婪和物質主義的文化習氣。

本周目標

探討「慷慨」充滿感染力的非凡力量，如何藉由這股力量在你們的社區或工作場所締造深入內心的信任感。

討論主題

- 梅塔從一個美金六位數年薪的典型矽谷野心家，轉變成一個經營國際性「慈善焦點」的全球局勢扭轉者，他的經歷帶給我們最重要的啟示是什麼？

挑戰：要在你日常生活中成爲一個行動改革者，最重要的途徑是什麼？

- 我們每個人如何能在社區或辦公室裡發動奉獻和合作行爲的連鎖效應？

挑戰：想出幾個運用慷慨的方式，作爲一種充滿感染力的非凡力量，在你們社區締造深入內心的信任感。

- 說說爲什麼一個小小的善舉——留一點零錢在飲料販賣機裡——能在一個大企業裡興起慷慨無私的風氣，或影響整個社群。當一個自私自利的文化環境裡出現幾個重建慷慨與互惠的行動改革者，會發生什麼事？

挑戰：設計幾個你做得到的活動，來發動改革的連鎖效應。

- 如何應用員工持股的合夥企業的成功經驗，比如連鎖百貨業者 John Lewis Partnership，來推動社區團結？

挑戰：你能否把你目前正在進行的計畫，重新規畫成一個不是一人獨攬職權的合夥計畫？

本周練習

爲你的社區或工作場所設計出三個「把愛傳出去」的明確行動，以此發起奉獻和合作行爲的連鎖效應。將結果回報給你的社團。

第七周：從在地到全球

閱讀功課

《鏈結效應》第八、十一及十二章

在這最後一周，我們將探討如何讓全球從老舊的零和（你輸我贏）模式，轉換到鍵結的六項原則（「我的勝利是眾人的勝利」）。我們也會了解到超然目標的力量，透過超然目標的設計來跟世界各地的其他團體建立關係並共同成長。這周的課程也會著重於納許均衡（什麼對我和團體是最好的），用此一原則來擬定目標，幫助我們跟不同文化或信仰體系的人團結起來。

數學家約翰．納許的故事可以當作範例，也就是電影《美麗境界》描述的主角（參見本書第八章），他領悟到亞當．史密斯「人各爲己」的模式是錯誤的。他說，當團體中的每個人都爲自己及團體做最大的努力時，就會得到最好的結果。

本周目標

從排他模式（我贏你輸、我們對抗他們）轉換成相容模式（「我的勝利是衆人的勝利」、我們聯合他們），探討這樣的轉換如何爲關係的連結提供一個強而有力的方法，並將這些想法散播給更廣大的社群。

「我贏你輸」模式

- 人生是一場零和比賽（你輸，我才會贏）。
- 我能從中獲得什麼？
- 我一定要贏、占上風或拔得頭籌才能滿足自我。
- 人不爲己，天誅地滅，我顧好自己就好。

- 我們是我們，他們是他們。
- 我追求第一，對社會的貢獻最大。

鍵結模式

- 只有當你我雙贏的時候，我才算贏。
- 跟其他人同舟共濟時我最能感到滿足，不管付出什麼代價。
- 我能爲你做什麼？
- 我們所有人同在一條船上，禍福與共。
- 我們聯合他們。
- 我們爲自己，同時也爲群體的其他人尋求利益，對社會的貢獻最大。

討論主題

- 討論《美麗境界》這部電影的酒吧那一幕，在本書第九章有詳細介紹，那一幕的劇情，讓納許領悟到當一個人不只顧自己也兼顧他人時，所採取的行動才是最好的行動。

挑戰：有哪些方法可以將這個想法應用在你的工作場所或社區？

- 對於我們現行的競爭模式（「你輸我贏」），納許均衡與其他賽局理論的例子給了我們什麼啓示？

挑戰：在你的生活和社區裡，有哪個領域的現況是「人各爲己」，試著討論，然後重新設計成「人人爲己也爲群體」的模式。採行後，得到了什麼效果？

- 天馬行空想像一下：如果許多企業一起合作而非競爭對抗，會是怎樣的局面？

挑戰：討論如何將這些想法融入你的工作場所或社群組織裡。

- 討論上面所列的新舊模式，這些模式是否出現在我們的社區、企業或政治體系裡？是在哪些方面？

挑戰：能否在你所屬的社群裡設計一些新點子，將鏈結模式「我們聯合他們」的觀念融入日常生活中？

- 這個新模式可以如何運用在政治上，藉此改善社會的各個層面？

挑戰：描述「我們聯合他們」這個模式如何整合不同政治派別的人。

本周練習

設計一個「我們聯合他們」的超然目標，納入你們社區的需求，然後再納入其他幾個不同社區的需求。開始研擬出一套可以付諸實行的計畫，並持續將你的進度回報給社團。

註釋

前言　我是誰，我又怎樣定義我自己？

① A. Smith, An Inquiry into the Nature and Cause of the Wealth of Nations (W. Strahan and T. Cadell, 1776)
② T. R. Malthus, *An Essay on the Principle of Population As It Affects the Future Improvement of Society* (1798; reprint, Oxford World's Classics), 13.
③ C. Darwin, *On the Origin of Species by Means of Natural Selection, or the Preservation of the Favoured Races in the Struggle for Life* (John Murray, 1859).
④ A. R. Wallace, "Mr. Darwin's Metaphors Liable to Misconception," 1868, cited in D. Todes, "Global Darwin: Contempt for Competition," *Nature* 462, no. 5 (2009): 36–37. 達爾文的新看法意味者，他的中心隱喻是「調適」，而不是生存競爭，他慢慢傾向於相信生命是無止盡地改造及適應環境。
⑤ M. Elshakry, "Global Darwin: Eastern Enchantment," *Nature* 461, no. 2 (2009): 1200–1201.
⑥ J. Pusey, "Global Darwin: Revolutionary Road," *Nature* 462, no. 12 (2009): 162–63; J. Buchenau, "Global Darwin: Multicultural Mergers," *Nature* 462, no. 19 (2009): 284–85.
⑦ 詳 R. Dawkins, *The Selfish Gene* (Oxford University Press, 1989)
⑧ Ibid., 2. 詳 Rupert Sheldrake, *The Presence of the Past* (HarperCollins, 1988), 83–85.
⑨ B. Lipton, *Spontaneous Evolution: Our Positive Future and a Way to Get There from Here* (Hay House, 2009).
⑩ P.C. Gøtzsche et al. "Ghost authorship in Industry-initiated Randomised Trials," PLoS Med, 2007; 4 (1): e19.
⑪ D. Sewell, *The Political Gene: How Darwin's Ideas Changed Politics* (Picador, 2009).
⑫ L. McTaggart, *The Field: the Quest for the Secret Force of the Universe* (HarperCollins, 2002).

第 1 章　尋找宇宙間最小的粒子

① G. Engel et al., "Evidence for Wavelike Energy Transfer through Quantum Coherence in Photosynthetic System," letter, *Nature* 446, no. 112 (2007): 782–86.
② S. Weinberg, "What Is an Elementary Particle?," *Beam Line: A Periodical of Particle Physics* 27 (Spring 1997): 17–21.
③ W. Heisenberg, "Talk to the German Physical Society," 1975, cited in S. Weinberg, "What Is an Elementary Particle?," emphasis added.
④ S. Weinberg, "What Is an Elementary Particle?"
⑤ W. Heisenberg, "Über den Anschaulichen Inhalt der Quantentheoretischen Kinematik und Mechanik," *Zeitschrift für Physik.* 43 (1927): 172–98.
⑥ John D. Barrow, *The Book of Nothing* (Jonathan Cape, 2000), 216.
⑦ H. E. Puthoff, "Ground State of Hydrogen as a Zero-point-fluctuation-determined State," *Physical Review* D 35 (1987): 3266.
⑧ B. Haisch, A. Rueda, and H. E. Puthoff, "Inertia as a Zero-point-field Lorentz Force," Physical Review A 49, no. 2 (1994): 678–94; B. Haisch, A. Rueda, and H. E. Puthoff, "Physics of the Zero-point Field: Implications for Inertia, Gravitation and Mass," *Speculations in Science and Technology* 20 (1997): 99–114.
⑨ B. Haisch, A. Rueda, and H. E. Puthoff, "Advances in the proposed electromagnetic zero-point field theory of inertia," paper presented at AIAA 98–3143, Advances ASME/SAE/ASEE Joint Propulsion Conference and Exhibit, July 13–15 1998, Cleveland, Ohio.
⑩ J. A. Wheeler, "Information, Physics, Quantum: The Search for Links," in W. Zurek, ed., *Complexity, Entropy,*

and the Physics of Information (Addison-Wesley, 1990).
⑪ J. A. Wheeler, *Mathematical Foundations of Quantum Theory,* A.R. Marlow, ed. (Academic Press, 1978.)
⑫ 量子力學「非定域性」的證明：Alain Aspect et al.'s experiments in Paris in 1982: A. Aspect et al., "Experimental Realization of Einstein-PodolskyRosen-Bohm Gedankenexperiment: A New Violation of Bell's Inequalities," *Physical Review Letters,* 49 no. 2 (1982): 91–4. V. Jacques et al., "Experimental Realization of Wheeler's Delayed-Choice Gedankenexperiment," *Science* 315, no. 5814 (2007): 966–68.
⑬ J. A. Wheeler, speaking on "The Anthropic Universe," on ABC Radio National, *The Science Show,* February 18, 2006.

第 2 章　基因決定論錯了，環境才是關鍵

① L.H. Lumey, "Decreased Birthweights in Infants After Maternal in Utero Exposure to the Dutch Famine of 1944–1945," *Paediatric and Perinatal Epidemiology* 6, no. 2 (1992): 240–53; G. Kaati et al., "Cardiovascular and Diabetes Mortality Determined by Nutrition During Parents' and Grandparents' Slow Growth Period," *European Journal of Human Genetics* 10 (2002): 682–88. 詳 Harald Gaier, "Beyond the Selfish Gene," *What Doctors Don't Tell You,* August 2008, 22.
② G. Wolff et al., "Maternal Epigenetics and Methyl Supplements Affect Agouti Gene Expression in Avy/a Mice," *FASEB Journal* 12 (August 1998): 949–57.
③ R. A. Waterland and R.L. Jirtle, "Transposable Elements: Targets for Early Nutritional Effects on Epigenetic Gene Regulation," *Molecular Cell Biology* 23 (2003): 5293–300.
④ 引用自 L. A. Pray, "Epigenetics: Genome, Meet Your Environment," *The Scientist* 18, no. 13 (2004): 14–20.
⑤ J. Lamarck, *Philosophie Zoologique, ou Exposition des Considérations Relatives à l'Histoire Naturelle des Animaux* (Dentu, 1809).
⑥ A. C. Faberge and J. D. Mohler, "Breakage of Chromosomes Produced by Ultraviolet Radiation in Drosophila," *Nature* 169, no. 4294 (1952): 278–79.
⑦ C. H. Waddington, "Genetic Assimilation of an Acquired Character," Evolution (1953): 118–26; C. H. Waddington, *The Evolution of an Evolutionist* (Cornell University Press, 1975).
⑧ J. D.Watson and F. H. Crick, "Molecular Structure of Nucleic Acids: A Structure for Deoxyribose Nucleic Acid." *Nature* 171, no. 4356 (1953): 737–38.
⑨ 生物學家 Bruce Lipton 率先發表這方面的開創性著作 *The Biology of Belief: Unleashing the Power of Consciousness, Matter, & Miracles* (Hay House, 2008).
⑩ 同上，chapter 3, 75–94.
⑪ 同上，75–6.
⑫ M. Szyf, "DNA Memethylation and Cancer: Therapeutic Implications," *Cancer Letters* 10, no. 211 (2004): 133–43.
⑬ I. C. Weaver et al., "Epigenetic Programming by Maternal Behavior," *Nature Neuroscience* 7, no. 8 (2004): 847–54; I. C. Weaver et al., "Maternal Care Effects on the Hippocampal Transcriptome and Anxiety-mediated Behaviors in the Offspring That Are Reversible in Adulthood," *Proceedings of the National Academy of Sciences* USA 103, no. 9 (2006): 3480–85.
⑭ Jacques E. Rossouw et al., "Risks and Benefits of Estrogen Plus Progestin in Healthy Postmenopausal Women: Principal Results From the Women's Health Initiative Randomized Controlled Trial," *Journal of the American Medical Association,* 288 (2002): 321–33.
⑮ R. Gramling et al., "Hormone Replacement Therapy, Family History and Incident Invasive Breast Cancer Among Postmenopausal Women in the Women's Health Initiative," *Epidemiology* 20 (2009): 752–56.
⑯ P. O. McGowan et al., "Promoter-wide Hypermethylation of the Ribosomal RNA Gene Promoter in the Suicide Brain," *PLoS ONE* 3, no. 5 (2008): e-2085.
⑰ P. O. McGowan et al, "Epigenetic Regulation of the Glucocorticoid Receptor in Human Brain Associates with

Childhood Abuse," *Nature Neuroscience,* 12 (2009): 342–48.
⑱ J. Mill et al., "Epigenomic Profiling Reveals DNA-Methylation Changes Associated with Major Psychosis," *American Journal of Human Genetics* 82, no. 3 (2008): 696–711.
⑲ A. Fischer et al., "Recovery of Learning and Memory Is Associated with Chromatin Remodelling," *Nature* 447 (May 10, 2007): 178–182.
⑳ J. Arai et al., "Transgenerational Rescue of a Genetic Defect in Long-Term Potentiation and Memory Formation by Juvenile Enrichment," *Journal of Neuroscience* 29, no. 5 (2009): 1496–502.
㉑ G. Kaati et al, "Transgenerational Response to Nutrition, Early Life Circumstances and Longevity," *European Journal of Human Genetics* 15 (2007): 784–90.
㉒ M. E. Pembrey et al., "Sex-specific, Male-line Transgenerational Responses in Humans," *European Journal of Human Genetics* 14 (2006): 159–166.
㉓ A. Fraser et al., "Association of Maternal Weight Gain in Pregnancy with Offspring Obesity and Metabolic and Vascular Traits in Childhood," *Circulation* 121 (2010): 2557–64.
㉔ R. Alleyne, "Britain's 'Me Culture' Making Us Depressed," *The Telegraph,* November 6, 2009.
㉕ J. Chiao and K. Blizinsky, "Culture-Gene Coevolution of Individualism-Collectivism and the Serotonin Transporter Gene," *Proceedings of the Royal Society B: Biological Sciences* 277, no 1681 (2010): 529–37.
㉖ J. Cairns, "The Origin of Mutants," *Nature,* 335 (1988): 142–45.
㉗ D. Charlesworth et al., "Origin of Mutants Disputed," *Nature,* 336 (1988): 525; R. E. Lenski and J. E. Mittler, "The Directed Mutation Controversy and Neo-Darwinism," *Science,* 259 (1993): 188–94; 相關信件另見 *Science* 260 (1993): 1221–24, 1958–60.
㉘ B. Lipton, *Spontaneous Evolution,* 149–50.
㉙ J. A. Shapiro, "Mobile DNA and Evolution in the 21st Century," *Mobile DNA* 1 (2010): 4.
㉚ J. A. Shapiro. "Bacteria Are Small but Not Stupid: Cognition, Natural Genetic Engineering and Socio-bacteriology," *Studies in History and Philosophy of Science Part C: Studies in History and Philosophy of Biological and Biomedical Sciences* 38, no 4 (2007): 807–19.

第 3 章　別錯估了我們與宇宙的親密關係

① F. Halberg, "Historical Encounters between Geophysics and Biomedicine Leading to the Cornélissen-series and Chronoastrobiology," In: Schröder, W., ed. *Long- and Short-Term Variability in Sun's History and Global Change* (Bremen: Science Edition [2465] 2000): 272; F. Halberg et al., "Cycles Tipping the Scale between Death and Survival (= 'Life')," *Progress of Theoretical Physics,* suppl. 173 (2008): 153–81.
② 我在 *The Intention Experiment* (Free Press, 2007) 中有詳細說明。繁體中文版《念力的科學》由橡實文化出版發行。
③ L. E. Scheving and F. Halberg, *Chronobiology: Principles and Applications to Shifts in Schedules* (Kluwer Academic, 1981).
④ W. Hrushesky et al. "Cisplatine Chronotolerance," *Proceedings of the Conference on Combined Modalities: Chemotherapy/Radiotherapy* [567], abstract CP-V-3 (1978): 58.
⑤ G. Cornélissen et al., "Is a Birth-month-dependence of Human Longevity Influenced by Half-yearly Changes in Geomagnetics?" *Proceedings of the XXV Annual Seminar, "Physics of Auroral Phenomena,"* Apatity, February 26-March 1, 2002. Apatity: Polar Geophysical Institute, Kola Science Center, Russian Academy of Science; [2657b] (2002):. 161–65.
⑥ V. N. Bingia and A. V. Savin, "Effects of Weak Magnetic Fields on Biological Systems: Physical Aspects," *Uspekhi Fizicheskikh Nauk* 173, no. 3 (2003): 265–300.
⑦ Interview with Germaine Cornélissen, February 11, 2010.
⑧ V. M. Petro et al., "An Influence of Changes of Magnetic Field of the Earth on the Functional State of Humans in the Conditions of Space Mission," paper presented at the International Symposium Computer Electro-

Cardiograph on Boundary of Centuries, Moscow, Russian Federation, April 27–30, 1999.

⑨ Germaine Cornélissen et al., "Chronomes, Time Structures, for Chronobioengineering for 'a Full Life,'" *Biomedical Instrumentation and Technology* 33, no. 2 (1999): 152–87.

⑩ V. N. Oraevskii et al., "Medico-Biological Effect of Natural Electromagnetic Variations," *Biofizika* 43, no. 5 (1998): 844–48; V. N. Oraevskii et al., "An Influence of Geomagnetic Activity on the Functional Status of the Body," *Biofizika* 43, no. 5 (1998): 819–26.

⑪ F. Halberg et al., "Cross-spectrally Coherent about 10-, 5- and 21-year Biological and Physical Cycles, Magnetic Storms and Myocardial Infarctions," *Neuroendrocrinology Letters* 21 (2000): 233–58; I. Gurfinkel et al., "Assessment of the Effect of a Geomagnetic Storm on the Frequency of Appearance of Acute Cardiovascular Pathology," *Biofizika* 43, no. 4 (1998): 654–58; J. Sitar, "The Causality of Lunar Changes on Cardiovascular Mortality," *Casopis Lekaru Ceskych* 129 (1990): 1425–30.

⑫ M. N. Gnevyshev, "Essential Features of the 11-year Solar Cycle," *Solar Physics* 51 (1977): 175–82.

⑬ G. Cornélissen et al., "Non-photic Solar Associations of Heart Rate Variability and Myocardial Infarction," *Journal of Atmospheric and Solar-terrestrial Physics* 64 (2002): 707–20.

⑭ R. M. Baevsky et al. "Meta-analyzed Heart Rate Variability, Exposure to Geomagnetic Storms, and the Risk of Ischemic Heart Disease," *Scripta Medica (Brno)* 70, no. 4–5 (1997): 201–6; G. Cornélissen et al. "From Various Kinds of Heart Rate Variability to Chronocardiology," *American Journal of Cardiology* 66 (1990): 863–68.

⑮ Baevsky et al. "Meta-analyzed Heart Rate Variability"; Petro et al., "An Influence of Changes of Magnetic Field."

⑯ Cornélissen et al., "Chronomes, Time Structures."

⑰ A. R. Allahverdiyev et al., "Possible Space Weather Influence on Functional Activity of the Human Brain," paper presented at the Space Weather Workshop: Looking towards a European Space Weather Programme, Noordwijk, The Netherlands, December 17–19, 2001.

⑱ E. Babayev, "Some Results of Investigations on the Space Weather Influence on Functioning of Several Engineering-technical and Communication Systems and Human Health," *Astronomical and Astrophysical Transactions* 22, no. 6 (2003): 861–67; G. Y. Mizun and P. G. Mizun, "Space and Health," *Znanie* (1984).

⑲ Allahverdiyev et al., "Possible Space Weather Influence"; Babayev, "Some Results of Investigations"; Mizun and Mizun, "Space and Health."

⑳ Avi Raps et al., "Geophysical Variables and Behavior: LXIX. Solar Activity and Admission of Psychiatric Inpatients," *Perceptual and Motor Skills* 74 (1992): 449; H. Friedman et al., "Geomagnetic Parameters and Psychiatric Hospital Admissions," *Nature* 200 (1963): 626–28; E. Stoupel, "Relationship Between Suicide and Myocardial Infarction with Regard to Changing Physical Environmental Conditions," *International Journal of Biometeorology* 38, no. 4 (1994): 199– 203; E. Stoupel et al., "Clinical Cosmobiology: The Lithuanian Study, 1990– 1992," *International Journal of Biometerology* 38 (1995): 204–8; E. Stoupel et al., "Suicide-Homicide Temporal Interrelationship, Links with Other Fatalities and Environmental Physical Activity," Crisis 26 (2005): 85–89.

㉑ R. Becker, *The Body Electric: Electromagnetism and the Foundation of Life* (Quill, 1985).

㉒ F. Halberg, "Chronomics of Autism and Suicide," *Biomedicine and Pharmacotherapy* 59 (2005): S100–S108.

㉓ M. Mikulecky, "Lunisolar Tidal Waves, Geomagnetic Activity and Epilepsy in the Light of Multivariate Coherence," *Brazilian Journal of Medicine* 29, no. 8 (1996): 1069–72; E. A. McGugan, "Sudden Unexpected Deaths in Epileptics: A Literature Review," *Scottish Medical Journal* 44, no. 5 (1999): 137–39; Y. Bureau and M. Persinger, "Decreased Latencies for Limbic Seizures Induced in Rats by Lithium-Pilocarpine Occur When Daily Average Geomagnetic Activity Exceeds 20 Nanotesla," *Neuroscience Letters* 192 (1995): 142–44; A. Michon and M. Persinger, "Experimental Simulation of the Effects of Increased Geomagnetic Activity upon Nocturnal Seizures in Epileptic Rats," *Neuroscience Letters* 224 (1997): 53–56.

㉔ M. Persinger, "Sudden Unexpected Death in Epileptics Following Sudden, Intense Increases in Geomagnetic Activity: Prevalence of Effect and Potential Mechanisms," *International Journal of Biometeorology* 38

(1995): 180–87; R. P. O'Connor and M. A. Persinger, "Geophysical Variables and Behavior LXXXII: A Strong Association between Sudden Infant Death Syndrome (SIDS) and Increments of Global Geomagnetic Activity. Possible Support for the Melatonin Hypothesis," *Perceptual and Motor Skills* 84 (1997): 395–402.
㉕ T. Long et al., "Relationship of Daily Geomagnetic Activity to the Occurrence of Temporal Lobe Seizures in an Epilepsy Monitoring Unit, paper presented at American Epilepsy Society, May 1996. 摘自 *Epilepsia* 36(S4) (1996): 94.
㉖ Cornélissen et al., "Chromosomes, Time Structures."
㉗ M. Berk et al., "Do Ambient Electromagnetic Fields Affect Behavior? A Demonstration of the Relationship between Geomagnetic Storm Activity and Suicide," *Bioelectromagnetics* 27 (2006): 151–55.
㉘ Interview with G. Cornélissen, February 11, 2010.
㉙ Interview with G. Cornélissen, February 11, 2010.
㉚ S. Starbuck et al., "Is Motivation Influenced by Geomagnetic Activity?," *Biomedicine and Pharmacotherapy* 56 (2002): 289s—297s.
㉛ A. Krivelyova and C. Robotti, "Playing the Field: Geomagnetic Storms and the Stock Market," Federal Reserve Bank of Atlanta Working Paper 2003–5b, October 2003.
㉜ TSAA Newsletter, April 1996.
㉝ F. Halberg et al., "Subtraction and Addition of Heliomagnetics and Human Violence: Time Course of Transyears in Terrorism Mimics Their Cosmos," 論文首次發表：International Workshop, Physiology of Adaptation and Quality of Life: Problems of Traditional Medicine and Innovation, People's Friendship University of Russia, Moscow, May 14–16, 2008.
㉞ A. Lieber, "Human Aggression and the Lunar Synodic Cycle," *Journal of Clinical Psychiatry* 39 no. 5 (1978): 385–92; A. Lieber, and C. R. Sherin, "Homicides and the Lunar Cycle: Toward a Theory of Lunar Influence on Human Behavior," *American Journal of Psychiatry* 129 (1972): 69–74.
㉟ C. Bhattacharjee, "Do Animals Bite More During a Full Moon? Retrospective Observational Analysis," *British Medical Journal* 321 (2000): 1559–61.
㊱ D. Templer and D. Veleber, "The Moon and Madness: A Comprehensive Perspective," *Journal of Clinical Psychology,* 36, no 4 (1980): 865–68; C. E. Climent and R. Plutchik, "Lunar Madness: An Empirical Study," *Comprehensive Psychiatry* 18, no. 4: 369–74.
㊲ N. Kollerstrom and B. Steffert, "Sex Difference in Response to Stress by Lunar Month: A Pilot Study of Four Years' Crisis-call Frequency," *BMC Psychiatry* 3 (2003): 20.
㊳ R. D. Neal and M. Colledge, "The Effect of the Full Moon on General Practice Consultation Rates," *Family Practice* 17, no 6 (2000): 472–4.
㊴ C. T. Russell et al., "The Permanent and Induced Magnetic Dipole Moment of the Moon," *Proceedings of the Fifth Lunar Conference* 3 (1974): 2747–60.
㊵ A.M. Forte and J.X. Mitrovica, "A Resonance in the Earth's Obliquity and Precession Over the Past 20Myr Driven by Mantle Convection," *Nature* 390 (1997): 676–80.
㊶ J. Mitrovica, 摘自 University of Toronto 新聞稿 , "Other Planets Influence Earth's Climate, U of T Scientist Says," December 17, 1997.
㊷ M. Mikulecky et al., "Lunisolar Tidal Waves, Geomagnetic Activity and Epilepsy in the Light of Multivariate Coherence," *Brazilian Journal of Medical and Biological Research* 8 (1996): 1069.
㊸ C. D. Murray and S. F. Dermott, *Solar System Dynamics* (Cambridge University Press, 1999).
㊹ J. Mitrovica, 摘自 "Other Planets Influence Earth's Climate."
㊺ Halberg, "Cycles Tipping the Scale between Death and Survival."

第 4 章　我們共享著一組宇宙神經電路

① G. Di Pellegrino et al, "Understanding Motor Events: A Neurophysiological Study," *Experimental Brain*

Research 91 (1992): 176–80.
② G. Rizzolatti and L. Craighero, "Mirror Neuron: A Neurological Approach to Empathy," in *Neurobiology of Human Values,* ed. J. P. Changeux et al. (Springer-Verlag, 2005), 108–23.
③ L. Fogassi et al, "Parietal Lobe: From Action Organization to Intention Understanding," *Science* 308 (2005): 662–67
④ S. V. Shepherd et al., "Latency of Social-cued Attention Signals in Macaque Area LIP," paper presented at Neuroscience 2007, the 37th annual meeting of the Society for Neuroscience, San Diego, 2007; C. Keysers and L. Fadiga, "The Mirror Neuron System: New Frontiers," *Social Neuroscience 3,* nos. 3–4 (2008): 193–98.
⑤ Keysers and Fadiga, "The Mirror Neuron System"; C. Keysers et al., "Audiovisual Mirror Neurons and Action Recognition," *Experimental Brain Research* 153 (2003): 628–36.
⑥ G. Rizzolatti and L. Craighero, "The Mirror Neuron System," *Annual Review of Neuroscience* 27 (2004): 169–92.
⑦ A. Meltzoff and W. Prinz, *The Imitative Mind: Development, Evolution, and Brain Bases* (Cambridge University Press, 2002).
⑧ Di Pellegrino et al., "Understanding Motor Events."
⑨ V. Gallese et al., "Action Recognition in the Premotor Cortex," *Brain* 119, no. 2 (1996): 593–609.
⑩ V. Gallese, "The 'Shared Manifold' Hypothesis: From Mirror Neurons to Empathy," *Journal of Consciousness Studies* 8 (2001): 33–50.
⑪ C. van der Gaag, "Facial Expressions: What the Mirror Neuron System Can and Cannot Tell Us," *Social Neuroscience* 2, nos. 3–4 (2007): 179–222; S. Pichon et al., "Emotional Modulation of Visual and Motor Areas by Dynamic Body Expressions of Anger," *Social Neuroscience* 3, nos. 3–4 (2008): 199–212.
⑫ M. Iacobani et al., "Cortical Mechanisms of Human Imitation," *Science* 286 (December 24, 1999): 2526–28.
⑬ B. Wicker et al., "Both of Us Disgusted in My Insula: The Common Neural Basis of Seeing and Feeling Disgust," *Neuron* 40 (2003): 655–64.
⑭ V. Gazzola et al., "The Anthropomorphic Brain: The Mirror Neuron System Responds to Human and Robotic Actions," *NeuroImage* 35 (2007): 1674–84.
⑮ Keysers and Fadiga, "The Mirror Neuron System."
⑯ C. Keysers and V. Gazzola, "Towards a Unifying Neural Theory of Social Cognition," in *Progress in Brain Research,* vol. 156, ed. S. Anders et al. (Elsevier, 2006), 379–401.
⑰ C. Keysers et al., "A Touching Sight: SII/VV Activation During the Observation and Experience of Touch," *Neuron* 42 (2004): 335–46.
⑱ V. Gazzola et al., "Aplastics Born Without Hands Mirror the Goal of Hand Actions with Their Feet," *Current Biology* 17 (2007): 1235–40.
⑲ C. Catmur et al., "Sensorimotor Learning Configures the Human Mirror System," *Current Biology* 17 (2007): 1527–31.
⑳ Keysers, "A Touching Sight."
㉑ 同上
㉒ Interview with G. Rizzolatti, February 8, 2010.
㉓ W. D. Hutchison et al., "Pain-related Neurons in the Human Cingulate Cortex," *Nature Neuroscience* 2 (1999): 403–5.
㉔ S. Han et al., "Empathic Neural Responses to Others' Pain Are Modulated by Emotional Contexts," *Human Brain Mapping* 30 (2009), 3227–37.
㉕ T. Singer et al., "Empathy for Pain Involves the Affective but Not Sensory Components of Pain," *Science* 303, no. 5661 (2004): 1157–62.
㉖ Interview with G. Rizzolatti, February 8, 2010.
㉗ M. Jabbi et al., "Empathy for Positive and Negative Emotions in the Gustatory Cortex," *NeuroImage* 34 (2007): 1744–53; V. Gazzola et al., "Empathy and the Somatotopic Auditory Mirror System in Humans," *Current Biology* 16 (2006): 1824–29.

㉘ S. D. Preston et al., "The Neural Substrates of Cognitive Empathy," *Social Neuroscience* 2, No. 3–4 (2007): 254–75
㉙ A. Schore, *Affect Regulation and the Origin of Self* (Psychology Press, 1999).
㉚ G. Schwartz, "Energy Medicine and Bioenergy Feedback," presentation at FutureHealth Conference, Palm Springs, February 5–9, 1998.
㉛ J. Chiltern Pierce, *Magical Child* (Bantam Books, 1980)
㉜ L. McTaggart, "The Love Study," in *The Intention Experiment* (Free Press, 2007). 繁體中文版《念力的科學》由橡實文化出版發行。
㉝ For details of all the studies, see McTaggart, *The Intention Experiment*.
㉞ L. Standish et al., "Electroencephalographic Evidence of Correlated Event-Related Signals between the Brains of Spatially and Sensory Isolated Human Subjects," *Journal of Alternative and Complementary Medicine* 10, no. 2 (2004): 307–14.
㉟ M. Kittenis et al., "Distant Psychophysiological Interaction Effects between Related and Unrelated Participants," Proceedings of the Parapsychological Association Convention, 2004, 67–76, as reported in D. Radin, Entangled Minds (Paraview, 2006): 138–39.
㊱ 關於此研究統計詳見作者的 *The Intention Experiment,* chapter 4。繁體中文版《念力的科學》由橡實文化出版發行。
㊲ D. I.Radin and M. J. Schlitz, "Gut Feelings, Intuition and Emotions: An Exploratory Study," *Journal of Alternative and Complementary Medicine* 11, no. 5 (2005): 85–91.
㊳ D. I. Radin, "Event-related EEG Correlations between Isolated Human Subjects," *Journal of Alternative and Complementary Medicine* 10 (2004): 315–24; M. Cade and N. Coxhead, *The Awakened Mind,* 2nd ed. (Element, 1986); S. Fahrion et al., "EEG Amplitude, Brain Mapping and Synchrony in and between a Bioenergy Practitioner and Client During Healing," *Subtle Energies and Energy Medicine* 3, no. 1 (1992): 19–52.
㊴ Rollin McCraty et al., "The Electricity of Touch: Detection and Measurement of Cardiac Energy Exchange between People," in *Brain and Values: Is a Biological Science of Values Possible?,* ed. Karl H. Pribram (Lawrence Erlbaum Associates, 1998), 359–79.
㊵ M. Yamamoto et al., "An Experiment on Remote Action against Man in Sense Shielding Condition," *Journal of the International Society of Life Information Sciences* 14, no. 1 (1996): 97–99.
㊶ S. Cohen and F.-A. Popp, "Biophoton Emission of the Human Body," *Journal of Photochemistry and Photobiology* 40 (1997): 187–89.
㊷ F.-A. Popp et al., "Mechanism of Interaction between Electromagnetic Fields and Living Organisms," *Science in China* (Series C) 43, no. 5 (2000): 507–18.
㊸ Interview with Popp, Neuss, Germany, March 1, 2006.
㊹ K. Nakamura and M. Hiramatsu, "Ultra-weak Photon Emission from Human Hand: Influence of Temperature and Oxygen Concentration on Emission," *Journal of Photochemistry and Photobiolology B: Biology* 80, no. 2 (2005): 156–60.
㊺ Hutchison et al., "Pain-related Neurons."
㊻ "Bees and Ants 'Operate in Teams,'" BBC News web page, March 23, 2009 http:// news.bbc.co.uk/1/hi/scotland/7957834.stm

第 5 章　拉起天線，我們都是發射體

① Ayn Rand, *The Fountainhead* (Signet, 1996).
② F. Nietzsche, *Human, All Too Human: Beyond Good and Evil* (Wordsworth Editions, 2008); F. Nietzsche, *The Gay Science: With a Prelude in Rhymes and an Appendix of Songs* (Vintage, 1974).
③ Robert L. Bear, *Delivered unto Satan* (Bear, 1974).

④ E. Durkheim, *Suicide* (1897; reprinted, Free Press, 1997).
⑤ M. Daley et al, "Relative Status and Well-being: Evidence from U.S. Suicide Deaths," Federal Reserve Bank of San Francisco Working Paper Series, May 2008, No. 2007–12.
⑥ A. Clark and C. Senik, "Who Compares to Whom? The Anatomy of Income Comparisons in Europe," IZA Discussion Papers 4414, Institute for the Study of Labor (IZA) (2009).
⑦ S. L. Syme et al., "Some Social and Cultural Factors Associated with the Occurrence of Coronary Heart Disease," *Journal of Chronic Diseases* 17 (1964): 277– 89; S. L. Syme et al., "Cultural Mobility and the Occurrence of Coronary Heart Disease," *Journal of Health and Human Behavior* 6 (1965): 178–89.
⑧ M. G. Marmot and S. L. Syme, "Acculturation and Coronary Heart Disease in Japanese-Americans," *American Journal of Epidemiology* 104, no. 3 (1976): 225– 47; S. L. Syme et al., "Epidemiologic Studies of Coronary Heart Disease and Stroke in Japanese Men Living in Japan, Hawaii and California: Introduction," *American Journal of Epidemiology* 102, no. 6 (1975): 477–80.
⑨ D. Reed et al., "Social Networks And Coronary Heart Disease Among Japanese Men In Hawaii," *American Journal of Epidemiology* 117 (1983): 384–96.
⑩ Y. S. Matsumoto, "Social Stress and Coronary Heart Disease in Japan: A Hypothesis," *Milbank Memorial Fund Quarterly* 48 (1970): 9–36, 引用 S. Wolf and J. G. Bruhn, *The Power of Clan* (Transaction Publishers, 1993), 92–93.
⑪ L. Berkman et al., "Social Networks, Host Resistance, and Mortality: A Nine-year Follow-up Study of Alameda County Residents," *American Journal of Epidemiology* 109 (1979): 186–204; *American Journal of Epidemiology* 128 (1988): 370–80.
⑫ J.K. Vormbrock, and J. M. Grossberg, "Cardiovascular effects of human-pet dog interactions" *Journal of Behavioral Medicine* 11 (1988): 509–17.
⑬ Wolf and Bruhn, *The Power of Clan*.
⑭ V. Fuchs, *Who Shall Live?* (Basic Books, 1975), 引用同上。
⑮ L. B. Page et al., "Antecedents of Cardiovascular Disease in Six Solomon Island Societies," *Circulation* 49 (1974): 1132–46.
⑯ M. J. Klag, "The Contribution of Urinary Cations to the Blood Pressure Differences Associated With Migration," *American Journal of Epidemiology* 142, no. 3 (1995): 295–303; J. He, "Effect of Migration and Related Environmental Changes on Serum Lipid Levels in Southwestern Chinese Men," *American Journal of Epidemiology* 144, no. 9 (1996): 839–48; J. He, "Dietary Macronutrients and Blood Pressure in Southwestern China," *Journal of Hypertension* 13, no. 11 (1995): 1267–74; J. He, "Body Mass and Blood Pressure in a Lean Population in Southwestern China," *American Journal of Epidemiology* 139, no. 4 (1994): 380–89.
⑰ L. F. Berkman and S. L. Syme, "Social Networks, Host Resistance, and Mortality: A Nine-Year Follow-up Study of Alameda County Residents," *American Journal of Epidemiology* 109 no. 2 (1979): 186–204; G. A. Kaplan et al, "Social Connections and Mortality from All Causes and from Cardiovascular Disease: Prospective Evidence from Eastern Finland," *American Journal of Epidemiology* 128, no. 2 (1988): 370–80.
⑱ 同上
⑲ B. Boden-Albala et al., "Social Isolation and Outcomes Post Stroke," *Neurology* 64 no. 11 (2005): 1888–92.
⑳ J. Holt-Lunstad et al., "Social Relationships and Mortality Risk: A Meta-analytic Review," *PLoS Medicine* 7, no. 7 (2010): e1000316.
㉑ L. Scherwitz et al. "Self-involvement and Coronary Heart Disease Incidence in the Multiple Risk Factor Intervention Trial," *Psychosomatic Medicine* 48 (1986): 187–99.
㉒ M. P. Aranda, "Relationship Between Religious Involvement and Psychological Well-Being: A Social Justice Perspective," *Health & Social Work* 33, no.1 (2008): 9–21.
㉓ C. B. Thomas and D. C. Ross, "Precursors of Hypertension and Coronary Disease among Healthy Medical Students: Discriminant Function Analysis V. Family Attitudes," *Johns Hopkins Medical Journal* 123 (1968): 283–96.
㉔ A. Hawton, "The Impact of Social Isolation on the Health Status and Health-related Quality of Life of Older

People," *Quality of Life Research,* July (2010) online: DOI.
㉕ I. Kawachi et al., "Social Capital, Income Inequality, and Mortality," *American Journal of Public Health* 87, no. 9 (1997): 1491–98.
㉖ S. Cohen et al., "Social Ties and Susceptibility to the Common Cold," *Journal of the American Medical Association* 277, no. 24 (1997): 1940–44.
㉗ R. D. Putnam, *Bowling Alone: The Collapse and Revival of American Community* (Simon & Schuster, 2000); R. D. Putnam, "Social Capital: Measurement and Consequences," *ISUMA: Canadian Journal of Policy Research* 2, no. 1 (2001): 41–51. 28. E. Day, "Why Reality TV Works," The Observer, Sunday, November 21, 2010. 29. P. G. Zimbardo, *The Lucifer Effect: Understanding How Good People Turn Evil* (Random House, 2007).

第 6 章　溝通，人類最殷切的需求

① Stuart Nicolson, "Child Vampire Hunters Sparked Comic Crackdown," BBC News online, March 22, 2010.
② D. Ellis and D. Anderson, *Conflict Resolution: An Introductory Text* (Emond Montgomery, 2005).
③ "Teenagers Hit by Soap Opera Virus," Reuters, May 19, 2006.
④ B. Appleyard, "Why They Kill Themselves," *Sunday Times,* November 7, 2010.
⑤ S. Atran, *Talking to the Enemy: Violent Extremism, Sacred Values and What It Means to Be Human* (Allen Lane, 2010).
⑥ E. Hatfield et al., "Primitive Emotional Contagion: Recent Research," in *The Social Neuroscience of Empathy,* ed. J. Decety and W. Ickes (MIT Press, 2011).
⑦ www.edu-cyberpg.com/Literacy/whatresearchCondon.asp.
⑧ William S. Condon, "Cultural Microrhythms," in *Interaction Rhythms: Periodicity in Communicative Behavior,* ed. M. Davis (Human Science Press, 1982), 53–76; William S. Condon, "Method of Micro-analysis of Sound Films of Behavior," *Behavior Research Methods, Instruments and Computers* 2, no. 2 (1970): 51–54.
⑨ W. S. Condon and L. W. Sander, "Synchrony Demonstrated between Movements of the Neonate and Adult Speech," *Child Development* 45 (1974): 456–62; W. S. Condon and L. W. Sander, "Neonate Movement Is Synchronised with Adult Speech: Interactional Participation and Language Acquisition," *Science* 183 (1974): 99–101.
⑩ W. S. Condon, "Method of micro-analysis of sound films of behavior." *Behavior Research Methods, Instruments & Computers* 2, no. 2 (1970): 51–54.
⑪ W. S. Condon and L. W. Sander, "Neonate Movement Is Synchronised with Adult Speech."
⑫ Cited in E. T. Hall, *Beyond Culture* (Anchor Books, 1989), 74.
⑬ 同上，71.
⑭ 同上
⑮ Hall, *Beyond Culture,* 76–77.
⑯ F. de Waal, *The Age of Empathy* (Random House, 2009), 48–49.
⑰ J. E. Warren et al., "Positive Emotions Preferentially Engage an Auditory-motor Mirror System," *Journal of Neuroscience* 26, no. 50 (2006): 13067–75.
⑱ De Waal, *The Age of Empathy,* 50–51.
⑲ Hatfield, et. al, "Primitive Emotional Contagion."
⑳ M. Karkovsky, "When Feelings Go to Work," *Wharton Alumni Magazine* 春季號，2006.
㉑ S. G. Barsade, "The Ripple Effect: Emotional Contagion and Its Influence on Group Behavior," *Administrative Science Quarterly* 47 (2002): 644–75.
㉒ Karkovsky, "When Feelings Go to Work."
㉓ R. Neumann and F. Strack, "'Mood Contagion': The Automatic Transfer of Mood between Persons," *Journal of Personality and Social Psychology* 79 (2000): 211–23.

㉔ M. Schedlowski et al., "Psychophysiological, Neuroendocrine and Cellular Immune Reactions Under Psychological Stress," *Neuropsychobiology* 28 (1993): 87–90; J. M. Scanlan et al., "CD4 and CD8 Counts Are Associated with Interactions of Gender and Psychosocial Stress," *Psychosomatic Medicine* 60, no. 5 (1998): 644–53.
㉕ J. K. Kiecolt-Glaser et al., "Negative Behavior During Marital Conflict Is Associated with Immunological Down-regulation," *Psychosomatic Medicine* 55 (1993): 395–409.
㉖ S. E. Sephton et al., "Diurnal Cortisol Rhythm as a Predictor of Breast Cancer Survival," *Journal of the National Cancer Institute* 92, no. 2 (2000): 994–1000.
㉗ M. E. J. Newman, "The Structure and Function of Complex Networks," The Society for Industrial and Applied Mathematics *SIAM Review* 45 (2003): 167– 256.
㉘ M. McPherson et al., "Birds of a Feather: Homophily in Social Networks," *Annual Review of Sociology* 27 (2001): 415–44.
㉙ N. A. Christakis et al., "The Spread of Obesity in a Large Social Network over 32 Years," *New England Journal of Medicine* 357 (2007): 370–79.
㉚ J. H. Fowler and N. A. Christakis, "Dynamic Spread of Happiness in a Large Social Network: Longitudinal Analysis over 20 Years in the Framingham Heart Study," *British Medical Journal* 337 (2008): a2338.
㉛ N. Christakis and J. Fowler, *Connected: The Amazing Power of Social Networks and How They Shape Our Lives* (HarperPress, 2010).

第 7 章　施比受有福，付出讓你更快樂

① S. Oliner, *Do unto Others: Extraordinary Acts of Ordinary People* (Westview Press, 2003), 13.
② R. Dawkins, *The Selfish Gene* (Oxford University Press, 1989).
③ Robert Trivers, *Natural Selection and Social Theory: Selected Papers of Robert Trivers,* Evolution and Cognition Series (Oxford University Press, 2002).
④ Oren Solomon Harman, *The Price of Altruism: George Price and the Search for the Origins of Kindness* (W. W. Norton & Company, 2010).
⑤ 同上
⑥ Dawkins, *The Selfish Gene.*
⑦ P. A. Kropotkin, *Mutual Aid: A Factor of Evolution* (General Books, 2010).
⑧ V. H. Cahalane, "Badger-Coyote 'Partnerships,'" *Journal of Mammalogy* 31 (1950): 354–55.
⑨ G. S. Wilkerson, "Reciprocity and Sharing in the Vampire Bat," *Nature* 308 (1984): 181–84.
⑩ D. L. Cheney and R. M. Seyfarth, *How Monkeys See the World: Inside the Mind of Another Species* (University of Chicago Press, 1990).
⑪ H. Kummer, *Social Organization of Hamadryas Baboons: A Field Study* (University of Chicago Press, 1968).
⑫ B. P. Wiesner and N. M. Sheard, *Maternal Behaviour in the Rat* (Oliver & Boyd, 1933).
⑬ M. Bekoff and J. Pierce, *Wild Justice: The Moral Lives of Animals* (University of Chicago Press, 2009), 56, 59–60, 125.
⑭ K. E. Langergraber et al., "The Limited Impact of Kinship on Cooperation in Wild Chimpanzees," *Proceedings of the National Academy of Sciences,* USA 104 (2007): 7786–90.
⑮ G. E. Rice and P. Gainer, "'Altruism' in the Albino Rat," *Journal of Comparative and Physiological Psychology* 55 (1962): 123–25.
⑯ J. H. Wechkin et al., "Altruistic Behavior in Rhesus Monkeys," *American Journal of Psychiatry* 121 (1964): 584–85.
⑰ R. M. Church, "Emotional Reactions of Rats to the Pain of Others," *Journal of Comparative Physiological Psychology* 52 (1959): 132–34.
⑱ F. Warneken and M. Tomasello, "Altruistic Helping in Human Infants and Young Chimpanzees," Science 311

(2006): 1301–303; F. Warneken et al., "Spontaneous Altruism by Chimpanzees and Young Children," *PLoS Biology* 5, no. 7 (2007): 1414–1420.
⑲ 同上
⑳ J. Greene et al, "An fMRI Investigation of Emotional Engagement in Moral Judgment," Science 293, no. 5537 (2001): 2105–8. 我十分感激 Dacher Keltner 的生物學基礎研究 "The Compassionate Instinct," *Greater Good,* 春季號，2004, 6–9.
㉑ J. Moll et al. "Human Fronto-mesolimbic Networks Guide Decisions about Charitable Donation," *Proceedings of the National Academy of Sciences of the United States of America* 103 (2006): 15623–28.
㉒ J. Rilling. et al., "A Neural Basis for Social Cooperation," *Neuron* 35(2) (2002): 395–405.
㉓ "Emory Brain Imaging Studies Reveal Biological Basis For Human Cooperation," ScienceDaily (July 18, 2002) online.
㉔ 同上
㉕ Keltner, "The Compassionate Instinct."
㉖ S. G. Post, "Altruism, Happiness and Health; It's Good to Be Good," *International Journal of Behavioral Medicine* 12, no. 2 (2005): 66–77.
㉗ All of the details of this study have been taken from Joshua Wolf Shenk, "What Makes Us Happy?," *The Atlantic,* June 2009.
㉘ A good deal of subsequent research has challenged the facts of the Genovese case, according to Jim Rasenberger, "Nightmare on Austin Street, " *American Heritage* October 5, 2006 online; R. Manning et al. "The Kitty Genovese Murder and the Social Psychology of Helping: the Parable of the 38 Witnesses," *American Psychologist* 62 (2007): 555–62.
㉙ Studies listed in I. M. Piliavin, "Good Samaritanism: An Underground Phenomenon?," *Journal of Personality and Social Psychology* 13, no. 4 (1969): 289–99.
㉚ Mario Beauregard and Denyse O'Leary, *The Spiritual Brain: A Neuroscientist's Case for the Existence of the Soul* (HarperOne, 2007), 10.
㉛ I. M. Piliavin, "Good Samaritanism: An Underground Phenomenon?"
㉜ Oliner, *Do unto Others.*
㉝ 同上，45.
㉞ Svetlana Broz, "Courage under Fire," *Greater Good* 3 (fall/winter 2006–7): 10–13.
㉟ 同上；Jason Marsh, "The Making of an Upstander," *Greater Good* 3 (fall/winter 2006–7): 10–13.
㊱ M. T. Ghiselin, *The Economy of Nature and the Evolution of Sex* (University of California Press, 1974), 247, 引用 H. Gintis et al., "Explaining Altruistic Behavior in Humans," *Evolution and Human Behavior* 24 (2003): 153–72.
㊲ C. D. Batson et al., "Five Studies Testing Two New Egoistic Alternatives to the Empathy-Altruism Hypothesis," *Journal of Personality and Social Psychology* 55 (1988): 52–77.
㊳ C. Lamm et al., "The Neural Substrate of Human Empathy: Effects of Perspective-taking and Cognitive Appraisal," *Journal of Cognitive Neuroscience* 19 (2007): 42–58.
㊴ C. D. Batson et al., "Perspective Taking: Imagining How Another Feels versus Imagining How You Would Feel," *Personality and Social Personality Bulletin* 23 (1997): 751–58.
㊵ R. B. Cialdini et al., "Reinterpreting the Empathy-Altruism Relationship: When One into One Equals Oneness," *Journal of Personality and Social Psychology* 73, no. 93 (1997): 481–94.

第 8 章　互惠，人類生存的最佳策略

① M. Spencer, "Rapoport at Ninety," *Connections* 24, no. 3 (2002): 104–107.
② 最有名的是 R. Axelrod, *The Evolution of Cooperation* (Basic Books, 1984).
③ A. M. Colman and L. Browning, "Evolution of Cooperative Turn-taking," *Evolutionary Ecology Research* 11

(2009): 949–63.
④ H. Gintis et al., "Explaining Altruistic Behavior in Humans," *Evolution and Human Behavior* 24 (2003): 153–72.
⑤ J. Henrich et al., "Overview and Synthesis," in *Foundations of Human Sociality,* ed. J. Henrich et al. (Oxford University Press, 2004), cited in R. Wilkinson and Kate Pickett, *The Spirit Level: Why More Equal Societies Almost Always Do Better* (Allen Lane/Penguin, 2009), 199.
⑥ 同上
⑦ J. Henrich et al., "Cooperation, Reciprocity and Punishment in Fifteen Small-scale Societies," *American Economic Review* 91 (2001): 73–78.
⑧ S. Brosnan and B. M. De Waal, "Animal Behaviour: Fair Refusal by Capuchin Monkeys," *Nature* 428 (2004): 140.
⑨ S. Markey, "Monkeys Show Sense of Fairness, Study Says," *National Geographic News,* September 17, 2003, http://news.nationalgeographic.com/ news/2003/09/0917_030917_monkeyfairness.html.
⑩ 另參見 K. Jensen, "Chimpanzees Are Rational Maximizers in an Ultimatum Game," *Science* 318, no. 5847 (2007): 107–9.
⑪ E. Tricomi et al, "Neural Evidence for Inequality-averse Social Preferences," *Nature* 463 (2010): 1089–91.
⑫ E. Fehr et al., "Reciprocity as a Contract Enforcement Device: Experimental Evidence," *Econometrica* 65 (1997): 437–59.
⑬ T. Baumgartner, "Oxytocin Shapes the Neural Circuitry of Trust and Trust Adaptation in Humans," *Neuron* 58 (2008): 639–50.
⑭ C. Eisenegger et al., "Prejudice and Truth about the Effect of Testosterone on Human Bargaining Behaviour," *Nature* 463 (2010): 356–59.
⑮ Interview with E. Fehr, February 15, 2010.
⑯ E. Fehr and K. M. Schmidt, "A Theory of Fairness, Competition and Cooperation," *Quarterly Journal of Economics,* 114 (1999): 817–68.
⑰ T. Singer et al., "Empathic Neural Responses Are Modulated by the Perceived Fairness of Others," *Nature* 439 (2006): 466–69.
⑱ R. Wilkinson and Kate Pickett, *The Spirit Level.*
⑲ 同上
⑳ R. McCarthy and G. Kiser, "Number of U. S. Millionaires Soared in 2009: Spectrem Group," Huffington Post, May 9, 2010.
㉑ Stephen Wright, "Fat Cats in Terror After Anti-capitalists Attack Fred the Shred's Home," Daily Mail online, March 26, 2009. http://www.dailymail.co.uk/ news/article-1164691/Fat-cats-terror-anti-capitalists-attack-Fred-Shreds-home .html#ixzz18xks0rmr.
㉒ R. Putnam et al., "The Social Capital Community Benchmark Survey," http:// www.hks.harvard.edu/saguaro/communitysurvey/results_pr.html.
㉓ Eric Uslaner, *The Moral Foundations of Trust* (Cambridge University Press, 2002).
㉔ J. Lanzetta and Basil Englis, "Expectations of Cooperation and Competition and Their Effects on Observers' Vicarious Emotional Responses," *Journal of Personality and Social Psychology* 56, no. 4 (1989): 543–54.
㉕ I am indebted to E. L. Doctorow, who used this phrase in a review of J. Johnson, *Bad Connections* (Pocket, 1979).

第 9 章　敞開心智，全面觀照

① Neelesh Misra, "Stone Age Cultures Survive Tsunami Waves ," Associated Press, January 4, 2005.
② A. Gisl?n, "Superior Underwater Vision in a Human Population of Sea Gypsies," *Current Biology* 13, no. 10 (2003): 833–36.
③ "The Sea Gypsies," *60 Minutes,* March 20, 2005.

④ Amelia Gentleman, "Smile Please," *The Guardian,* October 19, 2004.
⑤ Richard Nisbett, *The Geography of Thought: How Asians and Westerners See Things Differently and Why* (Free Press, 2003).
⑥ 同上，50
⑦ D. Monro, ed., *Individualism and Holism: Studies in Confucian and Taoist Values* (Center for Chinese Studies, University of Michigan, Ann Arbor, 1985), 1–34, cited in R. Nisbett and T. Masuda, "Culture and Point of View," *Proceedings of the National Academy of Sciences of the United States of America* 100, no. 19 (2003): 11163–70.
⑧ D. L. Fixico, *The American Indian Mind in a Linear World* (Routledge, 2003), 3.
⑨ G. V. Goddard, "Development of Epileptic Seizures through Brain Stimulation at Low Intensity," *Nature* 214 (1967): 1020.
⑩ R. M. Post, "Transduction of Psychosocial Stress into the Neurobiology of Recurrent Affective Disorder," *American Journal of Psychiatry* 149 (1992): 999–1010; J. Ormel et al., "Vulnerability before, during, and after a Major Depressive Episode: A 3-Wave Population-Based Study," *Archives of General Psychiatry* 61 (2004): 990–96; K. P. Bailey, "Electrophysiological Kindling and Behavioral Sensitization as Models for Bipolar Illness: Implications for Nursing Practice," *Journal of the American Psychiatric Nurses Association* 5 (1999): 62–66.
⑪ Nisbett and Masuda, "Culture and Point of View."
⑫ T. Masuda and R. E. Nisbett, "Attending Holistically vs. Analytically: Comparing the Context Sensitivity of Japanese and Americans," *Journal of Personality and Social Psychology* 81 (2001): 922–34.
⑬ Nisbett and Masuda, "Culture and Point of View."
⑭ H. F. Chua et al., "Cultural Variation in Eye Movements during Scene Perception," *Proceedings of the National Academy of Science of the United States of America* 102, no. 35 (2005): 12629–33.
⑮ Daniel J. Simons, a psychologist at the University of Illinois at Urbana-Champaign, first created this study, which Brown amplified. See J. Simons and D. T. Levin, "Failure to Detect Changes to People During a Real-world Interaction," *Psychonomic Bulletin and Review* 5 (1998): 644–49. Derren Brown Person Swap, available online as "Mind Control," S01E02, "Trick of the Mind," S03E04.
⑯ T. Grandin, *Animals in Translation* (Scribner, 2005).
⑰ www.aquaticsintl.com/2004/nov/0411_rm.html.
⑱ A. Mack and I. Rock, "Inattentional Blindness: An Overview," *Current Directions in Psychological Science* 12, no. 5 (2003): 180–84.
⑲ I. Baruch et al., "Latent Inhibition and 'Psychotic Proneness' in Normal Subjects," *Personality and Individual Differences* 9 (1988): 777–83.
⑳ S. Carson, "Decreased Latent Inhibition Is Associated with Increased Creative Achievement in High-Functioning Individuals," *Journal of Personality and Social Psychology* 85, No. 3 (2003): 499–506.
㉑ A. Gislén et al., "Visual Training Improves Underwater Vision in Children," *Vision Research* 46, no. 20 (2006): 3443–50.
㉒ W. H. Goodenough and S. D. Thomas, "Traditional Navigation in the Western Pacific: A Search for Pattern," *Expedition* 29, no. 3 (1987): 3–14.
㉓ Grandin, *Animals in Translation.*
㉔ 同上
㉕ A. W. Snyder et al., "Savant-like Skills Exposed in Normal People by Suppressing the Left Fronto-temporal Lobe," *Journal of Integrative Neuroscience* 2, no. 2 (2003): 149–58.
㉖ J. Panksepp, "The Anatomy of Emotions," in *Emotion: Theory, Research and Experience, Vol. 3: Biological Foundations of Emotions,* ed. R. Plutchik (Academic Press, 1986), 91–124.
㉗ 同上
㉘ G. E. Swan and D. Carmelli, "Curiosity and Mortality In Aging Adults: A 5-Year Follow-Up of the Western Collaborative Group Study," *Psychology and Aging* 11 (1996): 449–53.
㉙ W. Woodward, "New Surprises in Very Old Places: Civil War Nurse Leaders and Longevity," *Nursing Forum*

26, no. 1 (1991): 9–16.

㉚ J. Panksepp, "The Neurobiology of Emotions: Of Animal Brains and Human Feelings," in *Handbook of Psychophysiology,* ed. T. Manstead and H. Wagner (John Wiley & Sons, 1989), 5–26.

㉛ B.R. Dunn et al., "Concentration and Mindfulness Meditations: Unique Forms of Consciousness?" *Applied Psychophysiology and Biofeedback* 24, no. 3 (1999): 147–65.

㉜ D. Brown et al., "Visual Sensitivity and Mindfulness Meditation," *Perceptual and Motor Skills* 58, no. 3 (1984): 727–33, 775–84.

㉝ A. Lutz et al., "Attention Regulation and Monitoring in Meditation," *Trends in Cognitive Science* 12, no. 4 (2008): 163–69.

㉞ H. A. Slagter et al., "Mental Training Affects Distribution of Limited Brain Resources," *PLoS Biology* 5, no. 6 (2007): e138.

㉟ Lutz et al., "Attention Regulation."

㊱ J. Reiman, "The Impact of Meditative Attentional Training on Measures of Select Attentional Parameters and on Measures of Client-Perceived Counsellor Empathy," *Dissertation Abstracts International* 46, no. 6A (1985): 1569. See also S. Donovan et al., *The Physical and Psychological Effects of Meditation,* chapter 3 (Institute of Noetic Sciences, 1997).

㊲ For this and other quotes of Don Beck, Interview with Beck, October 19, 2010.

㊳ M. Gerzon, Global Citizens (Harvard Business School Press, 2006), 180.

㊴ 同上

㊵ 同上，33.

第 10 章　傾聽「鍵結」的聲音

① 關於 Orland Bishop 的引文及資訊取自二〇一〇年四月十四及十六日兩次訪談。

② M. Buber, *I and Thou* (Continuum, 2004).

③ S. D. Cousins, "Culture and self-perception in Japan and the United States," *Journal of Personality and Social Psychology* 56 (1989): 124–31; C. Kanagawa et al., "'Who Am I?' The Cultural Psychology of the Conceptual 'Self,'" *Personality and Social Psychology Bulletin* 27 (2001): 90–103, cited in R.E. Nisbett and T. Masuda, "Culture and Point of View," *Proceedings of the National Academy of Sciences of the United States of America* 100, no. 19 (2003): 11163–70.

④ H. Kim and H. R. Markus, "Deviance or uniqueness, harmony or conformity?: A cultural analysis," *Journal of Personality and Social Psychology* 77 (1999): 785– 800, 引用 R. E. Nisbett and T. Masuda, "Culture and Point of View."

⑤ M. McPherson et al., "Birds of a Feather: Homophily in Social Networks," *Annual Review of Sociology* 27 (2001): 415–44.

⑥ S. G. Barsade and D. E. Gibson, "Group Emotion: A View from Top and Bottom," *Research on Managing Groups and Teams* 1 (1998): 81–102.

⑦ D. Bohm et al., "Dialogue: A Proposal." Available online at www.muc.de/~heuvel/ dialogue/dialogue_proposal.html.

⑧ 同上

⑨ 同上

⑩ "Public Conversations Project, 'Talking with the Enemy,'" *Boston Globe,* January 28, 2001.

⑪ 二〇一〇年十月九日訪談 James O'Dea 內容。

⑫ A. Dillard, "Living Like Weasels," in *Teaching a Stone to Talk* (Harper Colophon, 1982), 13–14.

⑬ T. Lewis et al., *A General Theory of Love* (First Vintage, 2000), 63–64.

⑭ J. Grinberg-Zylberbaum et al., "The Einstein-Podolsky-Rosen Paradox in the Brain: The Transferred Potential," *Physics Essays* 7, no. 4 (1994): 422–28.

⑮ Rollin McCraty et al., "The Electricity of Touch: Detection and Measurement of Cardiac Energy Exchange between People," in *Brain and Values: Is a Biological Science of Values Possible?,* ed. Karl H. Pribram (Lawrence Erlbaum Associates, 1998), 359–79.
⑯ R. J. Davidson and W. Irwin, "The Functional Neuroanatomy of Emotion and Affective Style," *Trends in Cognitive Sciences* 3 (1999): 11–21.
⑰ A. Lutz et al., "Regulation of the Neural Circuitry of Emotion by Compassion Meditation: Effects of Meditative Expertise," *PLoS ONE* 3, no. 3 (2008): e1897, online.
⑱ A. B. Newberg and J. Iversen, "The Neural Basis of the Complex Mental Task of Meditation: Neurotransmitter and Neurochemical Considerations," *Medical Hypotheses* 61, no. 2 (2003): 282–91.
⑲ G. Müller-Fahrenholz, *The Art of Forgiveness: Theological Reflections on Healing and Reconciliation* (WCC Publication, 1997).
⑳ 同上
㉑ G. Müller-Fahrenholz, "On Shame and Hurt in the Life of Nations: A German Perspective," Irish Quarterly Review 78 (1989): 127–35, cited in J. Thompson, "On Forgiveness and Social Healing," Panel Discussion on the Role of Forgiveness in *Social Healing, Harvard Divinity School, October* 31, 2005. Available online at www.humiliationstudies.org/documents/ThompsonForgiveness.pdf.
㉒ J. Thompson, "On Forgiveness and Social Healing."
㉓ 同上
㉔ 同上，及訪談 O'Dea 內容。
㉕ 同上
㉖ G. Müller-Fahrenholz, The Art of Forgiveness.
㉗ For all evidence to date about The Intention Experiments, please see www .theintentionexperiment.com.
㉘ A. Seeger, Why Suyá Sing (University of Illinois Press, 2004).
㉙ A. Bellos, *Here's Looking at Euclid: A Surprising Excursion Through the Astonishing World of Math* (Free Press, 2010).

第 11 章　里仁為美，別把自己關在圍牆內

① Richard Szymanski, "Can Changing Neighborhood Traffic Circulation Patterns Reduce Crime and Improve Personal Safety? A Quantitative Analysis of One Neighborhood's Efforts," unpublished master's thesis, Florida Atlantic University, Department of City and Regional Planning, 1994. 作者為前羅德岱堡警局隊長。
② D. Diamond, "Behind Closed Gates," *USA Today,* 1997, 1: 1–3, 摘自 E. J. Drew and J. M. McGuigan, "Prevention of Crime: An Overview of Gated Communities and Neighborhood Watch," International Foundation for Protection Officers, online: ttp://www.ifpo.org/articlebank/gatedcommunity.html.
③ 美國司法部司法統計局，*National Crime Victimization Survey,* 1993, 引用 E. J. Blakely and M. G. Snyder, "Separate Places: Crime and Security in Gated Communities," in *Reducing Crime through Real Estate Development and Management,* ed. M. Fleson and R. B. Peiser (Urban Land Institute, 1998), 53–70.
④ G. S. Rudoff, "Cell Phones Reduce Major Urban Crimes," American City and County 111 (1996): 19–20, as reported in Drew and McGuigan, "Prevention of Crime."
⑤ Edward J. Blakely and Mary Gail Snyder, *Fortress America: Gated Communities in the United States* (The Brookings Institution, 1999).
⑥ R. D. Putnam, "E Pluribus Unum: Diversity and Community in the Twenty-first Century: The 2006 Johan Skytte Prize Lecture," *Scandinavian Political Studies* 30, no. 2 (2007): 137–74.
⑦ M. Sherif et al., *The Robbers Cave Experiment: Intergroup Conflict and Cooperation,* 1954 (University of Oklahoma Institute of Group Relations, 1961).
⑧ G. W. Allport, *The Nature of Prejudice* (Perseus Books, 1954); T. F. Pettigrew, "Intergroup Contact Theory," *Annual Review of Psychology* 49 (1998): 65–85.

⑨ D. Bramel, "The Strange Career of the Contact Hypothesis," in *The Psychology of Ethnic and Cultural Conflict,* ed. Y. T. Lee, C. McCauley, F. Moghaddam, and S. Worchel (Praeger, 2004), 49–69.
⑩ T. F. Pettigrew and L R. Tropp, "A Meta-analytic Test of Intergroup Contact Theory," *Journal of Personality and Social Psychology* 90, no. 5 (2006): 751–83.
⑪ 二〇一〇年十月十九日訪談 Don Beck 內容。
⑫ R. I. Sutton, "Boss Luis Urzúa and the Trapped Miners in Chile: A Classic Case of Leadership, Performance, and Humanity," *Psychology Today,* September 6, 2010; J. Webber and J. P. Rathbone, "Man in the News: Luis Urzúa," *Financial Times,* London, October 15, 2010; Nick Kanas, "Notes for the Underground," New York Times OpEd, August 29, 2010, online.
⑬ U. Lindenberger et al., "Brains Swinging in Concert: Cortical Phase Synchronization while Playing Guitar," *BMC Neuroscience* 10 (2009): 22.
⑭ E. A. Cohen et al., "Rowers' High: Behavioural Synchrony is Correlated with Elevated Thresholds," *Biology Letters* 6 (2010): 106–8.
⑮ "Tailholt Residents Build Community Center," *Cherokee News Path,* March 10, 2005, online.
⑯ D. Agent, "Tailholt Community Reaps Rewards of Gadugi," *Cherokee Phoenix,* Tahlequah, Oklahoma, March 2006.
⑰ 二〇一〇年五月二十六日透過翻譯 Fukiko Kai 訪談 Yoko Masashiro 的內容。
⑱ S. Wolf and J. G. Bruhn, *The Power of Clan.*
⑲ 二〇一〇年四月二十日訪談 Nour Hakki 內容。
⑳ J. C. Deschamps and W. Doise, "Crossed Category Memberships in Intergroup Relations," In H. Tajfel (ed.), *Differentiation Between Social Groups* (Cambridge University Press, 1978), 141–58.
㉑ J. Jetten et al, " The Social Cure?" *Scientific American Mind,* September/October 2009.
㉒ H. Tajfel, "Experiments in Intergroup Discrimination," *Scientific American* 223 (1970): 96–102.
㉓ R. D. Putnam and David E. Campbell, *American Grace: How Religion Divides and Unites Us* (Simon & Schuster, 2010).

第 12 章　讓愛傳出去

① 瑪麗的身分已經改變了。
② H. Gintis et al., "Explaining Altruistic Behavior in Humans," *Evolution and Human Behavior* 24 (2003), 153–72.
③ N. Christaki 於二〇一〇年二月十九日與作者以電子郵件相互通信。
④ J. Fowler and N. Christakis, "Cooperative Behavior Cascades in Human Social Networks," *Proceedings of the National Academy of Sciences of the United States of America* 107, no. 12 (2010): 5334–38.
⑤ J. S. Lewis, "Dear to My Heart," speech recorded at the BBC, April 15, 1957.
⑥ www.hotdogonastick.com.
⑦ Robert D. Putnam and Lewis M. Feldstein, *Better Together: Restoring the American Community* (Simon & Schuster, 2003)

第 13 章　雙贏策略，穩固正在崩毀的世界

① David W. Johnson and Roger T. Johnson, "An Educational Psychology Success Story: Social Interdependence Theory and Cooperative Learning," *Educational Researcher* 38 (2009): 365-79.
② Interview with Don Beck（訪談）, October 19, 2010.
③ Interview with Jack Canfield（訪談）, July 12, 2011.
④ E. E. S. Bjornstrom, "The Neighborhood Context of Relative Position, Trust, and Self-Rated Health," *Social Science & Medicine* 73 (2011): 42—49.

國家圖書館出版品預行編目資料

鍵結效應：少數人的念力，如何改變多數人的生活？ / 琳恩 . 麥塔格特 (Lynne McTaggart) 著；王原賢、何秉修譯 . -- 初版 . -- 臺北市：橡實文化出版：大雁文化發行 , 2019.10
面；　公分
譯自：The bond : how to fix your falling-down world
ISBN 978-986-5401-04-7（平裝）

1. 意志　2. 科學哲學　3. 宇宙論

169.2　　108013832

BX0018

鍵結效應：少數人的念力，如何改變多數人的生活？（隨附：16 週鍵結實踐手冊）

The Bond: How to Fix Your Falling-Down World

（原書名：念力的祕密 2：發揮念力的蝴蝶效應）

作　　者　琳恩．麥塔格特（Lynne McTaggart）
譯　　者　王原賢（第 1、2、3 部）、何秉修（第 4 部、16 週實踐手冊）
責任編輯　田哲榮
封面設計　斐類設計
內頁構成　歐陽碧智
校　　對　吳小微

發 行 人　蘇拾平
總 編 輯　于芝峰
副總編輯　田哲榮
業　　務　郭其彬、王綬晨、邱紹溢
行　　銷　陳雅雯、余一霞
出　　版　橡實文化 ACORN Publishing
地址：10544 臺北市松山區復興北路 333 號 11 樓之 4
電話：02-2718-2001　傳真：02-2719-1308
網址：www.acornbooks.com.tw
E-mail 信箱：acorn@andbooks.com.tw
發　　行　大雁出版基地
地址 10544 臺北市松山區復興北路 333 號 11 樓之 4
電話：02-2718-2001　傳真：02-2718-1258
讀者傳真服務：02-2718-1258
讀者服務信箱：andbooks@andbooks.com.tw
劃撥帳號：19983379　戶名：大雁文化事業股份有限公司

印　　刷　中原造像股份有限公司
二版一刷　2019 年 10 月
定　　價　450 元
ISBN　978-986-5401-04-7

16週鍵結實踐手冊

徹底重建你的生活圈

這本手冊可幫你度過艱困時期，也是開啓新生活的工具書。我希望將這套工具獻給你及世界各地的眾多團體，幫助你們成爲新世界的開拓者。

現在的生活已經跟以前不一樣了——這是我們都知道的事。我們見證著各種現代危機的發生，這些危機似乎永無止盡，不斷地侵擾我們——國內外的經濟困境、恐怖分子的威脅、能源與氣候變遷的嚴肅問題、政治的僵局、整片傾倒頹圮或遭到法拍的住宅區——所有人都感受到了末日氛圍。老舊的行事法則已經不再適用。

想到在媒體頭版上看到的這麼多危機，想到在生活各領域要面對的問題所構成的龐大壓力，我們爲政治領導人的無能爲力感到失望，自己卻也解決不了任何問題。大多數的人豎起白旗，感嘆道：「我能做什麼？有人能改變什麼嗎？」

這樣的恐懼源自於一個錯誤的觀念，那就是我們面臨的危機只能由上往下解決。但是必要的改變——也就是眞正能解決個人生活問題、社會問題與世界問題的改變——不只是政策的改變、法律的修訂、總統換人做或訂立更嚴格的規範，而是最根本的心靈變革。

現在所需要的改變必須由下往上——從一般個人做出個別的改變開始，這將會在社區與工作場所裡引發改變的連鎖效應。

這樣的改變要從你和我開始，從我們處世的根本態度著手。

扭轉觀念——改變說故事的方式

我們現在的科學觀念已經有三百年的歷史，主要奠基於牛頓的發現，在他所描述的宇宙裡，所有物質都是分離的，並根據時間與空間的固定法則運行。牛頓的觀點呈現出一個穩固的世界，裡頭充滿了井然有序、個別獨立的物體。這些科學發現所造成的世界觀，又在達爾文進化論的支持下更爲壯大，它所透露的訊息是：只有強健的個體才能存活。說穿了，這些說法把具有競爭性的分離狀態理想化了。從出生開始，我們就被灌輸「勝敗相對立」的觀念。一直以來，我們透過這狹隘的眼界形塑我們的世界。

雖然我們將科學視爲終極眞理，但科學終究只是一種說故事的方式，由不同的人在不同的時空中講述。而新的篇章會改進——而且常常取代——之前的篇章。在我最近出版的三本書裡——《療癒場》、《念力的科學》和《鍵結效應》——已經探討過許多科學的新發現，現在結論已經很清楚，那就是：一直以來，我們所吸收的那種說故事方式，即將被煥然一新的版本取代。

一種新的觀念正在發展，從最先進的物理學家、生物學家與心理學家的研究室開始散播，挑戰我們對於自我的認知。最新的篇章傳達的訊息是，我們存在的本質是共同體，是相互連結的——全然地互依互存，每個個體時時刻刻都在影響著整體。走在時代先端的生物學家、心理學家與社會學家都已發現證據，證明個體的獨立性遠比我們所認爲的更低。

在生命的最小粒子之間，在我們的身體與環境之間，在我們自己與所有我們接觸

的人之間，在每個社群的每一份子之間，都存在著「鍵結」——那是一種極爲全面又深入的連結，使得萬物的生滅之間不再有清楚的分界。本質上，這個世界的運轉並非靠著個體的活動，而是依循個體之間的關係——在某種意義上，取決於個體之間的空間。

物理學與生物學的這些新發現清楚地證明，對於所有生命體來說，將自己視爲更大整體的一部分是通往興盛繁榮的唯一途徑。所有生命的原始動力並非競爭與主宰的意志，而是連結的意志。

這個新的說故事方式，對我們的生活觀和社會的建構有著重大意義。它要求我們反思自我的定義，以及身而爲人究竟是怎麼回事。如果大自然是依據整體來創造我們，那麼我們就無法再以輸贏勝敗作爲思考模式。我們需要重新界定我們所劃分的「我」與「非我」，必須重新思考怎麼跟其他人互動，以及如何選擇和實行我們的工作，如何組織社群和教養下一代。

我們必須構想出另一種生活方式，一種全新的「存在」方式。我曾在《療癒場》中寫道，在某種程度上，我們必須將社會的舊有一切通通剷除，然後從頭開始，在焦土上重建一切。

真正的進化——是合作不是競爭

世上存在許多關於進化的膚淺想法，彷彿一道通往新世界的大門在二〇一二年十二月突然出現，每個人自動得到了一個更新更進化的心靈。可是，進化的大躍進，需要大量有意識的努力才能達到，對我們西方人更是如此。

我所謂的進化，指的是恢復大自然想要我們過的那種生活，這需要一套跟我們目前遵循的生活方式截然不同的法則。

進化，不是要修復現在已毀壞的東西。進化，需要一種重新設想每件事物的能力，不管是工作如何得到回報，或怎麼跟人相處。爲了達到這個目的，我們最起碼要改變對自我的觀念。最重要的是重估達爾文主義的思想，這種思想——如果我要贏，非打敗你不可——已深深植入我們的心靈與生活的每個領域。

大多數人仍然躬行經濟學家亞當．史密斯（Adam Smith）於十八世紀首創的模式：追求第一，對社會貢獻最大。這種觀念支持著我們的經濟體系、教育方法，甚至個人與群體之間的關係。

爲了發掘我們對合作與社群的深層嚮往，我在《鍵結效應》裡提議用經濟學家約翰．納許（John Nash）研究出的「納許均衡」來取代史密斯的模式，納許的理論告訴我們，遇到任何情況，不只爲自己做出最好的選擇，也要爲群體做出最好的選擇，這才是上策。

更詳細地說，我建議我們必須朝四個方向進化。我們需要：

1. 全面觀照，拓展你的視野

2. 改變我們跟其他人的關係

3. 擴展共同體經驗，學習爲共同目標攜手努力

4. 透過日常的無私行爲，成爲思想改革的行動者

每個人都需要成爲追求無私與合作的行動改革者。在《鍵結效應》，我用了各種方法證明，專注於這四個方向將會幫助人們以更全面的觀點來看這世界，享有更富有互助精神的關係——甚至跨越最深的歧異——培養出更團結的社會團體，並在職場與社區裡成爲充滿感染力的精神行動者。

換言之，我們的必要任務是清空裝滿了競爭思維的硬碟。幾世紀以來，我們相信適者生存的定律。經過一連串的危機之後，我們才了解到那種思想的謬誤，並領悟到我們重生的途徑在於重估這樣的想法：把別人踩在腳下，才能前進。

人人都能成爲「精神公民」，都能將我們的生活目的從「唯我」轉變成「我們共享」。個人與群體的簡單日常舉動，就能讓你成爲改變的動力源，永久革除存在你周遭的貪婪與物質主義文化，創造信任，並啓動慷慨、合作與行爲革新進化的連鎖效應。

有許多人在紛擾的時代中取得不凡成就，他們已經發現了溝通、群體生活、工作與解決歧異的新方法。這些人的成功故事有一個共同點：他們懂得善用人類互相連結的需求（即鍵結），超越「人各爲己」，達到「我們禍福與共」。他們證明了一種深刻的道理，即人性的核心深處存在著一個緊密相連的群體。

在《鍵結效應》的鍵結練習手冊中，我提供了一套以週爲進度的步驟指引，促成你個人與所屬群體的進化。有許多必要的技巧能幫助個別團體促進地區與全球的團結，成爲強而有力的行動改革者，這本學習指南的目的就是要賦予你這些技巧。

它的重點是鍵結，一種將所有人凝聚起來的本質力量，也是一種強化我們跟其他個體連結的方法。

我還提供了討論重點、每週練習與團體任務挑戰，有助於重建分裂的社區。透過這樣的方式，個別團體就能充當關係連結與社區重生的使者，我習慣稱這些團體爲「鍵結圈」。

在這本手冊裡，我用「團體」這個詞來指稱任何在你自己與你的核心家庭之外的個體集合：你的鄰居、朋友圈、同事、教團，或甚至社區成員。事實上，改變你周遭世界的最好辦法，就是從你自己的生活圈著手。你可以靠著組織這麼一個團體來召集跟你有共同理想、善於思考、有決心的公民，定期聚會，以改善社區、工作場所或居住的城鎮爲目標。

當你開始做這些練習，並組成你的「鍵結圈」之後，你將會發現你有能力幫助解決人類現在面對的問題。只要簡單地轉換觀點，並進行這些個人與集體的實踐，我們每個人都能改造我們的文化並擺脫危機，對於個人和群體都是如此。

等到你的鍵結圈穩定成立後，你就能開始邀請不同的機構——教育人士、警察、

政治人士——來探索這些新發現對於社會結構的意義。

第一步：建立你的鏈結圈

人類學家瑪格麗特·米德（Margaret Mead）寫下了這段話：「別認爲一小群有思想、抱負的公民無法改變世界。事實上，自古以來改變世界的，就是這些人。」

第一步是找到一群和你一樣決心改變現況的人，並讓這群人定期聚會。人數不需要多，也不必照著固定的議程運作，但你們可以設下幾條初步的原則，藉此管理與運作，讓所有人對於議程都有初步的共識。

你們的團體可以拿十八世紀法國的沙龍當借鏡，沙龍讓一群志趣相近的人能定期聚會，滿足他們學習與娛樂的需求。

舉個實際的做法：你可以在你的社區舉行定期社交聚會，同時透過這樣的場合來探討如何增進社區的運作，讓它變得更緊密、幸福、安全、團結、自給自足。

如何開始

- 謄寫或印製傳單，在你的社區、公司或生活圈廣爲發送。傳單上要說明你想在社區（或職場）創立一個更緊密、安全的社群，在這個社群裡，每個人互相支持，並探索更有凝聚力的互動方式。強調這會是一個社交聚會，同時也是讓所有人幫助彼此度過難關的一個時刻。

  把傳單投進你社區家家戶戶的門縫裡，或放在公司的每張辦公桌上，或張貼在教會的布告欄上。務必將邀請信發給每個鄰居或同事，就算是最不好親近的人也不要漏掉。切記：不要遺漏任何人。將跟你信念不同的那些人一起兜攏過來，是這個練習的精神所在。
- 如果你打算跟左鄰右舍以外的社區居民聚會，就將同樣的告示張貼在本地教堂、禪修中心、瑜伽或修行團體、生機飲食商店或其他類似組織。
- 在告示裡說明這團體的目的，是要分享資源以及學習創造一個更緊密、團結的社群。
- 請人們透過電子郵件跟你聯絡。不要公開住家地址，除非你們認識彼此。等你召集到至少五至六個人後，就可安排聚會了。
- 如果你眞的跟鄰居不熟，開始時就選一個公共場所當聚會地點，一直到你眞的認識他們以後再換地方。幾個可以考慮的地點有：便宜的禮堂（每個人分攤租金）、咖啡店、社區活動中心或教堂，或甚至一間不貴但安靜的餐廳。要不然，就是每個人輪流在自己家主持聚會。
- 定期聚會——比方說一個月一次，或甚至一週一次。巴黎大部分著名的沙龍是每週聚會，甚至以聚會那天是星期幾爲沙龍命名。比如二十世紀初，娜塔莉·巴尼（Natalie Barney）就曾創立一個「星期五沙龍」，招待過許多知名作家。時間固定的聚會，讓人們更容易列入行事曆中並如期參加。

- 剛開始時，要採用大眾化的訴求。比如說，表達你希望培養團結精神，增進所屬團體的各個層面，進而擴大改善範圍，包括教育、產業、住宅分配與政府。
- 擬定一份明確的活動程序，讓人們知道可預期的內容，也方便他們事前準備，出席時就能提出想法。
- 採用民主做法。要做重要決定時，讓每個人都有機會發言。每個決定都應該是一個真正的共識，反映所有被表達過的意見，而個人看法應該跟群體看法平衡。當你們決定在某個特定領域努力時，請把改善這些領域的念頭落實在高度明確的目標上。
- 取得推薦讀物，並提供延伸資源。為了取得日後討論的思想材料，以及進行每日練習，鍵結圈的每個成員都需要有一本《鍵結效應》。在這計畫實行的過程中，你們可能也會想參考我之前的著作《療癒場》和《念力的科學》。之後你們可能也會想要討論或分享其他書籍、影片或資源。
- 安排休息時間。務必預留吃點心、喝咖啡的時間。聚會應該是有趣的，同時也是對社群有建設性的。
- 考慮納入娛樂活動。過一陣子之後，你們可能會想要加入音樂欣賞、詩歌朗誦或說故事，甚至請鎮上的專家來演講。
- 控制人數以便管理。在《引爆趨勢》（*The Tipping Point*）這本書裡，作者葛拉威爾（Malcolm Gladwell）說人類團體的運作人數在一百五十人以下是最理想的。如果你的團體規模變大，就將它分成幾個人數在一百五十以下的小團體。
- 透過琳恩．麥塔格特的鍵結網站（www.thebond.net）與其他鍵結圈建立關係。用這個網站宣布你正在你所住的地區發起鍵結圈。鍵結網站將會提供你完整的做法說明。
- 在鍵結網站註冊你的團體。這個網站有空間讓各團體一起對話，藉此交換想法與資訊，它將發展出一個世界性的網路虛擬社群，成員都是跟你我志同道合的人。你也能在免費的鍵結遠距研討會與網路研討會中進行交流，我會定期為各方鍵結圈舉辦這類研討會；記得在網站上加入我的社群，並訂閱我的免費電子報，這樣就可以得知每週的免費遠距研討會日期，以及其他提供給各團體的福利。

團體目標

- 剛開始以成為社群團結的模範為目標——一個所有成員為集體一致利益共同努力的社團。一旦你真正了解你們都是一體的，當你要做決定時，必然會以所有人的利益為依歸，而不只是考慮到領導者或你喜歡的人，或甚至跟你想法一樣的人。
- 每當你要做決定時，考量這個決定對你的生活圈及環境整體所造成的衝擊。一個新的社區計畫，是否能讓社區裡的每個人都受益？你的工作會提升或是損害你的社區？你教導孩子要懂得回饋，還是坐享其成？
- 將你們團體的資源與需求整理成一份清單。你們每個人能貢獻什麼才能、補給品或一般資源給社區？你們的社區有哪些確切的需求？你能不能判斷哪些才能與資源會

是最有用的？盡量避開金錢交易，你們的團體中有哪些才能或資源適合拿來做勞務交換？

- 集體宣誓不炫富。以賓州羅塞托長壽村為榜樣，這裡是美國心臟病發作率最低的地方之一，居民有高度的凝聚力，炫富是會受到譴責的，因此忌妒心降到了最小。雖然富人和窮人比鄰而居，但富人不會炫耀自己多有錢。羅塞托長壽村充滿了鮮明的同心同德的氣氛。
- 宣誓避免跟同社區的人競爭，除非是在運動場或保齡球道上。某人賺的錢比你多，有什麼關係嗎？很可能你們還是面對著相同的挑戰。此外，也要杜絕幸災樂禍的心理，不以他人的不幸為樂，而對他人的好運則要用佛教四無量心的「喜」來應對，真心為他人感到高興。

第二步：以團體身分加入鍵結社群網站

以團體身分加入鍵結網站，將讓你跟你團體的成員能夠：

- 在非公開平台上彼此溝通；
- 與全世界其他鍵結圈交流；
- 直接與琳恩．瑪塔格特交流；
- 收到她的私人電子信，邀請你們參加定期的免費網路研討會與遠距研討會，這些研討會將幫助你的團體達成目標。

最好的註冊方式如下。指派你們團體裡的一位成員擔任鍵結圈網站負責人。他需要做的是：

⑴到 http://community.thebond.net 註冊一個帳號。
⑵編輯個人檔案，至少填入基本資料並上傳檔案照片。這一步很重要，因為這樣才能讓你的鍵結圈成員找到你。
⑶設定新的鍵結圈，請點擊上層選單的「Pages」（網頁）。
⑷接著點選螢幕右邊的「Create a Page」（新增網頁）選項。
⑸選擇「Group or Community」（團體或社群），然後打開下拉式選單，點選「Bond Pod」這一項。（接著替你的鍵結圈打上一個專有的名稱，你或負責人再將這個名稱告知其他成員，這能讓他們找到並加入你的鍵結圈。）
⑹點選圖上指示的那些連結來更新鍵結圈的資料、上傳圖片（非必要，但建議使用）、新增共同管理員以及邀請已加入鍵結社群網站的成員。如果你想要限制入會資格，就選擇「Permissions」（允許權

限），然後在「Page Registration Method」（網頁註冊方式）的欄位下選擇「Approval」（認可）或「Invite」（邀請）。查看其他項目請選擇「Members Only」（會員專區）。

⑺點選右邊的「View Page」（檢視網頁），你就會被帶到你們的新網頁。在這裡你能新增訊息、開啓討論串、上傳照片、邀請其他成員，並跟你的鍵結圈夥伴交流。

⑻請你團體的所有其他成員加入鍵結社群（http://community.thebond.net）。指示他們加入你成立的社團或「邀請」他們進來。

⑼指示所有會員也同時加入名稱爲「LYNNE'S BOND POD HQ」的團體。這是我們的「總會」，全世界所有鍵結圈的成員都在這裡。這能讓你接觸其他團體、直接跟我交流，並且收到我發布的免費遠距研討會和其他類似活動的訊息，

第一週：訂定你們的團體宗旨

現在你們已經組成社團了，第一次的聚會就來決定社團的宗旨吧。內容要明確而具體。科學證據顯示，期望的目標若是訂得很明確，宗旨達成的效果也最好。如果你們希望「和平」，不要冀求「世界和平」；舉例來說，最好選擇一個地區範圍，期許它的和平度能提升 25%。

想像你們是個單一的整體（比方說，想像你們同在一個巨大氣泡裡或任何其他合爲一體的意象），然後一起寫下宗旨。大家一起沉思一分鐘，然後「激增能量」，將意念集中在期望的那個結果，並且詳細地想像它。等你們全體處於集體冥想狀態時，讓每個成員在心裡想著同樣的宗旨陳述。請記住，要透過你的心來傳送那股意念。

想進一步知道操持念力的最佳技巧，請參閱我的著作《念力的科學》。以下是集體意念化爲社群目標的幾個例子：

- 讓暴力犯罪案件減少 5%
- 讓環境汙染減少 5%
- 讓你們社區的某條街變得更整潔
- 讓你們的郵件準時送達
- 實現某種形式的社區政治運動（例如阻止基地台入駐）
- 讓當地兒童交通事故數減少 30%
- 讓當地學校的全體平均成績進步一分
- 讓社區裡的虐童事件減少 30%
- 讓不當手槍持有率下降 30%
- 讓你們地區的酗酒人口減少 25%

第一週：閱讀

在第一週與第二週閱讀《鍵結效應》並反思。

第二週：八的力量

爲了測試群體意念的力量，我透過縝密、嚴謹的長期科學方法來進行「念力實驗」，也會在研習營和我的「念力」社群進行非正式實驗。除了大型研究外，我一直在試驗我所謂的「八的力量」。在週末研習營，我會將參加者分成幾個八人小組，然後請這些完全不相識的人互相傳送愛的意念。

在多次研習營進行期間，我見證了傳送者與接受者都得到情感或身體癒療的神奇故事。

瑪莎是其中一例，她的角膜有混濁症狀，阻礙了眼睛的視野。在她的小組傳送治療念力的隔天，她說有問題的那隻眼睛，視力幾乎完全恢復。她那一組的成員中有好幾個長期受偏頭痛或背痛所苦，而他們也反應情況有所改善。在近期的研習營中，有位患有多發性硬化症的女士行動困難地撐著拐杖來上課，得到團體的念力治療之後，隔天她來上課時已經不用任何輔助器。

對我來說，比這些驚人療效更有意義的是群體的強大影響力。在這些研習營舉辦期間，陌生人開始產生共鳴，合而爲一。例如，最近在荷蘭的研習營中，我發現許多小組反應說，他們運用團體念力時，心中想像的竟是一模一樣的畫面。

某個小組將念力集中於一位患有背痛的女士身上，她和那組的其他成員都想像了同樣的景象：她的脊椎升離她的身體，被一團光所籠罩著。

研習營以及「念力實驗」社群的成員所反應的合一感受，是鍵結的一個實例——純粹連結的共鳴效應。在一個由陌生人組成的小組裡，靠著簡單的認同行爲與自發奉獻，就能產生如此強大的力量並滿足我們最深層的渴望，讓施療者與受療者都得到了治療。我鼓勵用這樣簡單的方法來創造立即的親近與互依狀態。

形成治療念力圈的步驟詳解

- 將你的鍵結圈分成六到十二人的幾個小組，參與者應對治療與念力的可能性保持開放態度。
- 問問有沒有組員正遭遇任何一種（不管是心理或生理）治療的瓶頸，願不願意當治療念力的目標。讓受療候選人詳細描述自己的健康問題。
- 花點時間討論及設計念力用語，你們將會一起默想這個念力用語。
- 大家手牽著手圍成一圈，讓受療者進入圈中，其他組員將一隻手貼在他身上，就像車輪的輪輻。
- 開始時，請每個組員閉上眼睛，專注於呼吸。每個人都要清除心中的雜念，然後默想念力用語，同時以五感想像：念力收受者在各方面都是完全健康的狀態。所有

組員都要透過心靈將念力傳送出去，收受者應該保持開放態度。（你可以從《念力的科學》學到更多「激發能量」的技巧——即操持念力的最好方法。想知道更多資訊，請到我的網站：www.theintentionexperiment.com。）

- 十分鐘之後，讓組員開始做經驗分享。先請念力接收者描述自己的感受，談談是否有體驗到任何轉變，不管是正面或負面的。接著所有組員可以輪流分享經驗。任何明確的合一感，以及傳送者與接收者的狀況各有什麼改善，都是注意的重點。

第三週：超個體：改變我們的人生意義

你們現在已經可以開始做主題討論與個別練習，之後七週你們將持續做這些功課，然後再開始往社區拓展。

※**閱讀功課**：《鍵結效應》的序、前言，以及第一到第四章

這一週的課題要介紹的是鍵結的基本原則：宇宙最根本的原動力是合作與團結，而非競爭。《鍵結效應》揭示宇宙萬物在任何意義上都不是單獨存在的「個體」，在我們生活的各個層面，從生命的最小粒子到我們的人際關係與社群，都存在著鍵結——那是一種全面又深厚的連結，以至於某個事物的結束與另一事物的開始之間不再有明顯界限。

我們天生的設計就是成爲一個互相聯屬的巨大超個體，賦予我們分享、關懷與公平的本性，而不是讓我們競爭。從次原子微粒到單細胞生物，以至於最遙遠星系的星球，一切都涵蓋在這不可分割的鍵結之中。這一週，我們將探討本書的基本要旨：

- 所有的生命是如何爲結合而存在，而非爲競爭
- 爲什麼眞正重要的不是「物」本身，而是它們之間的空間

※**本週目標**：改變我們的人生意義：了解所有生命的存在都是爲了連結而非競爭，並且探討我們存在的新意義將會如何改變我們跟其他人的互動，包括個人的人際關係及社群。

討論主題

- 物理學研究顯示，不存在所謂的個體，事物彼此之間都有連帶關係。請討論這個新發現的意義。

  挑戰 將世上萬物理解為一個互相聯屬的大整體，這個想法會如何改變你的世界觀，試著討論。
- 探討這個觀念：我們是「由外而內」被創造出來的——我們的身體是在許多複雜的交互作用之下，受到環境影響而被創造出來，因此身體不能被看作是獨立存在。

  挑戰 跟你父母相較之下，你跟環境的鍵結如何改變了你的身體和健康狀況的各方各面？
- 討論這個觀念：我們是「跨星系超個體」的一部分，我們的健康、心靈平衡，甚至

可能還有許多我們認爲是自己個人獨有的行爲或動機，其實在某種程度上是受到太陽活動的影響。

挑戰 這個理論會如何改變我們對人類動機和個人主義的看法？

- 我們現在知道，我們是透過鏡像神經元在大腦中模擬整個經驗過程來理解他人的行爲，彷彿我們正經歷相同的事情。

挑戰 這樣的認知，對我們認為思考是全然獨立的過程這種觀念有何影響？

- 個人主義與物競天擇的觀念如何影響我們的社會結構？達爾文的理論如何滲透到我們的日常生活中？你在生活的哪個領域最強烈地感受到競爭？

挑戰 你要如何改變社會結構，使其變得更具有合作精神？

第三週個人練習：全面觀照

如果我們要成功，不管是在個人意義上或在群體意義上，我們每個人都必須把我們目前被設定的不足感、匱乏、競爭與極端個人主義，從自己的心靈硬碟清除掉。要做到這點，我們必須挑戰根植在那些觀念與成見之下的各種偏見與思考方式。

這週我們也會開始做一些簡單的練習，這些練習將幫助你更清楚意識到將所有人合爲一體的本質性鏈結，並學習將它運用在一對一和團體關係中。這些方法著眼於我們前面提到的四個領域：

1. **全面觀照，拓展你的視野**
2. **改變我們跟其他人的關係**
3. **擴展共同體經驗，學習爲共同目標攜手努力**
4. **透過日常的無私行爲，成爲思想改革的行動者**

我鼓勵你做這些初步的實踐，不管是單獨或在團體裡練習都好。每天好好做這些練習，你將很快地學會分辨自己什麼時候是依照舊有的排他、恐懼、匱乏與競爭模式行事。這些練習將促使你擁抱更兼容並蓄的生活方式。

※建議閱讀：《鍵結效應》第十三章

在做這個練習和本章的其他許多練習時，你和你的團體需要準備一本日誌，把練習內容記在日誌裡，用它來追蹤學習進度。

頭三週練習的目的是要幫你培養「靈性視覺」，以此改善你跟其他人的關係。這其中包含訓練你觀察他人細部特徵的能力，尤其是跟你迥異的人。經過一段時間之後，你將學會質疑你習以爲常的成見，包容衝突的思想而不輕易論斷他人，與自己的偏見保持距離，以及避免陷入「**我們是我們，他們是他們**」的思考模式。每天做這些練習，也將使你更能敏銳覺察到人際關係的深層情緒波動，並增進你的同理心。

全面觀照的第一步很簡單，就是學會注意更多現象。

這週請練習「**步驟 1：注意更多細節**」及「**步驟 2：觀察自己的思考方式**」，每

天至少半個小時。

第三週團體練習：覺察更多細節

跟大家分享你個人發現了什麼，這些練習如何影響你覺察周遭世界的能力，如何使你更敏銳警覺到自己習慣的思考模式。

第四週：出自本性的歸屬渴望

※**閱讀功課**：《鍵結效應》第五、六、七章

人性具有根深柢固的族群性，在我們所歸屬的小群體裡，我們感到最自在。對於人類來說，跨越個人界限並與團體結合，這種需求是既根本又必要的，因此這種需求依然是決定我們健康與否，甚至是決定我們生死的關鍵因素。

※**本週目標**：探討爲何分享與關懷對於我們的健康至關重要，並想想有什麼新方法能讓我們在不只爲自己說話、不只顧自己和不只替自己經營關係的前提下，達到個人的成功。

討論主題

- 爲什麼獨來獨往的美國英雄人物是心臟病的高風險者？

  挑戰 不是所有美國文化中的英雄角色都代表個人目標的奮戰，其中還有許多角色彰顯的是全人類之間最根本的連結力量，比如電影《風雲人物》（*It's a Wonderful Life*）裡詹姆斯．史都華（James Stewart）所飾演的喬治．貝里（George Bailey）即為一例。你還可以想到其他例子嗎？
- 爲什麼歸屬感對我們這麼重要，而「過度個別化」會這麼危險？

  挑戰 回想你過去感到落單或被排擠，或你的團體裡某個成員被開除時的情形。為什麼會發生那種事？它在身心上對你造成什麼影響？你當時可以採取什麼不同的做法，來促使團體更有凝聚力？
- 在家裡或在工作場所，其他人的情緒對你造成了什麼影響？

  挑戰 在這個禮拜中，請觀察你在心情不好的人身邊時，自己的心情和肢體語言會發生什麼狀況。如實記錄下來，下週跟大家討論。
- 社群是我們最好的解藥，甚至在艱困時期也是，有什麼例子可以說明這一點？

  挑戰 這個月你可以參加哪些新團體？或更積極參與你已經加入的團體來強化關係？
- 大家都說自私是人類的天性，有哪些新證據可以顯示事實恰好相反：我們的天性是分享、關懷和公平？

  挑戰 這個禮拜為某個人做某件善事或利他之舉。觀察你做這件事時，你的身體和情緒起了什麼變化。

※**團體活動**：擬定三個可以增進團體情誼，並讓團體中的每個人都能採用的方法。

第四週個人練習：看到肉眼看不到的東西

要看到全貌，你要讓自己變得更爲敏銳，這包括感覺、感官的感覺能力，以及不是透過有意識的心智接收到的訊息。這意味著，你也要察覺五感之外的訊息，只要我們對自己的感覺變得敏銳並相信直覺，每個人都辦得到。做以下練習會有幫助：「**步驟 3：看到肉眼看不到的東西**」和「**步驟 4：加強你的直覺**」。同時也持續做「步驟 1」和「步驟 2」的練習。

第四週團體練習：看到肉眼看不到的東西

討論你們這週所得到的任何「肉眼看不到的」訊息，以及這個經驗如何幫助你更全面了解跟你不同的人。

第五週：公平的團結作用

※閱讀功課：《鍵結效應》第八章，加上「十項公平原則」（The 10 Fairness Principles）。

公平深植於我們每個人的心中，神經學家甚至在人類大腦中發現一個「抗議不公」的區塊。這麼看來，公平的觀念似乎是普世一致的。絕大多數社會中的人及各種政治派別的公民，對於公平都有極爲相似的想法。我們大多數人對公平的定義，是指付出會得到合理回報，而且每個人機會均等。何謂公平，人人了然於胸。

我們的生存，有賴於我們營造「賞罰分明」環境的能力，亦即我們因自己的努力獲得應得的回報（或因犯錯受到應得的懲罰），每個人也都被賦予同樣的機會。一個社區或國家群體之所以會崩解離析，跟其互惠與公平性的功能不彰脫離不了關係。

如第八章所述，公平是一種能在任何社群中加強凝聚力的方法，而且重建公平絕非難事。科學研究顯示，在任何社會中，若有一個文化因爲太多人獨占太多利益而導致分裂，其實只需要一小群人致力營造緊密的互惠關係，就能重建公平並創造一個高度凝聚力的社群。

※本週目標：探討如何在你們的生活、社區、工作場所和國家裡重建公平性。

討論主題

- 何謂公平？它跟齊頭式的平等或社會主義有什麼不同？

  挑戰 根據你們對公平的定義，判斷當地或國家現行的政策哪些是公平的，哪些是不公平的。你們希望怎麼改變？
- 爲什麼公平在各個群體中如此重要，爲什麼它能讓人們團結？

  挑戰 你能否看出你們社區裡的哪些困難與問題，是跟公平與否有關？
- 在人民普遍感到不公平的國家裡，它的社會結構會發生什麼變化？

  挑戰 你自己國家的某些不公平政策如何導致富人與窮人皆蒙其害？
- 你覺得自己的生活中有什麼是不公平的？

挑戰 你可以靠什麼方法成為一個扭轉局勢者，如何在你的工作場所或社區裡推動公平及合乎公平的做法？

※**本週練習**：學習「十項公平原則」，然後思考如何將它們應用在家庭、社區和職場上，用它們來強化社群關係，列出你想到的應用方法。

第五週個人練習：看見全部真相

爲了維持專注力，你需要提高「在場」的意識。科學研究顯示，刺激大腦專門提升好奇心的區塊，就能做到這點。請開始練習《鍵結效應》第十三章「**步驟5：尋找新鮮事**」。現在你已經開始練習在生活中注意更多細節，你還可以將這些新技巧運用在了解他人，特別是跟你不同的人身上。現在開始做「**步驟6：看穿全部眞相**」的練習，並寫下這週你對自己的新發現。對於「我們是我們，他們是他們」的對立思維務必保持警覺。同時也繼續做之前的練習。

第五週團體練習：創造你自己的關係網

仔細觀察你所屬的任何團體（包括職場）裡的各種人。選一個有爭議性的題目，例如墮胎、槍枝管制、稅制、家裡或工作上的一個議題。將所有關於這個議題的不同意見和觀點畫成一幅心智圖。接著找出這些立場之間的關聯。其中幾個不同的立場，有什麼共同的關注點或價值觀？在價值觀相通的立場之間畫一條線連接。注意你的心智圖如何形成一個交錯連接的整體。

第六週：從「我」到「我們」

※**閱讀功課**：《鍵結效應》第九、十章

我們喜歡志同道合的人——有共同的價值觀、立場、性格、甚至性情相仿的人——卻容易跟異於自己的人起衝突。這種親近同類的傾向只會把我們跟其他人分開，加強我們的個體性，讓我們自以爲自己的處世方式是最好的。

一旦我們將自己視爲更大整體中的一分子，就會開始以不同的態度對待他人。當我們能學會改變自己的觀點，把自己當成是連結人與人的工具，我們就能輕鬆發現更深層、始終存在著的鍵結，並在更大的人際關係定義下擁抱差異。

這週你將會學到一些待人處世的技巧，並運用這些技巧讓自己成爲一個打造純粹情誼的工具，而不帶任何批判性或偏見。

※**本週目標**：哪些交往技巧能讓你跟任何人，甚至跟那些與你全然不合的人建立深刻關係，請深入探討這些技巧。另外，請練習以眞心與坦率不隱瞞的態度，來拉近人我之間的關係及強化凝聚力。在這種深刻分享的過程中，整體的凝聚力自然會建立起互信基礎，並鬆解對堅定立場的執著。

討論主題

- 我們西方世界鼓勵個人主義，這種傳統是如何妨礙我們看見另一種版本的現實？二○○四年南亞大海嘯的生還者帶給我們什麼啓示，教導我們要對自身的行動採取更全面的觀點？

  挑戰 思考你的某些行為如何影響你的社區。
- 討論祖魯人的傳統問候語 Sawubona（你好啊，我看見你了）的深刻含意。

  挑戰 分成兩組，一方說「我們看見你了」，另一方則回答「是的，我們也看見你了」。同時，允諾你會盡其所能讓你的同伴有更好的發展。這個練習，如何改變了你對這份關係的看法？
- 什麼是「靈性視覺」？

  挑戰 回想你跟某人在某件事上產生激烈爭執的經驗。他或她所理解的現實是什麼？你所理解的現實又是什麼？哪裡可以找到兩方共通的真理？
- 探討對話這件事，它跟一般的討論有何不同，以及它如何解決麻州劍橋市擁護選擇權和擁護生命權人士之間的對立。

  挑戰 探討你界定「真實」所依據的某些預設條件，這些條件有多少是根植於文化背景和信仰？
- 為什麼深刻的分享在人際關係中有這麼強大的力量？它如何讓我們懂得寬恕並重建情誼，就像第十章提到的那位前希特勒青年團成員和猶太人大屠殺倖存者之女的例子？

  挑戰 分成兩兩一組，練習深刻分享你真正在乎的事物。你對另一個人的感覺，產生了什麼值得注意的現象？

※**本週練習**：在你的團體裡，針對一個有爭議性的主題（墮胎、茶黨、槍枝管制等等）進行對話。請牢記下列規則：

- 不要下結論或進行辯論。
- 每個人要輪流發言。
- 當有人說了你不同意的論點時，請留意你本身的反應。
- 全神貫注。
- 不要下評判。

第六週個人練習：在共同體中營造關係

現在大部分的關係是以這種錯誤的觀念構成：同類才能處得來，我們之間的差異必須盡可能泯除。事實上，對人類經驗來說，衝突意味著敵對，因而當別人跟我們意見不合時，我們就會判定他們是愚蠢或沒有知識。為了捍衛立場，我們覺得有必要辯倒他們，將他們妖魔化，並對世人宣布他們的無知。在我們的想法中，衝突的結果只能以「不是你贏，就是我輸」來收場。

不論跟誰往來，要讓關係更健全的訣竅，就是單純化彼此之間的關係，同時要將

注意力放在「中間地帶」——將關係接合在一起的黏著劑——特別是在兩方彼此不合的情況下。建議你將衝突或差異視爲共同創造新局的契機，假使雙方看法一致，你們永遠也遇不到這樣的機會。同時，這也是個塑造新關係的機會。

這週我們要做的練習是「**步驟 1：改變你對人際關係的看法**」，這些練習將幫助你了解跟你價值觀迥異的人，並且跟他們締結情誼。同時也開始每天練習「**步驟 2：學習慈悲觀法門**」（參見《鍵結效應》第十三章）。

第六週團體練習：學習「我們」的肯定語

開始實踐「我們」的肯定語，而不是「我」的肯定語，然後跟大家分享這個做法如何影響你的個人生活（參見《鍵結效應》第十三章）

第七週：擁有共同目標就能連結在一起

※閱讀功課：《鍵結效應》第十一章

本週我們將透過強盜洞營地的實驗，觀察一個集體（超然）的大目標如何發揮它的力量，將你們的社區或辦公室的氣氛從「我對抗他們」轉變成「大家攜手同心」。我們也會認識到，集體大目標能爲任何社會情境重新注入活力，不管是在你的辦公室或是在社區裡，還能打造出一個緊密交織、充滿合作精神的群體。共同活動也會刺激腦內啡的分泌，提高我們的疼痛閾值，增進個人效率，最終提升我們的成就。你也可以探究如何將你的社區轉變成一個共有的儲蓄銀行，以這種合作方式來幫助個人度過難關。

討論主題

- 強盜洞營地的實驗給了我們這時代什麼啓示？

  挑戰 想出一個你們團體能在社區裡追求的超然目標，用它來團結目前處於對立的人們。
- 超然目標爲何能這麼有效地把人們團結起來？

  挑戰 你可以提出什麼方法來扭轉辦公室的氣氛，從「我們對抗他們」轉變為「大家攜手同心」？
- 從南非橄欖球隊和牛津划船隊、智利礦工、泰霍爾特鎮民建造社區供水管線的經驗和敘利亞翻譯員諾兒·哈吉的例子，你能學到什麼訣竅來締造一個更團結的社群？

  挑戰 你能否想出三個可以應用在你居住社區的集體活動，藉這個方式讓你的社區更安全也更有活力，同時拉近鄰居間的距離？
- 沖繩的日本人喜歡透過「模合」的民間互助會來處理資金，結合一群互相信任的朋友或鄰居組成儲蓄銀行。我們可以如何套用這個想法應用在我們的社區？

  挑戰 想出三個方案來創立一間社區儲蓄銀行，以便協助彼此度過難關。這間銀行不一定要保管錢，鄰居們可以透過耙落葉、修籬笆，甚至以物易物來幫助彼此，用交換工作或物品來取代金錢。

※本週練習：大家一起擬定一個可在社區執行的計畫，前提是：要讓不同宗教信仰、

文化背景和政治派別的人都能對這件事抱持著同樣的熱忱。設置一個委員會來推動這項計畫，等到計畫有了初步基礎後，再組成另一個委員會，負責邀請各種不同信仰或文化的人加入。你要觀察的是，大家一起為共同目標努力能否拉近你們的距離。

第七週個人練習：更深入的關係

接下來的練習，你將探索建立關係的技巧，這些技巧能幫你跟任何人建立深刻的情誼，就算是一個跟你處處不合的人也一樣，還能讓你以富有創意的方式應付衝突，進而締造更廣大的共識與可能性。你也將學到如何透過深厚的誠意與真心話來拉近關係，而不是靠著據理力爭。在這種深入交流的過程中，共同體的引力往往能建立信任，並鬆解對固定立場的執著。

請跟一位夥伴搭配（最好找個跟你在某件事上理念不合的人），練習「**步驟 4：培養心連心的對話技巧**」（參見《鍵結效應》P.314）。

第七週團體練習：克服對話分歧

跟你的團體練習「克服嚴重對話分歧的十個訣竅」（參見《鍵結效應》P.315）。

首先是創造一個安全的對話環境。跟對方（可能不只一位）商定什麼主題你們可以平心靜氣地討論，以及在什麼條件下可以和平對談。然後設下基本規則來履行這些條件。當你要跟意見嚴重不合的人互動時，可以把這個方法當作一個練習和學習課程。最重要的是，抱著追求理解的心態傾聽、心無旁騖並探索對方的核心價值及他們的背景故事，還有他們為什麼相信自己所相信的事。深入分享能鬆解執著的立場並導向深厚的情誼，不管你們原本是多麼針鋒相對。

第八週：慷慨與公平：全球局勢的扭轉者

※閱讀功課：《鍵結效應》第十二章

這週是探討如何讓你的團體或集會裡的每個人都能成為「精神公民」，並將你們的人生目的從「獨善其身」轉變為「兼善天下」。這門課會探討我們每個人如何透過「做些什麼」這種小小的舉動，成為一個強而有力的行動改革者，並深入探討慷慨之舉這種充滿感染力的非凡力量，如何改變一家企業或一個社區。簡單、平常的慷慨行為，就能讓你成為一個改革的動力源，一勞永逸地改變你周遭貪婪和物質主義的文化習氣。

※本週目標：探討「慷慨」充滿感染力的非凡力量，如何藉由這股力量在你們的社區或工作場所締造深入內心的信任感。

討論主題

- 梅塔從一個美金六位數年薪的典型矽谷野心家，轉變成一個經營國際性「慈善焦點」的全球局勢扭轉者，他的經歷帶給我們最重要的啓示是什麼？

  挑戰 要在你日常生活中成為一個行動改革者，最重要的途徑是什麼？

- 我們每個人如何能在社區或辦公室裡發動奉獻和合作行爲的連鎖效應？

  挑戰 想出幾個運用慷慨的方式，作為一種充滿感染力的非凡力量，在你們社區締造深入內心的信任感。

- 說說爲什麼一個小小的善舉——留一點零錢在飲料販賣機裡——能在一個大企業裡興起慷慨無私的風氣，或影響整個社群。當一個自私自利的文化環境裡出現幾個重建慷慨與互惠的行動改革者，會發生什麼事？

  挑戰 設計幾個你做得到的活動，來發動改革的連鎖效應。

- 如何應用員工持股的合夥企業的成功經驗，比如連鎖百貨業者 John Lewis Partnership，來推動社區團結？

  挑戰 你能否把你目前正在進行的計畫，重新規畫成一個不是一人獨攬職權的合夥計畫？

※**本週練習**：爲你的社區或工作場所設計出三個「把愛傳出去」的明確行動，以此發起奉獻和合作行爲的連鎖效應。將結果回報給你的社團。

第八週個人練習：善的傳染性

在《鍵結效應》第十章中我曾說明，你的想法和情緒具有高度傳染力，甚至你的人生態度也會對周遭的人產生深刻的影響，影響所及不只是他們的情緒，還有他們的身體和行動能力。爭吵或小衝突會深深打擊我們的免疫系統、自然殺手細胞的數量、腎上腺皮質醇的分泌速度、甚至下視丘－腦下垂體－腎上腺縱軸的功能——這些全是身體抗病機能的調節者。

要成爲一個思想改革的行動者，你必須先對身邊的人產生正面的影響力。在你的日誌裡闢一個「人際關係日記」，用以追蹤你對伴侶、父母、孩子、朋友與同事的影響，並且要更留意你的情緒感染力。寫下你跟其他人互動的詳細情形，以便檢驗你的行爲有多大的感染力，並讓你成爲一個良善的力量。

第八週團體練習：以對話取代辯論

你現在可以將鍵結的法則應用在職場與社區的團體了。從這些練習和接下來要建議的活動，你將會看到一個更大的集體（「超然」）目標的力量，這股力量能將你們鄰里或辦公室的氣氛從「我對抗他們」轉變爲「我們大家攜手同心」。許多研究衝突解決的專家觀察到，努力克服共同的問題有助於凝聚起在其他方面對立的人們。舉例來說，「尋找共識計畫」（Search for Common Ground）鼓勵馬其頓斯拉夫人和阿爾巴尼亞人一起合作清理當地環境，成功連結了這兩支不共戴天的仇敵。

最好的起點是訂下群體溝通的新方式。在對話中，團體是以一種非系統性的方式

探究情感與想法，以創造更大的理解、更深的關係與新的共同思考，這跟討論是完全不同的。

當人們一起談論某些對自己最重要的議題時，我們經常根據自己個人版本的眞理發言，結果往往是跟版本不同的人產生爭端。對話是一種能緩和談話過程的溝通方式，它能讓你自己的偏見現形，並揭開新的可能性。

當你跟一組人一起工作，特別是跟意見不同的人商量任何改變時，請依循《鍵結效應》第十三章提供的做法。

第九週：從在地到全球

※閱讀功課：《鍵結效應》第八、十一及十二章

在這一週，我們將探討如何讓全球從老舊的零和（你輸我贏）模式，轉換到鍵結的六項原則（「我的勝利是眾人的勝利」）。我們也會了解到超然目標的力量，透過超然目標的設計來跟世界各地的其他團體建立關係並共同成長。這週的課程也會著重於納許均衡（什麼對我和團體是最好的），用此一原則來擬定目標，幫助我們跟不同文化或信仰體系的人團結起來。

數學家約翰・納許的故事可以當作範例，也就是電影《美麗境界》描述的主角（參見《鍵結效應》第八章），他領悟到亞當・史密斯「人各爲己」的模式是錯誤的。他說，當團體中的每個人都爲自己及團體做最大的努力時，就會得到最好的結果。

※本週目標：從排他模式（我贏你輸、我們對抗他們）轉換成相容模式（「我的勝利是眾人的勝利」、我們聯合他們），探討這樣的轉換如何爲關係的連結提供一個強而有力的方法，並將這些想法散播給更廣大的社群。

「我贏你輸」模式

- 人生是一場零和比賽（你輸，我才會贏）。
- 我能從中獲得什麼？
- 我一定要贏、占上風或拔得頭籌才能滿足自我。
- 人不爲己，天誅地滅，我顧好自己就好。
- 我們是我們，他們是他們。
- 我追求第一，對社會的貢獻最大。

鍵結模式

- 只有當你我雙贏的時候，我才算贏。
- 跟其他人同舟共濟時我最能感到滿足，不管付出什麼代價。
- 我能爲你做什麼？
- 我們所有人同在一條船上，禍福與共。

- 我們加上他們。
- 我們爲自己，同時也爲群體的其他人尋求利益，對社會的貢獻最大。

討論主題

- 討論《美麗境界》這部電影的酒吧那一幕，在本書第九章有詳細介紹，那一幕的劇情，讓納許領悟到當一個人不只顧自己也兼顧他人時，所採取的行動才是最好的行動。

  挑戰 有哪些方法可以將這個想法應用在你的工作場所或社區？
- 對於我們現行的模式（「你輸我贏」），納許均衡與其他賽局理論的例子給了我們什麼啓示？

  挑戰 在你的生活和社區裡，有哪個領域的現況是「人各為己」，試著討論，然後重新設計成「人人為己也為群體」的模式。採行後，得到了什麼效果？
- 天馬行空想像一下：如果許多企業一起合作而非競爭對抗，會是怎樣的局面？

  挑戰 討論如何將這些想法融入你的工作場所或社群組織裡。
- 討論上面所列的新舊模式，這些模式是否出現在我們的社區、企業或政治體系裡？是在哪些方面？

  挑戰 能否在你所屬的社群裡設計一些新點子，將鍵結模式「我們聯合他們」的觀念融入日常生活中？
- 這個新模式可以如何運用在政治上，藉此改善社會的各個層面？

  挑戰 描述「我們聯合他們」這個模式如何整合不同政治派別的人。

※**本週練習**：設計一個「我們聯合他們」的超然目標，納入你們社區的需求，然後再納入其他幾個不同社區的需求。開始研擬出一套可以付諸實行的計畫，並持續將你的進度回報給社團。

第九週團體練習：開始建造你們的農舍

在《鍵結效應》第十一章曾探討過，凝聚任何群體的最佳方法是透過「超然」目標──只有兩人以上的團隊合作才能達成的目標。分享與團隊合作，能讓人們更容易超越歧異，因爲這些方法強調出最核心的人性特質──我們所有人互依共存。

這些方法能達到這麼好的效果是有道理的。科學證據顯示，一起發射的人會連結在一起；只要一個團體爲某個共同目標努力，所有成員的腦波波長就會開始調整爲一致，強化團體內部的鍵結。

當我們跟其他人一起爲共同目標努力時，我們確確實實會調整爲他們的波長。以一個共同目標聚集成一個小團體，就能形成一股超越金錢、職業或財產多寡的社會凝聚力。一個更大格局的共同目標能在任何社會環境中創造立即的緊密關係，並提供一個維持左鄰右舍互助合作的絕佳工具。而且，許多研究衝突解決的專家認爲，努力解決共有的問題能幫助在其他議題對立的人們團結起來。

攜手同心為一個理念奮鬥……

眞理堅固（satyagraha）是偉大的精神領袖甘地所創的非暴力哲學，字面意思爲「因堅持眞理而產生的力量」。甘地的實踐方法中最重要的是和平——也就是「有素養的」——的反抗。依照甘地的觀點，非暴力社會運動應該要完全捨棄仇恨的語言、財產的破壞、祕密活動或任何犯法行爲（除非是不公平的法律）。

如果你和你的團體不服現行法律，請以有素養的態度進行平和的不合作運動。甘地領悟到，任何法律或領導人的權力都是建築在人民守法的共識上。如果人民直接拒絕守法，那條法律或那位領導人就喪失了他的權力。

如甘地所說：「沒有人民的合作，不管是自願或被迫的合作，我相信沒有任何政府能存在片刻；假如人民突然全面終止合作，政府必將陷入僵局。」

當手機公司企圖在我住的街區架設基地台時，我的鄰里開始發動有素養的抗議，將傳單發給每個居民、召集大家連署請願書、寫信給我們的議會和國會議員。我們一小群人阻止了一家英國工業大廠，並在這過程中戮力同心。

一九六九年，居住於奧勒岡州波特蘭的一小群人徹底翻轉了城市擴張熱潮，他們的方法就是結合成一個團體，取名爲「人民的河濱」（The Riverfront for People），舉辦反對拓寬河濱道路的抗議活動。據這群人所說，他們要的是減少大馬路，增加行人親近河流的空間。

經過兩年的磋商後，「人民的河濱」獲得勝利。快速道路被拆除，建立了親水公園，而波特蘭至今仍是親善的都市生活典範。

在英國倫敦泰晤士河南岸，一個以白人勞工人口爲主的地區，當地社運人士也組成了一個團體 Coin Street Community Builders，靠團結的力量成功阻擋高樓豪宅的大規模開發案。這個社區團體還將他們扶植企業的部分利潤捐出來建造最先進的公共住宅及一座兒童中心，透過這種私人資本的運用方式，帶來一種良性循環：贊助公共服務，讓相對弱勢的族群受惠，而不需要政府的施捨。

第九週：團體討論題目

- 在社區裡，你們能一起做哪些「建造農舍」的活動？參考以下提出的點子。
- 你們社區裡有哪些現正引發對立與競爭的事情，是否可以重新設計爲以分享和合作的精神來運作？（建議：在住家之間的共有土地上栽種植物，是個能帶給左鄰右舍凝聚感的方法。）
- 如何號召你們當地的企業提供給社區更多援助，並跟其他當地企業合作？
- 當地學校可以採用什麼策略來號召學生在校園與家園創造「鍵結」？

可能適用於你們社區的「建造農舍」目標

- 在社區的公有地點栽種植物。
- 組成一個「園藝造景隊」：眾人協力整理或布置鄰居的院子，一家家輪流。

- 定期舉辦街區派對或一家一菜餐會。
- 煮更多的食物或糕點，分享給左鄰右舍。
- 一起建造圍籬或棚子。
- 一起遛狗。
- 伸出援手：調查社區裡是否有任何人陷入困境（生病、不幸事故、財產損失、家中親人亡故等等）。討論大家可以用什麼方式合力幫助他們脫離困境。
- 發起一個社區慢跑社。
- 創立一個合夥機構。發起一個推行衛生保健、公共事業或任何其他服務的合夥機構——由社區共有與共治。
- 創立一個清潔委員會——清除塗鴉、清掃垃圾或枯葉，以及美化整個社區。
- 推行社區守望相助計畫。
- 將社區的建議提交給學校董事會或當地政府。
- 跟其他家長輪流接送小孩上下學。
- 跟其他同事共乘上班。
- 輪流送食物給生病的鄰居。
- 為孩子成立一個青少年社團，輪流經營。
- 捐獻（每人每月固定捐一點錢給社區），幫社區開立一個銀行帳戶，把錢存在那裡。

等決定好農舍建造計畫之後，你們大家可以接著討論如何實行。擬一份輪值表，讓每個人輪班——或者，大家一起在週末行動更好。

第十週：從全球到在地

近來許多人運用巧妙的方法，以在地的「儲蓄銀行」為基礎，確保他們及身邊所有的人都能維持富足與正常的生活，這種「儲蓄銀行」提供以物易物、儲貸、安全監視系統或食物分享的服務。就連甘地也大力支持「回歸在地」與「微資本主義」，希望將經濟發展去中心化。回歸在地，有助於創造一個緊密、應變力強且互相扶持的社群。

舉個例子說明。耶爾佛頓（Yelverton）是英國德文郡（Devon）的一個三千人口的小村子，居民露西．伍德（Lucy Wood）必須付出昂貴價錢從很遠的地方訂購肉品及蔬菜才得以過活。她想要自己種菜，但她既不懂相關技能，也沒有土地。

露西募集到相當於兩萬五千美元的補助，然後成立「巴克蘭糧食栽培者」（Buckland Food Growers）社團。十八個月前她以七頭豬、十七隻雞、五箱蜂巢和多種蔬菜開始經營，村民們受邀參加這個計畫，入會需繳三十美元，以後每年繳二十五美元的年費，入會後可以選擇想加入的組別——肉品、養蜂或蔬菜。周密的班表決定每週由誰來照顧動植物。

從此以後，所有成員都享有自養肉與自種蔬菜的收成，大大節省了開銷。伍德自己已經好幾個月沒上街買菜了。她說，雖然這是份辛苦的工作，但也充滿樂趣，而且這做法有效地建立與強化了她的小社區。

在自己的村鎮發起一場「全在地」運動

二○○九年克里斯．桑慈（Chris Sands）到北葡萄牙維亞納堡（Viana Do Castelo）度假。他本身具有企業品牌行銷的專業，他發現這個小鎮儘管偏僻，但看起來產業發展蓬勃，當他努力尋找原因時，注意到了一個特別的現象。

> 我坐在廣場上，注意到咖啡店老闆會走到麵包店那裡拿麵包，麵包師傅會拿帳冊走去找會計，會計走去文具店，文具店主人又到咖啡館那裡，然後這圈循環又再走一次。這時我了解到，當每個人互為所用時，小鎮裡的錢就會不斷循環流動，每個人互相支持。我體悟到，我們已喪失了這種簡單的生活方式。

克里斯回家後產生了「全在地」的構想，即鼓勵任一城鎮的居民給予當地公司行號更大的支持，以及如何透過這個行動，來改善鎮上每個居民的生活品質與人生。

克里斯和他的團隊提供許多點子與免費的品牌行銷方案，任何城鎮的居民都能用它們來支持自己本地的獨立商家。他鼓勵志願團隊利用行銷活動提升在地消費的價值，宣揚他們的主街，訂立社區慶典，最終促進在地經濟（並在這過程中形成緊密關係）。如他所說：「全在地不只是在地購買的促銷活動。它的立意是同心協力提升整個城鎮。」

這場運動的基礎，是鼓勵各個城鎮的居民從每週花在超市或線上購物的預算中，撥出五元美金（或五元英鎊）給當地的獨立店家。

> 上班途中，你是否會暫停在超市買個牛奶或咖啡？如果會，你能不能換成在當地的商店買？如果你要買禮物，何不到街角的禮物店去看看？全在地並不是反超市，它的立意在於支持本地店家，進而讓他們能支持你所居住的城鎮。你們將開啓一種小型的微經濟——錢開始在你們的鎮裡循環不息。

「它最本質的意義，是重新燃起城鎮過去擁有的那種社群精神。」克里斯說。

舉例來說，英國的西布里奇福德（West Bridgford）是目前參加全在地運動的數百個城鎮之一，克里斯說，如果那裡的每個居民能從每週的預算中撥出五英鎊給本地公司行號，該鎮每年就會多出九百三十萬英鎊的經費。

想知道更多詳情和其他適用於你們當地的方法，請上：http//totally-locally.co.uk。

第十週個人活動：如何做到支持在地

- 從你每週花在連鎖超市的錢撥出五美元，在本地商家消費。更多支持本地企業的方法和免費資源請見 http//totally-locally.co.uk。
- 每當你需要買東西時，先想想是否可以在本地商店買到，而不是在全國性連鎖店。支持你們的「主街」，不管它規模多小。
- 從本地圖書館借書，或在本地書店買書。
- 使用本地公園。
- 雇用本地年輕人。
- 走路時抬起頭來，好好跟每個人打招呼。
- 支持與援助本地學校，並考慮挪時間出來教學生你會的技能。
- 支持本地醫院，並輪流排時間讀書給病人聽。
- 從農夫市集購買本地農產。
- 參與當地政府的投票。
- 參加市鎮會議。
- 不管什麼時候在鎮上的什麼地方看到垃圾，都主動清理。
- 支持地方熱心人士舉辦本地夏夜音樂會。
- 如果你們有鎮立游泳池，要記得使用。

第十週團體活動：創造一個社區「儲蓄銀行」

《鍵結效應》第十一章曾提過，日本人有一套獨特的互助會系統，名為「模合」（moai），這種民間組成的儲蓄與貸款社團，參加者每週或每月在約定的時間碰面聚會。

在這裡，流通的不只是友誼。在模合互助會的形式下，大家擁有一筆共同資金，這筆資金是每個人以月為單位在約定期間內出錢湊成，期程長短依參加模合的人數而定；十個人的模合便持續十個月。

現在，請想想如何將社區變成你們的儲蓄銀行。邀每個鄰居每月投入一定金額，配合一定的利息，每月輪流收取總款。這樣做的用意是，在每個月聚集所有人的資金或勞務，讓每個人都能在景況好的月分得到「總額」的收益，其利息比任何一間現有的銀行都高多了。不用說，保管錢的人必須是信用可靠的。

當然，錢不是唯一的互助選擇，模合可以是任何形式的資源共享。以下為一些可能的方式：

- 割草、造景或園藝
- 分享食物
- 烹飪或烘焙
- 繪畫與裝飾
- 修建圍籬
- 孩童接送
- 清掃人行道
- 清理垃圾
- 夏季戲水池
- 托嬰
- 遛狗
- 洗車
- 油漆
- 設置鳥窩或鳥浴盆

你們也可以成立本地合夥事業，像是社區保健中心、公共事業或任何其他你們希望由社區共有與經營的服務（參考《鍵結效應》第十二章）。或發起社區環境計畫，來節省能源及實行資源回收。

關於創造本地貨幣的思考

除了在地運動，人們也想出了許多巧妙的方法來拯救衰退的當地經濟。例如英國城市布里斯托（Bristol），基倫．孟迪（Ciaran Mundy）和一群本地生意人厭倦了坐視世界經濟體系急速敗壞，又爲當地商業的慘澹狀況深感挫折，眼見店家一間間倒閉，被超市和連鎖商店取代。

從挫折中，他們生出了這個點子：何不印製他們自己的錢，布里斯托自製、自有的貨幣？從這裡開始，布里斯托幣誕生了，面額有一元、五元、十元與二十元。

到目前爲止，有一百家當地公司行號已簽約使用布里斯托幣，包含一家家庭烘焙坊、渡船公司、菸草工廠、戲院、咖啡館，甚至還有一家酒吧。

這套貨幣制度的運作方式是這樣的。布里斯托居民到布里斯托信用合作社（簡稱BCU）開立帳戶，由這間銀行實施這個計畫。他們每存多少通用英鎊，就能換取多少布里斯托幣。

布里斯托幣有全套的防僞措施，還有網路銀行系統，並獲得地方議會支持，讓當地商家可以用當地貨幣支付地方稅。而在布里斯托幣網站上，當地居民都能參與設計貨幣的標誌。

唯一的限制是，布里斯托幣必須在布里斯托當地使用；你在那裡所花的每一塊錢，必須是給收受方去支付員工薪水或當地的貨物或服務。透過這樣的方式，大家一起支持本地經濟，布里斯托幣留在布里斯托，而居民賦予了「在地購買」新的意義。

只要你能找到當地的儲蓄貸款機構或信用合作社印製錢幣，再以全國性貨幣作爲擔保，這樣的計畫沒有理由不能用在你的地區，不管你在哪個國家或使用何種貨幣。

第十一週：伸出援手

美國有四千六百萬人口靠食物劵補貼過活，光這個數據就能讓我們知道，有許多人連餬口都有困難，而同時，每個西方國家每天都在丟棄成堆的食物。如果你的社區或鄰里有人陷入困境，你可以向一群美國學生學習，他們收集超市和餐廳的剩菜，在大學廚房煮食物給窮苦和無家可歸的人吃。

在英國也有類似的計畫。張凱文（Kelvin Cheung）在倫敦成立「糧食圈」（FoodCycle），他的構想是，志工收集餐廳和超市原本要送去垃圾場的剩餘食物，再這些殘羹剩菜改頭換面重新料理，供應給有需要的人，像是無法出門或買不起食物的病患或老人。

如果你們的區域嚴重受到經濟衰退的衝擊，不妨考慮輪流向餐廳和超市收取剩餘

的食物，然後跟你的鄰居一起爲社區，特別是失業者，做出一頓豐盛大餐。

你還可以學習葛蕾絲．波格斯（Grace Boggs）的做法，她是一位九十六歲住在底特律的長者，曾跟她已辭世的丈夫共同爲社會改革奮鬥數十年，將重心放在社區建構與更新方面。

底特律受到經濟蕭條影響，當地汽車工業走入窮途末路。葛蕾絲沒有把她的城市視爲荒廢之地，而是積極把它轉化爲一個經濟翻身的典範。她長年投入社區計畫，有的是她親身執行，有的是靠著她對眾人的影響力，其中包括「底特律農業網絡」（Detroit Agricultural Network），用荒廢的土地來種植糧食。

此外，她也成立「底特律夏日」（Detroit Summer），帶給地方年輕人有意義的志業，以環境或青少年成長等社會關懷目標爲主軸，提供薪水微薄的工作。

你跟鄰居們可以問問自己：有什麼是需要做的？如果你們有荒廢的畸零地或返還地（repossessed land），就用那些土地來種東西吧。如果年輕人失業，就請他們來負責其中幾項計畫吧。讓工作與目標，重新帶給每個人自尊。

在危機時期成立一個互助保衛隊

珊迪颶風（Hurricane Sandy）重創下曼哈頓，災情發生的一、兩天後，酒行老闆柴克里（Zachary）寫道，跟他同一條街的店家沒有一間倖免於難。

> 就一個親眼目睹的人來說，我的感受既不眞實又恐怖。可是，雖然面對慘況，我的鬥志從來沒有如此高昂過。

風災過後，柴克里來到他殘破的店面，沒幾分鐘，三位結伴同行的老顧客提著手電筒和垃圾袋出現。「需要我們做什麼？要怎麼幫你？」他們說。

不久之後，在燭光下重新開張的酒行成了救災指揮中心，鄰居們和其他商家老闆紛紛來此聚會並研擬計畫。陌生人提供乾爽衣物給全身濕透的災民；主廚們張羅社區大野炊，免費供應當地需要的人；幾組人圍聚在用電池供電的無線電收音機旁聽取消息。眾人士氣比風災前更爲高昂。

每天早上，鄰居們會聚在一起，一邊喝另一位店老闆送的熱可可，一邊擬定當天的計畫：誰要去找汽油，幫那些還可以用的車子加油；誰需要載人去找避難所；要派誰去找電池或蠟燭。他寫說，到了隔天，居民們已經設好了一個臨時的社區中心。柴克里描寫當時的情形：

> 鄰居們第一次聚集在一起，彼此交換訊息。小孩子跟小孩子玩；人們此起彼落地大聲念出透過簡訊或推特收到的即時消息。最棒的可能是這個：本地人架設了一部腳踏發電的手機充電站。完全不相識的陌生人坐在腳踏車上踩著踏板，供給鄰居需要的電力，讓他們能提振精神繼續

打拚。當某個鄰居的地下室積水時，其他人停下自家的修復工作跑去幫忙。

不管其他人對紐約市的社區精神抱持什麼成見，我知道我永遠不會忘記我今天的感受。這裡長久以來一直是我的家，但它現在帶給了我一種新的自我意義。我要告訴你們的是，這裡的狀況從來沒有這麼好過。

第十二週：社區清潔行動

每個社區都對環境有影響力，即便只是小小的地方。在職場或在家裡實現鏈結的一個主要方式，就是參加與環境相關的活動，其意義是肯定及尊重我們跟地球上所有生物的相互關係。以社區為主體的環境實踐，是另一條通達鏈結的途徑。以下是一些可供你們團體採用的提議：

- 舉行一場關於你們所有工作項目的「審議會」，若有任何一項對保護和養育地球及其生物沒有正面幫助，就做修正。
- 保護地球生物圈。發誓你會盡你所能地遏阻或減少汙染物質排放，不管是空氣、水或土地的任何汙染。守護任何空地、森林或荒野，將此訂為社區的信條之一。
- 垃圾減量，換成資源回收的做法。請你們的鎮議會或市議會發給社區回收桶，鼓勵大家回收紙類、瓶罐和任何可再利用的廢棄物。
- 持續使用可再生自然資源，保存不可再生自然資源。以嚴格的態度檢視你對水、空氣、土地與木材的使用習慣。利用這些資源時，永遠要意識到為後代維護資源的可得性。問問自己和朋友、鄰居這些問題：
- 我們用水量多大？
- 我們能不能想辦法減少使用量？
- 我們有使用回收紙嗎？
- 從各種意義上來說，我們有做到資源再利用嗎？
- 我們還可以更省油嗎？
- 我們能減少使用石化產品嗎？
- 你用了多少暖氣或空調？你能降低自動空調的設定溫度，或盡量不開冷氣嗎？你能採取什麼措施來增進能源效率？你會採用共乘方式嗎？
- 如果可能的話，請補救你對地球已經造成的傷害。假使你的鄰里或社區有傷害環境的行為，能採用什麼彌補政策？有辦法恢復你們已傷害的環境嗎？

第十三週：跟不合的人締結關係

向不同宗教、政黨、種族背景或觀點的人伸出友誼的手，認眞確實地做到這一點。邀請他們到社團來討論社區改造或社區發展。若是他們來了，引導他們融入這個場合。

第十三週團體練習：在現實生活中運用對話的技巧

請用對話方式將新人帶入你們的團體，如你在第六週已做過的練習。假如他們的意見跟你不同，就運用你在之前幾週已練習過的交誼技巧。用心傾聽、深入分享並邀請他們參與團體超然目標中的一個項目。請他們提出一些關於超然目標的想法。謹記這些原則：

- 不強求有定論，不要進行辯論。
- 輪流發言。
- 當有人說出你不同意的看法時，請注意你自身的反應。
- 全神貫注，心無旁騖。
- 不要下評判。
- 在中間地帶尋找連結。

仔細觀察，在現實生活中一起爲某個超越自身需求的目標一起努力，這個做法如何克服最深的鴻溝。

第十四週：成為一個局勢扭轉者

我們每個人都做得到的最有力行動，就是作家安·赫伯特（Ann Herbert）所謂的「隨緣善舉」——只以帶給他人喜悅爲目的的慷慨之舉。沒有外在動機而行善的這種想法，如今已發展成「把愛傳出去」的實踐。

這個構想很簡單；你永遠無法完全回報某人對你的施恩，但你可以靠著繼續對他人的善行，進一步「把愛傳出去」。因此，與其要求別人還你人情，不如要求他們將這份人情傳給另一個人。靠著一個個的小小舉動，你將推動滾滾長流的慷慨合作風氣，到最後改變你的公司或整個社群。

你將會看到，日常的傳愛舉動看起來似乎微不足道，事實上是強而有力的改革利器。將這些行爲落實在你的生活中，你就能成爲一個社運分子和改革動力源，永久改變你周遭的貪婪和物質主義文化。

科學研究顯示，把愛傳出去的策略爲何能如此有效的原因。在《鍵結效應》中證明了，我們所有人都有著與他人連結的強大需求——不管是心靈上或身體上。當你把愛傳出去時，這些行爲也會迅速擴散並主宰潮流。施予會創造施予的連鎖效應，形成

利他主義的網絡。

就像《鍵結效應》第十二章所說明的，科學家已發現，即便是一個極度貪婪的文化，只要其中有一些人致力營造公平友善的環境，就能讓情勢翻轉。把愛傳出去的行爲就是如此強大且容易蔓延，它們能徹底改革商場文化、團結鄰里、修補破碎的關係與重建社群。

而最大的受益者：就是你！科學證明，當我們無私地給予時，我們的感受就跟品嘗完夢幻大餐或體驗過極致性愛一樣美好。以下是你可以在生活的許多領域中把愛傳出去的途徑，一週至少實踐其中一項行動——或者，用你自己想出的方式更好。

第十四週個人練習：在家庭裡傳愛

- 每天擁抱一次——每天任意選一個家人擁抱。
- 告訴你的孩子他今天做對的一件事。
- 每週六爲一個家人做床上早餐。
- 晚上在每個枕頭上放一塊小餅乾。
- 在非節日或非生日的平常日子送花給父母。
- 留張感謝字條給你們的清潔隊員。
- 派你的孩子去幫忙生病的朋友整理花園。
- 在小聯盟比賽場外設一個免費的茶水攤。
- 送花給當地警員。
- 買一條巧克力棒，送給幫你結帳的收銀員。

擴大範圍把愛傳出去

- 付錢——找機會幫別人付停車費、過路費、得來速漢堡、飲料、電影票的錢——你想得到的都可以。
- 把零錢黏在飲料機上，給下一個人買罐可樂。
- 在星巴克買杯卡布奇諾送給排在你後面的那個人。
- 停車時，在別人的擋風玻璃上留一個讚美字條。
- 説服你們的圖書館在某一天取消所有的罰款。對開紅單的警察做同樣的事。
- 去附近的醫院，將花束或勵志書送給一個親友不在身邊的病人。
- 一日一勉——在你車子的遮陽板上寫一句激勵人心的話，讓大家都能看到。
- 幫助他人重回生活正軌。捐出一些你不再穿的衣服給找到新工作的人。
- 在午餐或晚餐帳單背面寫上謝謝，附一句讚美食物好吃的評語。
- 在雨天送傘給沒帶傘的行人。
- 將可長期存放的食物罐頭捐贈給遊民收容所。

在職場上把愛傳出去

- 寫「每日好消息」部落格，用電子郵件寄給辦公室的每個人。
- 每個週一烤一爐餅乾或布朗尼蛋糕帶到公司去分享。
- 每天給一位同事一個讚美。
- 替遭受毀謗或冤枉的人主持公道。
- 請公司新人喝咖啡。
- 在你老闆的辦公桌上不具名地放一本對你有激勵意義的書。
- 印一首勵志詩或格言，早上將它放在每個職員的桌子上。
- 在出差期間收集飯店的肥皂和洗髮精，捐給遊民收容所。
- 寫「我們今天做對了什麼」，然後張貼在布告欄上。
- 建議辦公室實施「行善日」——到當地慈善機構、兒童之家、醫院或收容所幫忙。

在社區裡把愛傳出去

- 爲你不喜歡的鄰居做一件事：倒垃圾、割草、照顧他的小孩。
- 開門歡迎鄰居來家裡作客，尤其是那些新來的或不同族群的鄰居。
- 自願提供保母服務。
- 替家中有新生兒或幼兒的家庭煮一餐飯。
- 幫鄰居割草。
- 幫鄰居倒垃圾。
- 送一個熊玩偶給新添新生兒的人家。
- 擁抱一個不同黨派的支持者。
- 替你們街區的年長者或身體不適者剷雪。
- 留幾塊餅乾給郵差，附一張感謝字條。

教孩子們把愛傳出去

- 開設兒童餅乾烘焙課，然後把做出來的餅乾送到療養院。
- 開一個「好夥伴教學法」的課，讓孩子們在這裡跟不認識的孩子做夥伴，尤其是那些需要朋友的孩子。
- 建議你的孩子寫信給他們最喜歡的老師，在信中表示爲什麼這位老師在他們的人生中別具意義。
- 派你的孩子去救濟廚房（soup kitchen）服務。
- 以隨緣行善和把愛傳出去爲主題，請學生寫作文和收集故事。
- 跟孩子約定一個日子，在這天必須停止批評，只講好話。
- 在耶誕節派他們當神祕耶誕老人，不具名地留下禮物。
- 派他們送花給同街區生病的人。

- 讓他們確實了解，寫感謝卡不只是爲了禮物，而是爲了回應別人對他們的善意付出。
- 激發你孩子的募款精神，比方說烤餅乾義賣。

第十五週：唇齒相依，職場上的鍵結關係

現在企業界正開始認知到它與這個世界是相互依存的關係：它倚賴著哪些人，以及它的作爲對誰會造成影響。想法最進步的企業，將一般在商言商的議題（比如產品開發和研發），視爲「價値創造」——既是全球問題的解決途徑，也能創造企業財富。這類組織還會省察自己的企業社會責任：他們生產的東西或所做的事會傷害哪些人或幫助哪些人。檢驗你公司引起的漣漪效應，你便能確認它是否有負起「全球管事」（global steward）的責任，不只賺取利益，也促進世界團結。

第十五週個人練習：企業適用的鍵結計畫

請採用《鍵結效應》第十三章所列的做法。

第十五週團體練習：在你周圍創造鍵結企業

大家一起討論可以做哪些措施，促使本地企業投入具有社會責任的工作（特別是在「從全球到在地」運動中可能已經用過的方法）。

第十六週：懂得分享，才有成長空間

大多數組織都會隱藏他們的營運方式。在西方世界，幾乎每家企業的管理階層都認爲，想在企業競爭中保持領先，必須把一切未來的商業計畫、創新發明和客戶群藏在保險箱裡才能達到目標。然而，許多獲利最高的公司開始認知到，當我們在自己的企業裡採用納許均衡，並以同樣方式對待我們的競爭者時，所有相關人等都會同蒙其惠，獲得更好的成果。這裡提供幾個値得一試的點子：

- 定期跟你團隊的所有成員開會。經常提醒彼此不忘公司的服務使命宣言、長期願景和價値觀。
- 一起努力實現企業的超然目標。如本書第十一章所述，一起爲共同目標努力能促進人與人之間的關係。
- 追隨「b」（benefit）企業的領導，這類公司的企業價値是以能爲全人類帶來利益爲衡量標準，而不只是獲利。
- 爲全體員工制定獎勵辦法，而不只是獎勵個人。假如有創新點子締造出更高利潤，不妨考慮把獎金發給整個團隊。

- 研究你的公司可以用什麼方式與其他公司形成企業夥伴。
- 與競爭者坐下來談，找出他們需要什麼來促進營運，想想你們公司有什麼特點能滿足這一點，也反過來想想他們有什麼特點能滿足你們要達到的任務。雙方能一起做什麼事，來加強彼此的營運？
- 讓自己習慣於去思考競爭者的需求。當你嘗試解決他的問題時，常常也能同時創造一個讓你獲益的機會。
- 交換客戶名單，這是增進業績最好又最快速的方法之一。輪流寄送資訊給彼此的客戶，你們雙方業績的成長速度將會快得令你吃驚。
- 在彼此的網站上設置連結或廣告，互相提供一小部分的新商機。
- 設法創造跟相關產業公司一起合作的機會。相聚共商，一起腦力激盪。
- 捐出部分盈餘做公益，可以藉此向世人及員工，發出一個強而有力的訊息：公司不只是爲了錢。
- 建議公司撥出幾個上班日集體做善事，選一個對你公司別具意義的慈善工作，讓每個人定期參與協助，比如到救濟廚房（soup kitchen）服務，或耶誕節時去探訪安養院、唱耶誕歌曲。安排一個企業活動日，讓公司每位成員都能爲人類家園貢獻自己的心力；或是擬定一份陪弱勢青少年做功課的輪值表。記住，你的時間就是你最寶貴的資源。
- 衷心相信鍵結的力量。

第十六週個人練習

當前我們生活中的每件事物都是以競爭模式爲基礎，你能用什麼方法在下列領域推動合作，而不是競爭：

- 當地學校
- 當地公司行號
- 當地政府
- 你的人際關係─不管是密友或點頭之交

現在就邀請不同的團體──醫生、當地警員、教育界人士──參訪你們的社團。跟他們研討加強鍵結的計策。運用你在前幾週已經學過與練習過的交誼技巧。

第十六週團體練習

參觀你們本地學校、政府和企業。自願去本地學校工作，或參訪設於你們社區的公司，探討這些想法以及機關行號如何採用它們。

跟他們聊聊這四個月來你們一直在討論的想法，幫助他們採用更富合作精神的模式。請跟我們的鍵結網路社群（www.thebond.net）分享你的想法和經驗，也學習別人不同的經驗。